L. 1264.
C. 49. d. 24.

COLLECTION
DES MÉMOIRES

RELATIFS

A L'HISTOIRE DE FRANCE.

HISTOIRE DES CROISADES, PAR FOULCHER DE CHARTRES. — HISTOIRE DE LA CROISADE DE LOUIS VII, PAR ODON DE DEUIL.

PARIS, IMPRIMERIE DE A. BELIN,
rue des Mathurins Saint-Jacques, n. 14.

COLLECTION
DES MÉMOIRES

RELATIFS

A L'HISTOIRE DE FRANCE,

DEPUIS LA FONDATION DE LA MONARCHIE FRANÇAISE JUSQU'AU 13ᵉ SIÈCLE;

AVEC UNE INTRODUCTION, DES SUPPLÉMENS, DES NOTICES
ET DES NOTES;

Par M. GUIZOT,

PROFESSEUR D'HISTOIRE MODERNE A L'ACADÉMIE DE PARIS.

A PARIS,

CHEZ J.-L.-J. BRIÈRE, LIBRAIRE,

RUE SAINT-ANDRÉ-DES-ARTS, Nᵒ. 68.

1825.

NOTICE

SUR

FOULCHER DE CHARTRES

ET ODON DE DEUIL.

Sur la première croisade les historiens abondent, Albert d'Aix, Raimond d'Agiles, Robert-le-Moïne, Raoul de Caen, Guibert de Nogent, etc. On s'empresse de raconter une si glorieuse expédition, comme on s'est empressé d'y concourir; chacun veut se faire honneur de ce qu'il a vu, chacun se flatte de répondre mieux qu'un autre à la curiosité populaire : il n'est point de nation, point de corps d'armée, point de chef un peu célèbre qui n'ait son panégyriste et son narrateur. Cinquante ans s'écoulent, les croisades se renouvellent, se multiplient, mais les historiens deviennent rares; le mouvement qui a précipité les peuples vers la Terre-Sainte est encore assez fort pour y pousser des rois et des armées, pas assez pour que les regards de l'Europe entière demeurent fixés sur le sort des pélerins, pour que le besoin de les suivre, du moins en pensée, préoccupe encore tous les esprits; et si l'un des Croisés de retour raconte leurs aventures, c'est pour célébrer quelque prince, ou pour se satisfaire lui-même, plutôt que pour obéir à l'avide empressement de ses contemporains.

Le caractère si divers de ces deux époques pourtant si rapprochées est clairement empreint dans les deux historiens que nous réunissons ici: leurs destinées furent à peu près les mêmes; ils écrivirent dans des circonstances pareilles; nés l'un à Chartres ou dans les environs, en 1059, l'autre à Deuil dans la vallée de Montmorency[1], tous deux étaient voués à l'Eglise, Foulcher dans sa ville natale, Odon dans l'abbaye de Saint-Denis. Foulcher partit pour la croisade avec Etienne, comte de Blois, et devint, pendant la route, chapelain de Baudouin I*er*, d'abord comte d'Edesse, ensuite roi de Jérusalem; Odon, recommandé à Louis VII par l'abbé Suger, l'accompagna aussi en qualité de chapelain. Après l'élévation de Baudouin au trône, Foulcher, chanoine du Saint-Sépulcre, vécut et écrivit au milieu des agitations de ce peuple pélerin, toujours assiégé dans sa conquête, et qui tout entier en armes veillait

---

[1] La date précise de la naissance d'Odon de Deuil est inconnue.

constamment, comme une sentinelle, auprès d'un tombeau. Au retour de Louis VII en France, et après la mort de Suger, Odon, élevé à la dignité d'abbé de Saint-Denis [1], passa le reste de ses jours en querelles et en voyages pour défendre, tantôt les biens de son monastère, tantôt sa propre réputation. Rarement une plus grande analogie de situation, de carrière, de travaux, s'est rencontrée entre deux hommes; à peine vingt-un ans séparent les temps où ils ont écrit [2]; et pourtant il n'existe, entre leurs ouvrages et les dispositions d'esprit qui s'y manifestent, aucune ressemblance. C'est vraiment l'histoire du peuple croisé que Foulcher raconte pour le peuple chrétien demeuré en Occident; malgré son admiration pour d'illustres chefs, malgré son dévouement à Baudouin son patron, ce n'est point d'un homme que son imagination est préoccupée ni à un homme qu'il s'adresse; des sentimens, des intérêts généraux le dominent; et c'est d'une cause et d'une gloire commune à tous les fidèles qu'il veut perpétuer

[1] En 1152: il avait d'abord été nommé, en 1150, abbé de Saint-Corneille de Compiègne, colonie de l'abbaye de Saint-Denis.

[2] Foulcher de Chartres écrivait encore en 1127, et Odon de Deuil date sa relation d'Antioche, au mois de mars 1148. Il est probable que Foulcher vécut peu au delà de l'année où s'arrête son histoire, et Odon mourut à Saint-Denis en 1162.

le souvenir. Dans Odon, tout est changé; la croisade n'est pour lui qu'une pieuse et glorieuse expédition du roi Louis; c'est pour l'honneur du roi, non pour le succès de l'entreprise qu'il se passionne et s'inquiète; et c'est aux conseillers du roi, à Suger, aux grands de la cour, non plus au peuple que s'adressent ces récits, pleins du reste de faits curieux, et écrits quelquefois avec assez de chaleur.

Il n'existe de l'ouvrage d'Odon de Deuil qu'une seule édition publiée en 1660[1], par le P. Chifflet, jésuite, en tête de son recueil intitulé : *S. Bernardi Clarevallensis abbatis genus illustre assertum.* Un anonyme a laissé également, sous le titre de *Gesta Ludovici* VII *regis, filii Ludovici grossi,* une histoire de la croisade de ce prince[2]. Quoique cette chronique contienne quelques détails dont Odon de Deuil n'a point parlé, elle est en général si semblable à la sienne qu'il nous a paru inutile de les traduire toutes deux; et dans la nécessité de choisir, celle de l'abbé de Saint-Denis méritait incontestablement la préférence.

Quant à Foulcher de Chartres, Bongars l'a publié le premier[3], mais sur un manuscrit incom-

[1] Dijon, in-4°.
[2] Dans la collection de Duchesne, tom. IV, pag. 390.
[3] *Gesta Dei per Francos*, tom. I, pag. 381-440.

plet qui s'arrêtait en 1124; Duchesne découvrit, dans l'abbaye du Mont-Saint-Quentin, près Péronne, un manuscrit nouveau où la narration était continuée jusqu'en 1127, et réimprima l'ouvrage avec cette addition[1]. Enfin D. Martenne a donné[2], d'après un manuscrit de Saint-Germain-des-Prés, la préface de cette histoire, qui manquait aux deux éditions précédentes. Chacun de ces savans éditeurs a divisé le récit en livres et en chapitres d'une manière différente; nous avons adopté la distribution de Bongars, en y ajoutant les chapitres qu'il ne connaissait pas.

F. G.

[1] Tom. IV, pag. 816-889.
[2] *Anecdot.*, tom. I, pag. 364.

HISTOIRE
DES CROISADES,

Par FOULCHER DE CHARTRES.

PRÉFACE.

C'est un agrément pour les vivans et un avantage pour les morts, que la lecture des actions des hommes courageux, surtout de ceux qui combattent pour Dieu, ou lorsque conservées dans le magasin de la mémoire, elles sont sagement racontées au milieu des fidèles : car ceux qui vivent sur la terre, en apprenant les pieuses entreprises des fidèles qui les ont précédés, et comment méprisant les honneurs du monde, ils ont abandonné leurs parens, leurs femmes et leurs biens, quels qu'ils fussent, pour s'attacher à Dieu et le suivre selon le précepte de l'Evangile, sont animés envers Dieu, par son inspiration, d'une affection et d'une componction plus ardentes. Quant à ceux qui sont morts dans le Seigneur, c'est pour eux un très-grand avantage, en ce que les fidèles, au récit de leurs louables et pieux travaux, bénissent leur ame, et par charité, qu'ils les connaissent ou non, distribuent pour eux des aumônes avec des oraisons. C'est pourquoi, excité par quelques-uns de mes compagnons, je me décidai un jour à rédiger, ou mettre soigneusement en ordre l'histoire des illustres actions des Français en l'honneur du Seigneur, lorsque par l'ordre de Dieu ils firent en armes le pélerinage de Jérusalem : je rapporte en style grossier, il est vrai, mais véridique, comme je peux, et de la manière dont je l'ai vu de mes propres yeux, tout ce que j'ai jugé digne d'être transmis à la mémoire. Quoique je n'ose comparer ces travaux aux travaux supérieurs du peuple Israélite, des Macchabées, ou de plusieurs autres que Dieu a illustrés par de si fréquens et si magnifiques miracles, je ne les crois cependant pas bien au dessous d'eux, car on y reconnaît un grand nombre de miracles opérés par Dieu même, et que j'ai pris soin de rapporter; et même en quoi diffèrent des Israélites ou des Macchabées ceux que nous avons vus, soit dans leur pays ou dans des régions lointaines, se laisser, pour l'amour du Christ, démembrer, crucifier, écorcher, percer de flèches ou mettre en pièces, et périr par divers genres de martyre sans pouvoir être vaincus, ni par menaces ni par caresses ? Bien plus, si le glaive des bourreaux n'eût été fatigué, un grand nombre des nôtres, par amour pour le Christ, n'auraient pas refusé la mort ! O combien de milliers de martyrs expirèrent dans cette expédition par une heureuse mort ! Quel est donc le cœur de roc, qui, au récit de ces faits de Dieu, ne se répand pas en pieux soupirs, et n'éclate pas en louanges du Seigneur ? Qui pourrait ne pas admirer comment nous, peuple de rien, au milieu de tant de royaumes ennemis, nous avons pu non seulement leur résister, mais même exister? Qui a jamais entendu parler de telles choses? D'un côté l'Egypte et l'Ethiopie; d'un autre côté l'Arabie, la Chaldée, la Syrie; par ici l'Assyrie et la Médie; par là le pays des Parthes et la Mésopotamie; de ce côté la Perse et la Scythie. Une vaste mer nous séparait de la Chrétienté et nous renfermait, si Dieu l'eût permis, entre les mains de nos bourreaux; mais le bras vigoureux de Dieu nous défendait miséricordieusement. Heureux le peuple dont le Seigneur est le Dieu! L'histoire qui suit fera connaître la forme et le plan de cet ouvrage, et comment tout le peuple de l'Occident, poussé à entreprendre un si grand voyage, y dévoua volontairement sa tête et ses bras.

HISTOIRE DES CROISADES.

CHAPITRE PREMIER.

Dans l'année 1095 depuis l'Incarnation du Seigneur, lorsque Henri[1] régnait en Allemagne, sous le nom d'empereur, et que le roi Philippe[2] occupait le trône de France, des maux de tout genre, suites inévitables d'une foi chancelante, désolaient toutes les parties de l'Europe. A cette époque Rome avait pour souverain pontife Urbain II, homme distingué par la pureté de sa vie et de ses mœurs, qui constamment mit par dessus tout ses soins à gouverner avec sagesse et fermeté les affaires de la sainte Église, et à la porter au plus haut point de splendeur. Ce pontife reconnut bientôt que tous, tant clergé que peuple, foulaient outrageusement aux pieds la foi chrétienne; que les grands de la terre toujours en armes, et dont tantôt les uns, tantôt les autres se faisaient de cruelles guerres, bannissaient la paix de partout, et pillaient tour à tour les biens de la terre; qu'une foule de gens enfin, chargés injustement de fers, réduits en captivité, et barbarement précipités dans les plus noirs cachots, étaient contraints de se racheter à un prix exorbitant, ou que torturés triplement dans leur prison par la faim, la

---

[1] Henri IV. — [2] Philippe Ier.

soif et le froid, ils y périssaient d'une mort lente et ignorée : il vit encore les lieux saints violés, les monastères et leurs métairies brûlées, nul mortel épargné, et les choses tant divines qu'humaines tournées en dérision : il apprit en outre que les Turcs s'étaient jetés avec une féroce impétuosité sur les provinces intérieures de la Romanie, les avaient conquises sur les Chrétiens, et soumises à leur joug funeste. Alors ému d'une pieuse compassion, excité par son amour pour Dieu et sa soumission à sa volonté, il passe les Alpes, descend dans les Gaules, envoie de tous côtés des députés indiquer, dans les formes compétentes, la tenue d'un concile en Auvergne, et ordonne qu'il se rassemble dans la cité qui porte le nom de Clermont. Il s'y trouva trois cent dix évêques ou abbés portant la crosse, et députés par les Eglises. Les ayant donc, au jour fixé d'avance, appelés tous auprès de lui, Urbain s'empressa de leur faire connaître dans une allocution [1] pleine de douceur le but de cette réunion. En effet, digne interprète de la voix plaintive de l'Eglise éplorée, il poussa de profonds gémissemens, fit aux Pères du concile une longue peinture des nombreux et divers orages qui, comme on l'a détaillé plus haut, agitaient le monde, depuis que toute foi y était détruite, et finit par les supplier instamment et les exhorter tous à reprendre le courage de la véritable foi, à déployer une vive sollicitude et une mâle ardeur, pour renverser les machinations de Satan, et à réunir leurs efforts, afin de relever et rétablir dans son ancienne gloire la puissance de la

---

[1] Le texte porte *adlocutionem dulciflua diligenter innotuit*; il faut *adlocutione*.

sainte Église, si cruellement affaiblie par les méchans.
« Très-chers frères, leur dit-il, moi Urbain, revêtu
« par la permission de Dieu de la thiare apostolique,
« et suprême pontife de toute la terre, obéissant à
« l'urgente nécessité des circonstances, je suis des-
« cendu dans les Gaules, et venu vers vous, les ser-
« viteurs du Très-Haut, comme chargé de vous
« apporter les avertissemens du ciel. Ceux que j'ai
« cru les fidèles exécuteurs des ordres du Seigneur,
« je souhaite qu'ils se montrent tels franchement, et
« sans se laisser entraîner à aucune honteuse dissimu-
« lation. Que s'il se trouvait parmi vous quelque dé-
« fectuosité ou difformité en opposition avec la loi de
« Dieu, j'écarterai, par esprit même de justice, toute
« modération[1], et, assisté du secours d'en haut, je
« mettrai mes soins les plus empressés à faire dispa-
« raître ces imperfections. Le Seigneur, en effet,
« vous a institués les dispensateurs de sa parole en-
« vers ses enfans, afin que vous leur distribuiez,
« suivant les temps, une nourriture relevée par un
« assaisonnement d'une douce saveur; vous serez
« heureux si celui qui à la fin vous demandera compte
« de votre gestion vous reconnaît de fidèles servi-
« teurs. On vous donne aussi le nom de pasteurs;
« prenez donc garde de ne point vous conduire à la
« manière des vils mercenaires. Soyez de vrais pas-
« teurs, ayez toujours la houlette à la main, ne
« vous endormez pas, et veillez de toutes parts sur le
« troupeau commis à vos soins. Si, par l'effet de votre

---

[1] Le texte porte *modestia rationis justitiæ semota*; ne faut-il pas plutôt, *modestia, ratione justitiæ, semota*? C'est dans ce sens qu'on a traduit.

« incurie ou de votre paresse, le loup venait à en-
« lever quelqu'une de vos brebis, vous perdriez
« certainement la récompense qui vous est préparée
« dans le sein de notre Seigneur, et d'abord dure-
« ment torturés, par les remords déchirans de vos
« fautes, vous seriez ensuite cruellement précipités
« dans les abîmes de la funeste et ténébreuse de-
« meure. Vous êtes, suivant les paroles de l'Evangile,
« le sel de la terre[1]; que si vous trahissiez votre de-
« voir, on se demande comment la terre pourrait
« recevoir le sel dont elle a besoin. Oh combien est
« admirable la distribution de ce sel, dont parle
« l'Ecriture! Ce qu'il faut que vous fassiez, c'est de
« corriger, en répandant sur lui le sel de la sagesse,
« le peuple ignorant et grossier, qui soupire outre
« toute mesure après les vils plaisirs du monde;
« prenez garde que, faute de ce sel, ce peuple pu-
« tréfié par ses péchés n'infecte le Seigneur, lorsqu'un
« jour le Très-Haut voudra lui adresser la parole.
« Si, en effet, par suite de votre négligence à vous
« acquitter de votre mission, Dieu trouve en ce peu-
« ple des vers, c'est-à-dire, des péchés, il jetera
« sur lui un œil de mépris, et ordonnera sur-le-champ
« qu'on le plonge dans le précipice infernal destiné
« à recevoir toutes les choses impures. Mais aussi,
« comme vous ne pourrez lui restituer en bon état ce
« bien perdu pour lui, il vous condamnera dans sa
« justice, et vous exilera complètement de l'intimité
« de son amour. Tout distributeur de ce sel divin
« doit être prudent, prévoyant, modeste, savant, ami
« de la paix, observateur éclairé, pieux, juste, équi-

[1] Saint Matthieu, chap. v, v. 13.

« table, et pur de toute souillure. Comment en effet
« un homme ignorant, immodeste, impur, pourrait-
« il rendre les autres savans, modestes et purs? Que
« si on hait la paix, comment la rétablirait-on parmi
« les autres? Celui qui aura les mains sales, comment
« nettoyerait-il les saletés de la corruption des au-
« tres? On lit encore dans l'Ecriture¹, « que si un
« aveugle conduit un autre aveugle, ils tomberont
« tous deux dans la fosse. » Ainsi donc, corrigez-vous
« d'abord vous-mêmes, et montrez-vous au dessus de
« tout reproche, afin de pouvoir corriger ceux qui
« vous sont soumis. Voulez-vous être les amis de
« Dieu, faites librement les choses que vous sentez
« lui être agréables; veillez principalement à ce que
« les règles de l'Eglise soient maintenues dans toute
« leur vigueur, et prenez garde que la simonie héré-
« tique ne prenne en aucune manière racine parmi
« vous, de peur que vendeurs et acheteurs ne soient
« également frappés de la verge du Seigneur, chassés
« des rues, et précipités misérablement dans l'abîme
« de l'extermination et de la confusion. Conservez
« fermement l'Eglise, et ceux de tout rang qui lui
« sont attachés, dans une entière indépendance de
« toute puissance séculière; exigez que les dîmes
« de tous les fruits de la terre soient fidèlement
« payées, comme véritable propriété de Dieu même,
« et ne souffrez ni qu'on les vende, ni qu'on les re-
« tienne; que si quelqu'un ose s'emparer de la per-
« sonne d'un évêque, qu'il soit mis à tout jamais hors
« de la loi de l'Eglise. Quant à celui qui ferait pri-
« sonniers ou dépouillerait des moines, des clercs,

¹ Saint Matthieu, chap. xv, v. 14.

« des religieux et leurs serviteurs, ou des pèlerins
« et des marchands, qu'il soit excommunié. Les pil-
« lards et incendiaires de maisons, ainsi que leurs
« complices, qu'on les bannisse de l'Eglise, et qu'on
« les frappe d'anathème. Il importe en effet d'exami-
« ner avec le plus grand soin quelles peines doivent
« être infligées à ceux qui volent le bien d'autrui,
« puisque celui qui n'emploie pas en aumônes une
« partie de son bien propre encourt la damnation
« de l'enfer. C'est ce qui arrive au mauvais riche[1],
« comme le rapporte l'Evangile; il est puni non pour
« avoir ravi le bien d'autrui, mais pour s'être man-
« qué à lui-même dans l'usage des biens qu'il avait
« reçus du Ciel. Très-chers frères, ajouta le pape,
« vous avez vu, assure-t-on, le monde cruellement
« bouleversé pendant long-temps par toutes ces ini-
« quités; le mal est venu à tel point, ainsi que nous
« l'ont fait connaître divers rapports, que, par suite
« peut-être de votre faiblesse dans l'exercice de la
« justice, il est quelques-unes de vos paroisses, où
« nul ne peut se hasarder sur les grandes routes qu'il
« ne coure risque d'être attaqué le jour par des pil-
« lards, la nuit par des voleurs, et où nul encore
« n'est sûr de n'être pas dépouillé, soit dans sa propre
« demeure, soit dehors, par la force ou les artifices
« de la méchanceté. Il faut donc faire revivre cette
« loi instituée autrefois par nos saints ancêtres, et
« qu'on nomme vulgairement *trêve de Dieu;* que
« chacun de vous tienne fortement la main à ce
« qu'on l'observe dans son diocèse; je vous le con-
« seille et vous le demande fortement. Que si quel-

[1] Saint Luc, chap. VI, v. 19.

« qu'un, entraîné par l'orgueil ou la cupidité, ose
« violer cette *trêve*, qu'il soit anathème en vertu
« de l'autorité de Dieu et des décrets de ce con-
« cile. » Ces choses et plusieurs autres furent réglées
comme il convenait de le faire : alors tous les assistans,
clercs aussi-bien que peuple, rendant au Seigneur de
vives actions de grâces, applaudirent spontanément
aux paroles du seigneur Urbain, souverain pontife,
et firent serment de se conformer fidèlement aux
décrets qui venaient d'être rendus. Cependant le pape
ajouta sur-le-champ que d'autres tribulations, non
moindres que celles qu'on a rappelées plus haut,
mais plus grandes et les pires de toutes, et issues d'une
autre partie du monde, assiégeaient la chrétienté.
« Vous venez, dit-il, enfans du Seigneur, de lui
« jurer de veiller fidèlement, et avec plus de fermeté
« que vous ne l'avez fait jusqu'ici, au maintien de la
« paix parmi vous, et à la conservation des droits de
« l'Eglise. Ce n'est pas encore assez; une œuvre utile
« est encore à faire; maintenant que vous voilà for-
« tifiés par la correction du Seigneur, vous devez
« consacrer tous les efforts de votre zèle à une autre
« affaire, qui n'est pas moins la vôtre que celle de
« Dieu. Il est urgent, en effet, que vous vous hâtiez
« de marcher au secours de vos frères qui habitent
« en Orient, et ont grand besoin de l'aide que vous
« leur avez, tant de fois déjà, promise hautement. Les
« Turcs et les Arabes se sont précipités sur eux, ainsi
« que plusieurs d'entre vous l'ont certainement en-
« tendu raconter, et ont envahi les frontières de la
« Romanie, jusqu'à cet endroit de la mer Méditer-
« ranée, qu'on appelle le Bras de Saint-George,

« étendant de plus en plus leurs conquêtes sur les
« terres des Chrétiens, sept fois déjà ils ont vaincu
« ceux-ci dans des batailles, en ont pris ou tué grand
« nombre, ont renversé de fond en comble les
« églises, et ravagé tout le pays soumis à la domina-
« tion chrétienne. Que si vous souffrez qu'ils com-
« mettent quelque temps encore et impunément de
« pareils excès, ils porteront leurs ravages plus loin,
« et écraseront une foule de fidèles serviteurs de
« Dieu. C'est pourquoi je vous avertis et vous con-
« jure, non en mon nom, mais au nom du Seigneur,
« vous les hérauts du Christ, d'engager par de fré-
« quentes proclamations les Francs de tout rang,
« gens de pied et chevaliers, pauvres et riches, à
« s'empresser de secourir les adorateurs du Christ,
« pensant qu'il en est encore temps, et de chasser
« loin des régions soumises à notre foi la race impie
« des dévastateurs. Cela, je le dis à ceux de vous
« qui sont présens ici, je vais le mander aux absens;
« mais c'est le Christ qui l'ordonne. Quant à ceux
« qui partiront pour cette guerre sainte, s'ils perdent
« la vie, soit pendant la route sur terre, soit en tra-
« versant les mers, soit en combattant les Idolâtres,
« tous leurs péchés leur seront remis à l'heure même;
« cette faveur si précieuse, je la leur accorde en vertu
« de l'autorité dont je suis investi par Dieu même.
« Quelle honte ne serait-ce pas pour nous si cette
« race infidèle si justement méprisée, dégénérée de
« la dignité d'homme, et vile esclave du démon,
« l'emportait sur le peuple élu du Dieu tout-puis-
« sant, ce peuple qui a reçu la lumière de la vraie
« foi, et sur qui le nom du Christ répand une si

« grande splendeur ! Combien de cruels reproches
« ne nous ferait pas le Seigneur, si vous ne secou-
« riez pas ceux qui, comme nous, ont la gloire de
« professer la religion du Christ ? Qu'ils marchent,
« dit encore le pape en finissant, contre les infidèles,
« et terminent par la victoire une lutte qui depuis
« long-temps déjà devrait être commencée, ces hom-
« mes qui jusqu'à présent ont eu la criminelle habi-
« tude de se livrer à des guerres intérieures contre
« les fidèles ; qu'ils deviennent de véritables cheva-
« liers, ceux qui si long-temps n'ont été que des pil-
« lards ; qu'ils combattent maintenant, comme il est
« juste, contre les barbares, ceux qui autrefois tour-
« naient leurs armes contre des frères d'un même
« sang qu'eux ; qu'ils recherchent des récompenses
« éternelles, ces gens qui pendant tant d'années ont
« vendu leurs services comme des mercenaires pour
« une misérable paie ; qu'ils travaillent à acquérir
« une double gloire ceux qui naguère bravaient tant
« de fatigues, au détriment de leur corps et de leur
« ame. Qu'ajouterai-je de plus ? D'un côté seront des
« misérables privés des vrais biens, de l'autre des
« hommes comblés des vraies richesses ; d'une part
« combattront les ennemis du Seigneur, de l'autre
« ses amis. Que rien donc ne retarde le départ de
« ceux qui marcheront à cette expédition ; qu'ils
« afferment leurs terres, rassemblent tout l'argent né-
« cessaire à leurs dépenses, et qu'aussitôt que l'hiver
« aura cessé, pour faire place au printemps, ils se
« mettent en route sous la conduite du Seigneur. »
Ainsi parla le pape : à l'instant même tous les audi-
teurs se sentant animés d'un saint zèle pour cette en-

treprise, tous pensent que rien ne saurait être plus glorieux ; un grand nombre des assistans déclarent sur-le-champ qu'ils partiront, et promettent d'employer tous leurs soins pour déterminer à les suivre ceux qui ne sont pas présens à l'assemblée. L'un des premiers à prendre cet engagement fut l'évêque du Puy, nommé Adhémar, qui dans la suite, remplissant les fonctions de légat du siége apostolique, sut diriger avec prudence et sagesse toute l'armée de Dieu, et l'exciter à déployer une grande vigueur dans ses entreprises. Les choses exposées dans le discours que nous avons rapporté ayant donc été arrêtées dans le concile, et jurées par tous, le pape donna sa bénédiction en signe d'absolution ; chacun se retira, et de retour chez lui publia ce qui s'était fait, et en instruisit clairement ceux qui l'ignoraient. Aussitôt que les actes du concile eurent été proclamés de toutes parts dans les provinces, on arrêta d'un commun accord de jurer sous le sceau du serment et de garder réciproquement la paix qu'on appelle *trève de Dieu.* Ensuite des gens de tout état, et en grand nombre, s'acquittant de leur devoir envers le ciel, et voulant obtenir la rémission de leurs péchés, se dévouèrent avec les sentimens d'un cœur pur à se rendre partout où on leur ordonnerait d'aller. Quel admirable et doux spectacle c'était pour nous que toutes ces croix brillantes de soie, d'or ou de drap, de quelque espèce que ce fût, que, par l'ordre du susdit pape, les pèlerins, une fois qu'ils avaient fait vœu de partir, cousaient sur l'épaule à leurs manteaux, à leurs casaques ou à leurs tuniques ! Certes, c'était à bon droit que les soldats du Seigneur se distinguaient et se fortifiaient par ce signe de la victoire, eux qui se préparaient à combattre pour l'honneur de ce signe divin, eux qui, se décorant ainsi du signe qui attestait leur foi, obtinrent enfin en récompense la véritable croix ; et s'ils se parèrent du symbole de la croix, ce fut pour acquérir réellement cette croix dont ils portaient l'image. Il est certes évident pour tout le monde que d'une méditation sagement dirigée sort une œuvre bonne à exécuter, et que par une bonne œuvre on acquiert le salut de l'ame. Que s'il est bon de méditer le bien, il vaut mieux encore accomplir une œuvre juste après l'avoir projetée ; le plus grand avantage qu'on puisse obtenir pour son salut est donc de pourvoir à la vie de l'ame par une bonne action. Que chacun donc songe à former d'utiles desseins, et à les accomplir ensuite en se livrant aux bonnes œuvres, afin qu'une fois devenu soldat vétéran du Très-Haut, il mérite que le plus grand des biens ne lui manque pas dans l'éternité. C'est ainsi qu'Urbain, homme prudent et vénérable, médita un projet qui dans la suite assura la prospérité de l'univers. Il fit en effet renaître la paix, rétablit les droits de l'Eglise dans leur antique splendeur, et n'épargna aucun effort pour que les Païens fussent courageusement et vivement chassés des terres des Chrétiens. Aussi, comme il mettait exclusivement son étude à faire triompher toutes les choses qui regardent le Seigneur, presque tous se soumirent d'eux-mêmes à son affection paternelle et à son obéissance. Cependant le démon qui jamais ne se lasse de travailler à la perte des hommes, et, semblable au lion, va partout cherchant une proie à dévorer, suscita pour adversaire à ce pontife, à la grande confusion du peuple, un certain Guibert, homme qu'excitait l'aiguillon de l'orgueil. Autrefois ce Guibert, que soutenait la perversité de l'empereur des Bavarois¹, tenta d'usurper les fonctions apostoliques, lorsque le prédécesseur d'Urbain², Hildebrand, qui prit le nom de Grégoire, occupait légitimement le siége pontifical; il osa fermer à Grégoire lui-même les portes de Saint-Pierre; mais le peuple qui valait mieux que lui, voyant combien il agissait méchamment, refusa de le reconnaître pour pape. Après la mort d'Hildebrand, Urbain régulièrement élu fut consacré par les cardinaux évêques, et la partie du peuple la plus nombreuse, ainsi que la plus saine, se rangea sous son obéissance; mais Guibert, fort de l'appui du susdit empereur, et excité par la haine de quelques citoyens Romains, tint, tant qu'il le put, Urbain éloigné du ministère de Saint-Pierre. Celui-ci, pendant qu'il était ainsi chassé de son église, parcourait les différens pays, ramenant à Dieu les peuples qui s'écartaient en quelque chose de la bonne voie. Cependant Guibert, bouffi d'orgueil de se voir le prince de l'Eglise, se montrait un pape entièrement favorable aux hommes dans l'erreur, exerçait, quoiqu'illégitimement, les fonctions de l'apostolat sur ceux de son parti, et décriait, comme vaines, les actions d'Urbain. Toutefois l'année où les Francs, qui pour la première fois se rendaient à Jérusalem, passèrent par Rome, ce même Urbain rentra dans l'entière jouissance de son

¹ C'est l'empereur Henri IV.
² Entre Grégoire VII et Urbain II, est encore Victor III que Foulcher ne compte pas.

pouvoir apostolique, avec l'aide d'une très-noble matrone nommée Mathilde, qui dans ce temps exerçait dans les Etats romains une grande influence. Guibert était alors en Allemagne; ainsi donc deux papes à la fois commandaient dans Rome, et la plupart des gens ignoraient auquel des deux il fallait obéir, duquel on devait prendre conseil, et lequel était proposé pour porter remède aux maux de la chrétienté. Ceux-ci favorisaient l'un, ceux-là tenaient pour l'autre. Il était néanmoins évident aux yeux des hommes qu'on avait plus de bien à attendre d'Urbain, comme du plus juste des deux ; car celui-là doit, à juste titre, être le plus fort qui subjugue les mauvaises passions, comme autant d'ennemis du salut. Quant à Guibert, il occupait le siége de Ravenne, et, riche d'honneurs et de biens, brillait d'un grand éclat : on ne peut donc assez s'étonner qu'il ne se trouvât pas satisfait d'une si vaste opulence. Comment cet homme, qui eût dû souhaiter d'être regardé par tous comme un modèle de justice et d'humilité, se laissant aller témérairement à l'amour d'une vaine pompe, put-il porter l'audace au point d'usurper le sceptre de l'empire de Dieu? Ce sceptre, il faut certes, non s'en emparer par la violence, mais l'obtenir par la raison et la piété. Celui qui le reçoit, loin de s'en glorifier comme d'un excès d'honneur, doit le conserver fidèlement comme un dépôt qui lui est confié, et saisir toutes les occasions favorables de reconquérir tous ceux des droits appartenant à la haute dignité dont il est revêtu, qui peuvent en avoir été distraits. Peut-on être surpris que l'univers se vit alors en proie à l'inquiétude et à la confusion? Lorsqu'en effet l'Eglise romaine, de qui principalement toute la chrétienté doit obtenir le soulagement à ses maux, est elle-même troublée par quelque désordre, il arrive aussitôt que la douleur se répand des fibres de la tête dans tous les membres qui lui sont subordonnés, les accable d'une souffrance pareille, et les plonge dans l'affaiblissement. Or, dans ce temps-là cette Eglise, notre mère commune, qui nous nourrissait de son lait, nous instruisait par ses préceptes et nous fortifiait de ses conseils, était cruellement frappée des coups que lui portait ce superbe Guibert. Quand la tête est ainsi brisée, les membres sont promptement blessés [1]. Si la tête est malade, les autres membres souffrent ; mais par cela même que, la tête une fois malade, les membres participaient à ses douleurs et se flétrissaient, par cela même que, dans toutes les parties de l'Europe, au dedans des Eglises comme au dehors, la paix, la bonté, la foi, étaient audacieusement foulées aux pieds, tant par les petits que par les grands, il devenait urgent qu'on mît un terme à tant de désordres de tout genre, et que, conformément à l'avis ouvert par le pape Urbain, les Chrétiens dirigeassent contre les Païens ces guerres auxquelles ils avaient, depuis si long-temps, l'habitude de se livrer entre eux, et les uns contre les autres. Maintenant donc il convient de revenir au sujet que nous avons entamé. Il est bon en effet de raconter avec grand détail à ceux qui ignorent ces choses tout ce qui concerne ceux qui firent le voyage de Jérusalem, quels accidens leur arrivèrent pendant la route, et combien peu à peu, grâces aux secours de Dieu, leur

[1] C'est un vers dans le texte.

entreprise et leurs travaux obtinrent de succès et d'éclat: tout cela, moi Foulcher de Chartres, qui suis parti avec les autres pèlerins, je l'ai recueilli dans ma mémoire soigneusement et exactement, comme je l'ai vu de mes yeux, afin de le transmettre à la postérité.

CHAPITRE II.

En l'année 1096 depuis l'Incarnation du Seigneur, au mois de mars qui suivit le concile d'Auvergne, dont on a parlé plus haut, et que le seigneur Urbain tint dans le mois de novembre, ceux qui avaient été les plus prompts dans leurs préparatifs commencèrent à se mettre en route pour le voyage; les autres suivirent dans les mois d'avril, mai, juin ou juillet et même août, septembre, et enfin octobre, selon qu'ils trouvèrent des occasions favorables de réunir l'argent nécessaire pour cette expédition. Cette année toutes les contrées de la terre jouirent de la paix, et regorgèrent d'une immense abondance de froment et de vin. Dieu l'ordonna ainsi, afin que ceux qui avaient pris sa croix, conformément à ses ordres, et s'étaient décidés à suivre son étendard, ne périssent pas en chemin par le manque de pain: il est au surplus à propos de graver soigneusement dans sa mémoire les noms des chefs de ces pèlerins. Je citerai donc d'abord le grand Hugues, frère de Philippe, roi des Français: le premier d'entre tous ces héros, il passa la mer et débarqua avec les siens près de Durazzo, ville de la Bulgarie; mais ayant eu l'imprudence de marcher vers cette place à la tête d'une troupe trop peu nombreuse, il fut pris par les habitans et conduit à l'empereur de Constantinople, qui le retint quelque temps dans cette dernière ville sans l'y laisser jouir d'une entière liberté. Après lui Boémond de la Pouille, fils de Robert Guiscard, mais normand d'origine, prit la même route avec son armée. Godefroi, duc des Etats de Lorraine, alla par le pays des Hongrois, à la tête d'une troupe nombreuse. Raimond, comte de Provence, avec les Goths et les Gascons, ainsi que l'évêque du Puy, traversèrent la Sclavonie. Un certain Pierre ermite, suivi d'une foule de gens de pied, mais de peu de chevaliers, prit d'abord son chemin par la Hongrie; toute cette troupe eut après pour chef un certain Gauthier, surnommé Sans-Argent, excellent chevalier, qui par la suite fut tué par les Turcs, avec beaucoup de ses compagnons, entre les villes de Nicomédie et de Nicée, au mois de septembre. Robert, comte de Normandie et fils de Guillaume, roi des Anglais, se mit en route après avoir réuni une grande armée de Normands, d'Anglais et de Bretons; avec lui marchèrent encore Etienne, comte de Blois, fils de Thibaut, et Robert, comte de Flandre, auxquels s'étaient joints beaucoup d'autres nobles hommes. Tel fut donc l'immense rassemblement qui partit d'occident; peu à peu et de jour en jour cette armée s'accrut pendant la route d'autres armées accourues de toutes parts, et formées d'un peuple innombrable : aussi voyait-on s'agglomérer une multitude infinie parlant des langues différentes, et venue de pays divers. Ces armées ne furent cependant fondues en une seule que lorsque nous eûmes atteint la ville de Nicée. Que dirais-je de plus? toutes les îles de la mer, et tous les royaumes de la terre furent mis en mouvement par la main de Dieu, afin qu'on crût voir s'accomplir la prophétie de David, disant dans ses psaumes : « Toutes les nations que vous avez « créées viendront se prosterner devant vous, Sei- « gneur, et vous adorer[1] ; » et afin aussi que ceux qui arrivaient aux lieux saints pussent enfin s'écrier à juste titre : « Nous adorerons le Seigneur là où sont « empreintes les traces de ses pas. » On lit, au reste, dans les prophéties beaucoup d'autres passages encore où est prédit ce saint pélérinage. O combien les cœurs qui s'unissaient firent éclater de douleur, exhalèrent de soupirs, versèrent de pleurs et poussèrent de gémissemens, lorsque l'époux abandonna son épouse bien aimée, ses enfans, tous ses domaines, son père, sa mère, ses frères, ou ses autres parens! Et cependant malgré ces flots de larmes, que ceux qui restaient laissèrent couler de leurs yeux pour leurs amis prêts à partir, et en leur présence même, ceux-ci ne permirent pas que leur courage en fût amolli, et n'hésitèrent nullement à quitter, par amour pour le Seigneur, tout ce qu'ils avaient de plus précieux, persuadés qu'ils gagneraient au centuple en recevant la récompense que Dieu a promise à ceux qui le suivent. Dans leurs derniers adieux, le mari annonçait à sa femme l'époque précise de son retour, lui assurait que, s'il vivait, il reverrait son pays et elle au bout de trois années, la recommandait au Très-Haut, lui donnait un tendre baiser, et lui promettait de revenir; mais celle-ci, qui craignait de ne plus le revoir, accablée

---

[1] Psaume 85, v. 9.

par la douleur, ne pouvait se soutenir, tombait presque sans vie étendue sur la terre, et pleurait sur son ami qu'elle perdait vivant, comme s'il était déjà mort; lui alors, tel qu'un homme qui n'eût eu aucun sentiment de pitié, quoique la pitié remplît son cœur, semblait, tout ému qu'il en était dans le fond de son cœur, ne se laisser toucher par les larmes, ni de son épouse, ni de ses enfans, ni de ses amis quels qu'ils fussent; mais montrant une ame ferme et dure il partait. La tristesse était pour ceux qui demeuraient, et la joie pour ceux qui s'en allaient. Que pourrions-nous encore ajouter? « C'est le Seigneur qui a fait
« cela, et c'est ce qui paraît à nos yeux digne d'ad-
« miration [1]. »

Nous autres Francs occidentaux, nous traversâmes donc toute la Gaule, et prîmes notre route par l'Italie. Quand nous fûmes parvenus à Lucques, nous rencontrâmes près de cette ville Urbain, le successeur des Apôtres, avec qui conférèrent le Normand Robert, le comte Etienne, et tous les autres d'entre nous qui le voulurent. Après avoir reçu sa bénédiction, nous nous acheminâmes pleins de joie vers Rome. A notre entrée dans la basilique du bienheureux Pierre, nous trouvâmes rangés devant l'autel des gens de Guibert, ce pape insensé, qui, tenant à la main leurs épées, enlevaient contre toute justice les offrandes déposées sur l'autel par les fidèles; d'autres courant sur les poutres qui formaient le toit du monastère, lançaient des pierres de là en bas, à l'endroit où nous priions humblement prosternés. Aussitôt en effet qu'ils apercevaient quelqu'un dévoué à Urbain,

[1] Psaume 117, v. 23.

ils brûlaient du desir de l'égorger à l'heure même. Mais dans une tour de ce même monastère étaient des hommes d'Urbain, qui la gardaient avec vigilance, par fidélité pour ce pontife, et résistaient autant qu'ils pouvaient à ceux du parti opposé. Nous éprouvâmes un vif chagrin de voir de si grandes iniquités se commettre dans un tel lieu; mais nous ne pûmes faire autre chose que souhaiter que le Seigneur en tirât vengeance. De Rome, beaucoup de ceux qui étaient venus avec nous jusque-là s'en retournèrent lâchement chez eux sans attendre davantage; pour nous, traversant la Campanie et la Pouille, nous arrivâmes à Bari, ville considérable située sur le bord de la mer. Là, nous adressâmes nos prières à Dieu dans l'église de Saint-Nicolas, et nous nous rendîmes au port, dans l'espoir de nous embarquer sur-le-champ pour passer la mer; mais les matelots nous manquèrent, et la fortune nous fut contraire. On entrait alors en effet dans la saison de l'hiver, et l'on nous objecta qu'elle nous serait fort dangereuse sur mer : le comte de Normandie, Robert, se vit donc forcé de s'enfoncer dans la Calabre, et d'y séjourner tout le temps de l'hiver. Alors cependant Robert, comte de Flandre, s'embarqua avec toute ses troupes. Mais alors aussi beaucoup d'entre les plus pauvres et les moins courageux, craignant la misère pour l'avenir, vendirent leurs arcs, reprirent le bâton de voyage et regagnèrent leurs demeures. Cette désertion les avilit aux yeux de Dieu, comme à ceux des hommes, et répandit sur eux une honte ineffaçable.

CHAPITRE III.

L'an du Seigneur 1097, dès que le mois de mars eut ramené le printemps, le comte de Normandie et Etienne, comte de Blois, qui avaient attendu avec Robert le temps favorable pour s'embarquer, se rendirent de nouveau sur le bord de la mer. Dès que la flotte fut prête, et le jour des nones d'avril arrivé, auquel tomba cette année la sainte fête de Pâques, ces deux comtes montèrent sur les vaisseaux avec tous leurs hommes au port de Brindes. Combien les jugemens de Dieu sont inconnus et incompréhensibles! entre tous les vaisseaux, nous en vîmes un qui, sans qu'aucun péril extraordinaire le menaçât, fut, par un évévement subit, rejeté hors de la pleine mer et brisé près du rivage. Quatre cents individus environ de l'un et l'autre sexe périrent noyés ; mais on eut promptement à faire retentir à leur occasion des louanges agréables au Seigneur : ceux en effet qui furent spectateurs de ce naufrage, ayant recueilli autant qu'ils le purent les cadavres de ces hommes déjà privés de vie, trouvèrent, sur les omoplates de certains d'entre eux, des marques représentant une croix, imprimée dans les chairs. Ainsi donc le Seigneur voulut que ces gens, morts à l'avance pour son service, conservassent sur leur corps, comme un témoignage de leur foi, le signe victorieux qu'ils avaient pendant leur vie porté sur leurs habits, et que ce miracle fît connaître clairement à tous ceux qui le virent que ces gens avaient à bon droit joui, au moment de leur trépas, de la miséricorde divine, et mérité d'obtenir le repos éternel, afin qu'aux yeux de tous parût évidemment s'accomplir, dans toute sa vérité, ce qui est écrit : « La mort qui saisira le juste, « le fera entrer dans un repos rafraîchissant. » Du reste de leurs compagnons, qui déjà luttaient avec la mort, il y en eut bien peu qui conservèrent la vie ; leurs chevaux et leurs mulets furent en outre engloutis dans les ondes, et l'on perdit encore dans cette circonstance une grande quantité d'argent. A la vue de ce malheur nous fûmes tous tellement troublés par une frayeur sans bornes, que beaucoup de ceux qui n'étaient point encore montés sur les vaisseaux, se montrant faibles de cœur, renoncèrent à continuer leur pélerinage, et retournèrent chez eux, disant que jamais plus ils ne consentiraient à se confier à une onde si décevante. Quant à nous, mettant sans réserve toute notre espérance dans le Dieu tout-puissant, nous levâmes l'ancre sur-le-champ, louâmes le Seigneur au son des trompettes, et nous lançâmes en pleine mer, nous abandonnant à la conduite du Très-Haut, et au vent qui enflait légèrement les voiles. Pendant trois jours que le vent nous manqua tout-à-fait, nous fûmes retenus au milieu des flots ; le quatrième nous prîmes terre auprès de la cité de Durazzo, dont nous n'étions éloignés que d'environ dix milles, et deux ports reçurent toute notre flotte. Alors, pleins de joie, nous reprîmes la route de terre, passâmes devant la susdite ville, et traversâmes tout le pays des Bulgares, franchissant des contrées presque désertes et des montagnes escarpées. Nous nous réunîmes tous sur les bords d'un fleuve rapide, que les habitans appellent, et à juste titre, le fleuve du Démon; nous vîmes en effet dans ce fleuve diabolique plusieurs des nôtres, qui espéraient le passer à gué et à pied, emportés par la violence cruelle du torrent, et périr submergés tout à coup, sans qu'aucun des témoins de leur malheur pût leur porter secours. Emus de compassion, nous répandîmes sur leur sort des flots de larmes; et si les hommes d'armes avec leurs grands chevaux de bataille n'eussent prêté leur aide aux fantassins en se jetant dans le fleuve, beaucoup de ces derniers y auraient perdu la vie de la même manière. Posant alors notre camp sur le rivage, nous nous reposâmes une nuit dans ce lieu, où de toutes parts s'élevaient autour de nous de vastes montagnes, sur lesquelles ne se montrait aucun habitant. Le lendemain matin, dès que l'aurore brilla, les trompettes sonnèrent, et reprenant notre route, nous gravîmes la montagne appelée Bagular; ensuite, laissant derrière nous ces montagnes, nous arrivâmes au fleuve nommé le Vardar. Jamais jusque-là on ne l'avait traversé qu'à l'aide de barques; mais avec l'aide du Seigneur, qui toujours et partout est présent aux siens et leur prête son appui, nous le passâmes joyeusement à gué. Cet obstacle franchi, nous dressâmes le jour suivant nos tentes devant Thessalonique, ville abondante en richesses de tout genre.

CHAPITRE IV.

Après nous être arrêtés quatre jours dans cet endroit, nous traversâmes la Macédoine ; puis passant par la vallée de Philippe et les villes de Lucrèce, Chrysopolis et Christopolis, ainsi que d'autres cités qui sont dans la Grèce, nous parvînmes enfin à Constantinople. Élevant nos tentes devant cette ville, nous restâmes là quatorze jours à nous refaire de nos fatigues, mais sans pouvoir entrer dans cette cité. L'empereur, qui craignait que nous ne machinassions quelque entreprise contre lui, ne voulut pas y consentir ; il nous fallut donc acheter hors des murs les provisions qui nous étaient nécessaires pour chaque jour, et que les citoyens nous apportaient par l'ordre de l'empereur. Ce prince ne souffrait pas non plus que beaucoup d'entre nous vinssent ensemble dans Constantinople ; mais il permettait, pour nous faire honneur, que cinq ou six des chefs les plus considérables entrassent dans les églises à la même heure. Quelle noble et belle cité est Constantinople ! Combien on y voit de monastères et de palais construits avec un art admirable ! Que d'ouvrages étonnans à contempler sont étalés dans les places et les rues ! Il serait trop long et trop fastidieux de dire en détail quelle abondance de richesses de tout genre, d'or, d'argent, d'étoffes de mille espèces et de saintes reliques on trouve dans cette ville, où en tout temps de nombreux vaisseaux apportent toutes les choses nécessaires aux besoins des hommes. On y entretient constamment en outre, et on y loge, comme je le crois, environ vingt mille eunuques. Après que nous nous fûmes suffisamment remis de nos longues fatigues par le repos, nos chefs principaux ayant pris conseil de tous, se reconnurent les hommes de l'empereur, et conclurent avec lui un traité d'alliance, comme lui-même le leur avait auparavant demandé. Ceux qui nous précédèrent dans la même route, savoir, Boémond et le duc Godefroi, avaient déjà fait et confirmé par serment un traité semblable : quant au comte Raimond il refusa d'y souscrire ; mais le comte de Flandre prêta le serment comme tous les autres. Dans le fait il était indispensable à nos chefs de consolider ainsi leur amitié avec l'empereur, afin de pouvoir requérir et recevoir de lui, dans le moment présent comme à l'avenir, conseil et secours, tant pour eux que pour tous ceux qui devaient nous suivre par le même chemin. Ce traité fait, l'empereur leur offrit des pièces de monnaies frappées à son effigie tant qu'ils en voulurent, et leur donna des chevaux, des étoffes et de l'argent de son trésor, dont ils avaient grand besoin pour achever une si longue route. Cette affaire terminée, nous traversâmes la mer, qu'on appelle le bras de Saint-George, et hâtâmes notre marche vers la ville de Nicée. Déjà depuis le milieu de mai, Boémond, le duc Godefroi, le comte Raimond et le comte de Flandre tenaient assiégée cette ville, qu'occupaient les Turcs, Païens orientaux d'un grand courage et habiles à tirer de l'arc. Sortis de la Perse depuis cinquante ans, ces barbares après avoir passé le fleuve de l'Euphrate avaient subjugué toute la Romanie, jusqu'à la ville de Nicomédie. Que de têtes coupées, que d'ossemens d'hommes tués nous trouvâmes étendus dans les champs, au delà de cette dernière cité ! C'étaient les nôtres, qui, novices, ou plutôt tout-à-fait ignorans dans l'art de se servir de l'arbalète, avaient été cette même année massacrés par les Turcs. Dès que ceux qui déjà formaient le siége de Nicée eurent appris l'arrivée de nos princes Robert, comte de Normandie, et Etienne, comte de Blois, ils accoururent pleins de joie au devant d'eux et de nous, et nous conduisirent en un lieu où nous dressâmes nos tentes, en face de la partie méridionale de cette ville. Une fois déjà les Turcs du dehors[1] s'étaient rassemblés en armes dans l'intention, ou de délivrer la ville du siége, s'ils le pouvaient, ou au moins d'y jeter un plus grand nombre de leurs soldats, afin de la mieux défendre ; mais courageusement et durement repoussés par les nôtres, ils eurent environ deux cents des leurs tués dans cette affaire. Voyant donc les Français si animés et d'une vaillance si ferme, ils se retirèrent pour chercher un asile dans l'intérieur de la Romanie, jusqu'à ce qu'ils trouvassent le moment favorable de nous attaquer. Ce fut dans la première semaine de juin que les derniers de nous arrivèrent au siége ; alors, de plusieurs armées différentes, jusque-là séparées, on n'en forma qu'une seule : on y comptait cent mille hommes armés de cuirasses et de casques, et ceux qui connaissaient le mieux sa force, l'évaluaient à six cent mille individus en état de faire la guerre, sans y comprendre ceux qui ne portaient pas les armes, comme les clercs, les moines, les femmes

---

[1] *Du dehors* n'est pas dans le texte, mais a paru nécessaire pour la clarté.

et les enfans. Qu'ajouterai-je encore ? Certes, si tous ceux qui abandonnèrent leurs maisons, et entreprirent le pélerinage qu'ils avaient fait vœu d'accomplir, étaient venus jusqu'à Nicée, nul doute qu'il y eût eu six millions de combattans réunis. Mais beaucoup refusant de supporter plus long-temps la fatigue, retournèrent chez eux, les uns de Rome, les autres de la Pouille, ceux-ci de Hongrie, et ceux-là de la Sclavonie : il y eut aussi grand nombre d'hommes d'armes tués en divers lieux ; beaucoup enfin qui continuèrent la route avec nous, tombèrent malades et perdirent la vie. Aussi voyait-on dans les chemins, dans les champs et dans les bois une foule de tombeaux où nos gens étaient enterrés. Il est bon de rappeler que, pendant tout le temps que nous campâmes autour de Nicée, on nous apporta par mer, du consentement de l'empereur, les vivres qu'il nous fallait acheter. Nos chefs firent alors construire des machines de guerre, telles que beliers, machines à saper les murs, tours en bois et pierriers. Les arcs tendus lançaient les flèches ; on faisait pleuvoir les pierres ; les ennemis nous rendaient de tout leur pouvoir, et nous leur rendions de notre côté, de tout le nôtre, combats pour combats. A l'aide des machines, et couverts de nos armes, nous livrions fréquemment des assauts à la ville ; mais la forte résistance que nous opposait la muraille nous contraignait de les cesser. Souvent des Turcs, souvent des Francs périssaient percés par les flèches ou écrasés par les pierres. C'était une douleur à faire soupirer de compassion de voir les Turcs, lorsqu'ils réussissaient d'une manière quelconque à égorger quelqu'un des nôtres au pied des murs, jeter du haut en bas sur le malheureux tout vivant des crocs de fer, enlever en l'air et tirer à eux son corps privé de vie, et la plupart du temps recouvert d'une cuirasse, sans qu'aucun de nous osât ou pût leur arracher cette proie, puis dépouiller le cadavre et le rejeter hors de leur muraille. Cependant, comme déjà nous assiégions Nicée depuis cinq semaines, et que nous les avions effrayés par des assauts maintes fois répétés, ils tinrent conseil et adressèrent à l'empereur des députés qu'ils chargèrent adroitement de lui rendre leur ville, comme si elle eût été réduite par la force de ses troupes et sa propre habileté. Ils admirent donc dans leurs murs des turcopoles, ou soldats armés à la légère, envoyés par ce prince, qui s'emparèrent en son nom, et comme il le leur avait ordonné, de la place et de tout l'argent qu'elle renfermait. L'empereur retenant pour lui ces trésors, fit donner de son or et de son argent propre, ainsi que des manteaux à nos chefs, et distribuer aux gens de pied des monnaies d'airain frappées à son effigie, et qu'on nomme *tartarons*. La ville de Nicée fut ainsi prise ou plutôt rendue le jour même où tombait le solstice de juin; et, le vingt-neuvième jour de juin, nos barons ayant reçu le consentement de l'empereur à notre départ, nous nous éloignâmes de Nicée pour nous diriger vers les régions intérieures de la Romanie. A peine avions-nous fait deux journées de route, qu'on nous apprit que les Turcs, nous dressant des embûches, se préparaient à nous combattre dans les plaines qu'ils croyaient que nous devions traverser. Cette nouvelle ne nous fit rien perdre de notre audace; mais comme le soir du même jour nos éclaireurs virent de loin plusieurs de ces ennemis, ils nous prévinrent sur-le-champ, et nous plaçâmes pendant cette nuit des sentinelles de tous côtés, autour de nos tentes, pour les garder.

CHAPITRE V.

Le lendemain, jour des calendes de juillet, dès que le soleil paraît, nous prenons les armes; au premier son du cor, les tribuns et les centurions se placent à la tête de leurs cohortes et de leurs centuries; nous nous mettons en marche en bon ordre, enseignes déployées, et divisés en deux ailes nous allons droit à l'ennemi. A la seconde heure du jour, voilà que nos éclaireurs voient s'approcher l'avant-garde des Turcs; dès que nous l'apprenons nous faisons sur-le-champ dresser nos tentes près d'un certain lieu rempli de roseaux, afin que débarrassés promptement de nos bats, c'est-à-dire de nos bagages, nous soyons plus vite prêts à en venir aux mains. A peine ces dispositions sont-elles achevées que les Turcs paraissent, ayant à leur tête leur prince et émir Soliman, qui tenait sous sa puissance la ville de Nicée, ainsi que la Romanie. Autour de lui étaient rassemblés des Turcs des contrées les plus orientales, qui sur son ordre avaient marché trente jours, et même davantage, pour venir lui porter secours; avec lui se trouvaient encore plusieurs émirs, tels que Amurath, Miriath, Omar, Amiraï, Lachin, Caradig, Boldagis et d'autres; tous ces hommes réunis formaient une masse de trois cent soixante mille combattans, tous à cheval et armés d'arcs, comme c'est leur coutume. De notre côté étaient tout à la fois des fantassins et des cavaliers; mais le duc Godefroi, le comte Raimond et Hugues-le-Grand nous manquaient depuis deux jours; trompés par un chemin qui se partageait en deux, ils s'étaient, sans le savoir, séparés du gros de l'armée avec un très-grand corps de troupes : ce nous fut un malheur irréparable, et parce qu'il entraîna la mort de bon nombre de nos gens, et parce qu'il nous empêcha de prendre ou de tuer beaucoup de Turcs; mais ces chefs n'ayant reçu que tard les messagers que nous leur envoyâmes, ne purent non plus venir que tard à notre aide. Cependant les Turcs pleins d'audace, et poussant d'effroyables hurlemens, commencent à lancer violemment sur nous une pluie de flèches. Surpris de nous sentir frappés de coups si pressés, qui tuent ou blessent une foule des nôtres, nous prenons la fuite, et il faut d'autant moins s'en étonner que ce genre de combat nous était inconnu à tous. Déjà de l'autre côté du marais couvert de roseaux, d'épais escadrons de Turcs fondant à toute course sur nos tentes, pillent nos bagages et massacrent nos gens : mais tout à coup, et grâce à la volonté de Dieu, l'avant-garde de Hugues-le-Grand, du comte Raimond et du duc Godefroi arrive par les derrières, sur le lieu de cette scène désastreuse; et comme de notre côté nous reculons dans notre fuite jusqu'à nos tentes, ceux des ennemis qui ont pénétré au milieu même de nos bagages se retirent en hâte, persuadés que nous revenons sur nos pas pour les attaquer; mais ce qu'ils soupçonnaient être chez nous de l'audace et de la valeur, ils eussent été trop fondés à le croire l'effet de la peur. Qu'ajouterai-je encore ? Serrés les uns contre les autres, comme des moutons enfermés dans une bergerie, tremblans et saisis d'effroi, nous sommes de toutes parts cernés par les Turcs, et n'osant le moins du monde avancer sur un point quelconque. Un tel malheur parut n'avoir pu arriver qu'en punition de nos péchés. La luxure en effet souillait plusieurs d'entre nous, et l'avarice ainsi que la superbe en corrompaient d'autres. L'air retentissait, frappé des cris perçans que poussaient d'un côté nos hommes, nos femmes et nos enfans, de l'autre les Païens qui s'élançaient sur nous. Déjà, perdant tout espoir de sauver notre vie, nous nous reconnaissons tous pécheurs et criminels, et nous implorons pieusement la commisération divine. Parmi les pélerins étaient l'évêque du Puy, notre seigneur [1], et quatre autres prélats, ainsi que beaucoup de prêtres, tous revêtus d'ornemens blancs, suppliant humblement le Seigneur d'abattre la force des ennemis, et de répandre sur nous les dons de sa miséricorde ; tous chantent et prient avec larmes ; et une foule de nos gens, craignant de mourir bientôt, se précipitent à leurs pieds et confessent leurs péchés. Cependant nos chefs, Robert, comte de Normandie, Etienne de Blois, et Boémond, comte de Flandre, s'efforcent de tout leur pouvoir de repousser, et souvent même d'attaquer les Turcs, qui de leur côté fondent audacieusement sur les nôtres. Mais heureusement, apaisé par nos supplications, le Seigneur qui accorde la victoire, non à la splendeur de la noblesse, non à l'éclat des armes,

---

[1] Comme légat du pape.

mais aux cœurs pieux que fortifient les vertus divines, nous secourt avec bonté dans nos pressantes infortunes, relève peu à peu notre courage et affaiblit de plus en plus celui des Turcs. Voyant en effet nos compagnons accourir par derrière à notre aide, nous louons Dieu, reprenons notre première audace, et nous reformant en troupes et en cohortes, nous tâchons de faire tête à l'ennemi. Hélas ! combien des nôtres trop lents à venir nous rejoindre périrent en route dans cette journée ! Comme je l'ai dit, les Turcs nous tinrent étroitement resserrés depuis la première heure du jour jusqu'à la sixième ; mais peu à peu nous nous ranimons, nos rangs s'épaississent par l'arrivée de nos compagnons ; la grâce d'en haut se manifeste miraculeusement en notre faveur ; et nous voyons tous les infidèles tourner le dos et prendre la fuite, comme emportés par un mouvement subit. Nous alors, poussant de grands cris derrière eux, nous les poursuivons à travers les montagnes et les vallées, et ne cessons de les chasser devant nous, que quand notre avant-garde est parvenue jusqu'à leur camp ; là, une portion des nôtres charge les bagages et les tentes même de l'ennemi sur une foule de chevaux et de chameaux qu'il avait abandonnés dans sa frayeur, et les autres pressent les Turcs l'épée dans les reins, jusqu'à la nuit. Mais nos chevaux étant épuisés de faim et de fatigue, nous ne pûmes faire que peu de prisonniers ; ce qui fut au reste un grand miracle de Dieu, c'est que ces Païens ne s'arrêtèrent dans leur fuite, ni le lendemain, ni même le troisième jour, quoique le Seigneur seul les poursuivît. Enivrés de joie d'une si éclatante victoire, nous rendîmes au Très-Haut toutes les actions de grâces dues à sa bonté, qui loin de permettre qu'alors notre voyage échouât sans aucun succès, voulut que pour son honneur et celui de la chrétienté, il prospérât avec une gloire plus qu'ordinaire ; aussi la renommée de notre triomphe se répandit-elle de l'orient au couchant, et y vivra-t-elle éternellement. Nous continuâmes ensuite doucement notre route en suivant toujours les Turcs : ceux-ci de leur côté, fuyant devant nous, regagnèrent par bandes leurs demeures à travers la Romanie. Nous allâmes alors à Antioche, que les gens du pays nomment la Petite [1], dans la province de Pisidie, et delà à Iconium ; dans ces régions nous manquâmes très-souvent de pain et de toute espèce de nourriture. Nous trouvâmes en effet la Romanie, terre excellente et très-fertile en productions de tout genre, cruellement dévastée et ravagée par les Turcs ; et cependant, quoique nous ne rencontrassions que par intervalle de chétives récoltes, on vit fréquemment notre immense multitude se refaire à merveille avec ce peu de vivres : grâce à ce qu'y ajoutait ce Dieu qui avec cinq pains et deux poissons rassasia cinq mille hommes. Tous nous étions donc dispos, et reconnaissions pleins de joie les dons que nous faisait la miséricorde divine. On aurait pu rire, ou peut-être aussi pleurer de pitié, en voyant beaucoup des nôtres, faute de bêtes de somme, dont ils avaient déjà perdu un grand nombre, charger leurs effets, leurs vêtemens, leur pain, et toute espèce de bagage nécessaire à l'usage des pèlerins, sur des moutons, des chèvres, des cochons et des chiens, animaux trop faibles, et dont tout le dos était écor-

---

[1] Le texte porte *pervam*, lisez *parvam*.

ché par la pesanteur d'une charge trop lourde ; quant aux bœufs, des chevaliers montaient quelquefois dessus avec leurs armes. Mais aussi qui jamais a entendu dire qu'autant de nations de langues différentes aient été réunies en une seule armée, telle que la nôtre, où se trouvaient rassemblés Francs, habitans de la Flandre, Frisons, Gaulois, Bretons, Allobroges, Lorrains, Allemands, Bavarois, Normands, Ecossais, Anglais, Aquitains, Italiens, gens de la Pouille, Espagnols, Daces, Grecs et Arméniens? Que si quelque Breton ou Teuton venait à me parler, je ne saurais en aucune manière lui répondre. Au surplus, quoique divisés par le langage, nous semblions tous autant de frères et de proches parens unis dans un même esprit, par l'amour du Seigneur. Si en effet l'un de nous perdait quelque chose de ce qui lui appartenait, celui qui l'avait trouvé le portait avec lui bien soigneusement et pendant plusieurs jours, jusqu'à ce qu'à force de recherches il eût découvert celui qui l'avait perdu, et le lui rendait de son plein gré, comme il convient à des hommes qui ont entrepris un saint pélerinage.

CHAPITRE VI.

Quand nous eûmes atteint la ville d'Héraclée, nous vîmes un prodige dans le ciel ; il y parut en effet une lueur brillante et d'une blancheur resplendissante, ayant la figure d'un glaive, dont la pointe était tournée vers l'Orient. Ce que ce signe annonçait pour l'avenir nous l'ignorions ; mais le futur comme le présent nous le remettions entre les mains de Dieu.

Nous nous dirigeâmes alors vers une certaine cité très-florissante qu'on nomme Marésie, où nous nous reposâmes trois jours. Au sortir de cette ville, après avoir marché pendant une journée, et non loin d'Antioche de Syrie, dont nous n'étions guères qu'à trois jours de distance, notre corps se séparant du gros de l'armée, se jeta vers la gauche du pays, sous la conduite du seigneur comte Baudouin, frère du duc Godefroi, dont il a été parlé plus haut. C'était un excellent chevalier, très-fameux par une droiture et une audace éprouvées; quelque temps auparavant il s'était écarté de l'armée avec ceux qu'il commandait, et, par un prodige de hardiesse, avait pris la ville de Tarse en Cilicie; mais il l'enleva par violence à Tancrède qui, du consentement des Turcs, y avait fait entrer ses hommes. Baudouin y ayant donc laissé des gardes rejoignit l'armée. Se confiant ensuite dans le Seigneur et dans son propre courage, il rassembla un petit nombre de chevaliers, se dirigea vers l'Euphrate, et s'empara tant par force que par adresse de plusieurs châteaux situés sur ce fleuve. Dans le nombre en était un excellent qu'on appelle Turbessel; les Arméniens qui l'habitaient le rendirent au comte sans coup férir, ainsi que quelques autres forts qui en dépendaient. La renommée ayant répandu au loin dans tout le pays le bruit de ses exploits, une ambassade lui fut envoyée par le prince de Roha, c'est-à-dire Edesse, ville qu'il suffit de nommer, très-riche en biens de la terre, située dans la Mésopotamie de Syrie, au delà de l'Euphrate, à vingt milles environ du dit fleuve, et à cent ou un peu plus d'Antioche. Ce prince faisait donc inviter Baudouin à se rendre dans cette cité, pour que tous deux contractassent amitié, et s'engageassent réciproquement à être ensemble comme un père et un fils tant qu'ils vivraient; et si le chef Edesséen venait par hasard à mourir, Baudouin, comme s'il eût été son véritable fils, devait hériter de la ville, de son territoire et de tout ce que possédait le prince. Ce Grec, en effet, n'avait ni fils ni fille, et ne pouvant se défendre contre les Turcs, il desirait mettre sa terre et lui-même sous la protection de Baudouin et de ses chevaliers, qu'il avait entendu citer comme des guerriers intègres et à toute épreuve. Dès que le comte eut reçu ces propositions, et que les envoyés l'eurent persuadé de s'y fier en les confirmant par serment, il prit avec lui un très-petit corps de troupes de quatre-vingts chevaliers seulement, et se mit en route pour aller au delà de l'Euphrate ; après avoir avoir traversé ce fleuve, nous marchâmes toute la nuit avec grande hâte, et fortement effrayés, passant au milieu des châteaux sarrasins, et les laissant tantôt sur notre droite, tantôt sur notre gauche. Les Turcs qui occupaient Samosate, place très-forte, instruits de notre marche, nous dressèrent des embûches sur le chemin qu'ils pensaient que nous devions prendre ; mais la nuit suivante un certain Arménien, qui nous reçut avec bienveillance dans son château, nous prévint d'avoir à nous garantir des piéges de l'ennemi ; nous demeurâmes donc deux jours dans ce lieu. Les Turcs, ennuyés d'un si long retard, s'élancèrent tout à coup le troisième jour hors de leur embuscade, accoururent enseignes déployées sous les murs du château où nous étions renfermés, et se saisirent à notre vue même de tous les trou-

3.

peaux qu'ils trouvèrent dans les pâturages d'alentour : nous sortîmes pour marcher à eux, quoique nous fussions en trop petit nombre pour engager un combat ; ils commencèrent à nous lancer leurs flèches, qui grâces à la bonté de Dieu ne blessèrent aucun des nôtres ; eux au contraire laissèrent sur-le-champ de bataille un des leurs tué d'un coup de lance, et celui qui l'avait renversé s'empara de son coursier ; les Païens alors se retirèrent, nous rentrâmes dans le château, et le lendemain nous reprîmes notre route. Lorsque nous passâmes devant les châteaux des Arméniens, ce fut un spectacle digne d'admiration de voir comment, sur le bruit que nous venions les défendre contre les Turcs, sous le joug desquels ils gémissaient opprimés depuis si long-temps, tous s'avançaient humblement, et pour l'amour du Christ, au devant de nous avec des croix et les drapeaux déployés, et baisaient nos vêtemens et nos pieds. Nous arrivâmes enfin à Roha, où le susdit prince de cette cité, sa femme et tous les citoyens nous accueillirent avec grande joie. Ce qui avait été promis à Baudouin fut accompli sans aucun retard ; mais à peine étions-nous restés quinze jours dans cette ville, que les habitans formèrent le criminel projet de tuer leur prince qu'ils haïssaient, et de mettre à sa place dans le palais Baudouin pour les gouverner. Il fut fait ainsi qu'il avait été résolu. Baudouin et les siens éprouvèrent un vif chagrin de n'avoir pu obtenir qu'on usât de pitié envers ce pauvre prince. Aussitôt cependant que Baudouin eut été revêtu de cette principauté, que lui déférèrent les citoyens, il entreprit sans plus de délai la guerre contre les Turcs qui se trouvaient dans le pays :

maintes fois il les vainquit, et en tua grand nombre; mais il arriva aussi que plusieurs des nôtres tombèrent sous les coups des infidèles. Quant à moi, Foulcher de Chartres, j'étais alors le chapelain de ce même comte Baudouin. Je veux au surplus reprendre, où je l'ai quitté, mon récit sur l'armée de Dieu.

CHAPITRE VII.

Au mois d'octobre, les Francs arrivèrent à Antioche de Syrie, après avoir traversé le fleuve qu'on nomme Fer ou Oronte. On donna l'ordre de dresser les tentes en face de la ville, dans l'espace compris entre ses murs et la première pierre milliaire. Là se livrèrent souvent, dans la suite, de funestes combats pour les deux partis; car, lorsque les Turcs sortaient de la place, ils massacraient beaucoup des nôtres; puis nous prenions notre revanche; et les Païens avaient à pleurer sur leurs défaites. Antioche a en effet une enceinte immense, une situation forte et de solides murailles, et jamais des ennemis du dehors n'auraient pu s'emparer de cette cité, si seulement elle avait été bien approvisionnée de pain, et que les habitans eussent voulu la défendre. On y voit une basilique respectable, bâtie en l'honneur de l'apôtre Pierre; et dédiée à ce saint, qui en fut évêque, et dans la chaire de laquelle il s'assit après que le Seigneur lui eut donné la souveraineté de l'Eglise, et confié les clefs du royaume céleste; il se trouve en outre, dans cette ville un temple élevé en l'honneur de la bienheureuse Marie et plusieurs autres églises construites avec magnificence ; quoiqu'au pouvoir des Turcs, elles subsistèrent long-temps, et Dieu, dont la puissance embrasse tout, nous les conserva intactes pour que nous pussions un jour l'y honorer. Antioche est environ à treize milles du point de la mer où se jette le Fer, et c'est par le lit même de ce fleuve que les vaisseaux, chargés de toutes espèces de marchandises, arrivent des régions les plus éloignées jusque près de cette ville ; aussi est-elle abondamment fournie tant par mer que par terre de richesses de tout genre. Nos chefs, reconnaissant combien la prise de cette place était difficile, s'engagèrent mutuellement sous la foi du serment à la tenir étroitement assiégée jusqu'à ce que Dieu permît qu'ils parvinssent à s'en rendre maîtres, soit par force, soit par adresse. Dans le fleuve se trouvèrent plusieurs vaisseaux qui le remontaient ; on s'en saisit et on en forma un pont, à l'aide duquel il fut facile d'exécuter diverses entreprises, en traversant le fleuve qu'on ne pouvait auparavant passer à pied et à gué. Les Turcs, se voyant cernés par une si grande multitude de Chrétiens, craignirent de ne pouvoir réussir en aucune manière à leur échapper ; ils tinrent donc conseil entre eux, et Gratien émir d'Antioche envoya son propre fils, nommé Samsadol, vers le Soudan, c'est-à-dire l'empereur de Perse, pour le prier de venir en toute hâte à leur secours et lui dire qu'ils n'avaient d'espoir de salut qu'en lui et en Mahomet leur patron. Samsadol remplit avec grande célérité la mission qui lui était confiée. Quant à ceux qui demeurèrent dans la ville, ils la gardèrent avec soin en attendant le secours qu'ils sollicitaient, et machinèrent fréquemment toutes sortes de projets funestes contre les Francs. Ceux-ci de leur côté résistaient de leur mieux aux ruses de l'ennemi : un jour, entre autres, il arriva que sept cents Turcs tombèrent à la fois sous les coups des nôtres. Ces infidèles avaient tendu un piége aux Francs, qui de leur côté s'étaient placés en embuscade : les premiers furent vaincus. Dans cette rencontre la puissance de Dieu se manifesta bien clairement; car tous nos gens revinrent sains et saufs, à l'exception d'un seul que blessa l'ennemi. Mais, hélas! les Turcs, transportés de rage, égorgeaient une foule de Chrétiens, Grecs, Syriens, Arméniens établis dans la ville, et puis, après les avoir tués, ils lançaient leurs têtes avec des pierriers et des frondes hors des murs, et jusque sous les yeux des nôtres, vraiment contristés d'un tel spectacle. Ces barbares, en effet, craignant que quelque jour ces Chrétiens ne nous secondassent d'une manière ou d'une autre, les avaient en grande haine.

Les Francs étaient cependant campés depuis longtemps déjà autour d'Antioche ; déjà aussi, pour se procurer les vivres nécessaires, ils avaient épuisé et ravagé tout le pays d'alentour ; déjà enfin ils ne trouvaient plus nulle part de pain à acheter, et souffraient de la famine ; tous alors s'abandonnèrent au désespoir, et beaucoup formèrent secrètement le projet de quitter le siége et de fuir soit par terre soit par mer. Ils ne touchaient en effet aucune paie qui pût les aider à vivre ; il leur fallait donc aller au loin chercher des provisions, et, malgré la crainte de grands dangers, s'écarter du camp à des distances de quarante et soixante milles; aussi arrivait-il souvent que, dans les montagnes surtout, ils périssaient surpris par les Turcs embusqués. Nous pensons, quant à nous, que les Francs ne souffraient tous ces maux et ne pouvaient, après un si long temps, réussir à prendre la ville, qu'en punition des péchés dans les liens desquels vivaient beaucoup d'entre eux : grand nombre en effet se livraient lâchement et sans pudeur à l'orgueil, à la luxure et au brigandage. On tint donc un conseil, et l'on renvoya de l'armée toutes les femmes, tant les épouses légitimes que les concubines, afin d'éviter que nos gens, corrompus par les souillures de la débauche, n'attirassent sur eux la colère du Seigneur. Ces femmes cherchèrent alors un asyle dans les châteaux d'alentour, et s'y établirent. Dans le fait tous les nôtres, pauvres et riches, étaient désolés, et succombaient journellement tant sous la faim que sous les coups de l'ennemi; tous aussi auraient, sans aucun doute, abandonné le siége, malgré leur serment d'y rester avec constance, si Dieu ne les eût tenus étroitement rassemblés sous sa main, comme un bon pasteur ses brebis. Il y en avait toutefois beaucoup qui, manquant de pain, s'absentaient pendant plusieurs jours pour chercher dans des châteaux voisins les choses nécessaires à la vie, ne revenaient point ensuite à l'armée, et quittaient le siége pour toujours. A cette époque nous vîmes une rougeur étonnante dans le ciel, et nous sentîmes de plus un violent tremblement de terre, qui nous glaça tous de frayeur. Plusieurs même aperçurent en outre un certain signe d'une couleur blanche, représentant une espèce de croix et se dirigeant en droite ligne vers l'Orient.

CHAPITRE VIII.

L'année du Seigneur 1098, après que toute la province d'Antioche eut été complétement ravagée sur tous les points par l'immense multitude des nôtres, petits et grands souffrirent de plus en plus d'une extrême disette. Poussés par la faim, nos gens mangeaient les tiges des fèves qui commençaient à peine à croître dans les champs, des herbes de toute espèce, qui n'étaient pas même assaisonnées avec du sel, des chardons que, faute de bois, on ne pouvait faire assez cuire pour qu'ils ne piquassent pas la langue de ceux qui s'en nourrissaient, des chevaux, des ânes, des chameaux, des chiens même et des rats; les plus misérables dévoraient les peaux de ces animaux, et, ce qui est affreux à dire, les souris et les graines qu'ils trouvaient dans les ordures. Il leur fallut supporter encore, pour l'amour de Dieu, des froids âpres, des vents impétueux, des chaleurs brûlantes et des pluies battantes. Déjà les tentes, pouries et déchirées par les torrens de pluie qui les inondaient, étaient tellement hors de service, que beaucoup des nôtres n'avaient plus d'autre abri que le ciel. Ce fut ainsi que, semblables à l'or essayé trois fois par le feu et purifié sept fois, ces hommes élus d'avance et depuis long-temps, je pense, par le Seigneur, et éprouvés par cet excès de calamités, furent purgés de tous leurs péchés. Et en effet, quoiqu'il ne manquât pas de glaive pour les frapper, beaucoup d'entre eux, épuisés par une longue agonie, auraient fourni volontairement toute la carrière du martyre, éclairés et purifiés sans doute par le grand exemple du juste Job, qui, purifiant son ame au milieu des tourmens qui consumaient son corps, avait sans cesse le Seigneur présent à l'esprit. Voilà comment les Chrétiens savent tout à la fois combattre les Païens, et souffrir pour Dieu. Quoique ce Dieu, qui crée toutes choses, donne des lois à tout ce qu'il a créé, et soutient et gouverne, par sa puissance, tout ce qu'il tient sous sa loi, puisse détruire en un instant, et par sa seule volonté, ce qu'il lui plaît de renverser, je comprends qu'il permette que les Chrétiens écrasent sous leurs coups les Païens, qui si long-temps, et parce qu'il a bien voulu le souffrir, foulèrent outrageusement sous leurs pieds tous ses commandemens. Mais quand il consent que les Chrétiens soient tués par des Turcs, c'est pour leur salut, tandis que les Turcs, il les immole pour la perte de leurs ames. Il plut cependant au Seigneur que quelques-uns de ces derniers, prédestinés par lui à être sauvés, reçussent alors le baptême des mains de nos prêtres; « car ceux qu'il a prédestinés, il les a aussi « appelés et glorifiés [1]. » Que dirai-je de plus? Il y en eut plusieurs des nôtres qui, comme on l'a vu plus haut, abandonnèrent ce siége si pénible, les uns à cause de leur pauvreté, les autres par manque de fermeté, d'autres enfin par crainte de la mort; les indigens désertèrent les premiers; ensuite les riches en firent de même. Ce fut alors qu'Etienne, comte

---

[1] Épît. de saint Paul aux Rom., chap. VIII, v. 30.

de Blois, quitta l'armée et retourna par mer dans la sa patrie; nous en eûmes tous un grand chagrin, car c'était un véritable noble homme et d'une haute vertu. Au moment même où il s'éloignait, et le lendemain de son départ, la ville d'Antioche nous fut livrée; si donc il avait eu plus de persévérance, il se serait réjoui vivement avec les autres de ce succès : aussi sa retraite lui tourna-t-elle à opprobre. Il ne sert en effet à personne de bien commencer, s'il ne finit pas également bien. Au surplus, outre que je ne voudrais pas mentir, il importe d'être exact dans le récit des choses qui intéressent le Seigneur; de peur donc de me tromper quelque peu que soit, je serai bref. Le siége d'Antioche, commencé au mois d'octobre, se prolongea tout l'hiver suivant et le printemps jusqu'au moment où l'on entra dans le mois de juin. Souvent et tour à tour, tant qu'il dura, les Francs et les Turcs fondirent les uns sur les autres, engagèrent des combats, se dressèrent des embuscades, furent vainqueurs et vaincus, quoique les nôtres triomphassent plus fréquemment; dans une de ces rencontres, entre autres, il arriva que beaucoup de Païens tombèrent en fuyant dans le Fer, et s'y noyèrent misérablement. C'était en effet en deçà ou au delà de ce fleuve que les deux nations se combattaient le plus ordinairement. Nos chefs, pour presser le siége, élevèrent devant la ville plusieurs châteaux; puis, faisant des sorties, ils assaillaient les Turcs et enlevaient leurs troupeaux des pâturages. Quant aux Arméniens du dehors, établis dans le pays, non seulement ils ne nous apportaient aucune provision, mais souvent eux-mêmes venaient piller nos gens. Cependant il plut à la fin au Seigneur de mettre un terme aux travaux de son peuple; apaisé peut-être par les prières de ceux qui, chaque jour, lui adressaient les supplications les plus humbles, il permit dans sa miséricorde que, grâce à une trahison de ces mêmes Turcs, Antioche fût secrètement rendue et livrée aux Chrétiens. Or voici quelle fut cette trahison, qui au fond n'était rien moins qu'une trahison.

CHAPITRE IX.

Le Seigneur, notre Dieu, apparut à un certain Turc, que sa grâce avait mis d'avance au nombre de ses élus, et lui dit : « Toi qui dors, réveille-toi; je « te commande de rendre Antioche aux Chrétiens. » Cet homme, frappé d'admiration, garda le plus profond silence sur cette vision. Le Seigneur lui apparut une seconde fois, et lui dit : « Rends donc la ville « aux Francs; car je suis le Christ, et c'est moi qui « te donne cet ordre. » Ce Turc, ayant médité en lui-même sur ce qu'il devait faire, va trouver son maître, le prince d'Antioche, et lui raconte sa vision. « Veux-tu donc, brute que tu es, obéir à un fan-« tôme ? » lui répond son maître. De retour chez lui, le Turc se tait encore sur ce prodige. Une troisième fois le Seigneur lui apparaît encore et lui dit : « Pour-« quoi n'as-tu pas accompli ce que je t'ai prescrit ? « Tu ne dois pas hésiter; car moi, qui t'enjoins de « rendre la ville, je suis le maître de toutes choses. »

Cet homme alors ne balance plus un instant, se concerte prudemment avec les nôtres, et promet que, grâces à ses machinations, ils entreront dans Antioche. Cette convention faite, il livre son propre fils en otage aux Francs, ou plutôt au seigneur Boémond; et une certaine nuit, à l'aide d'échelles faites de cordes, il introduit vingt des nôtres dans la ville par dessus la muraille. L'une des portes est ouverte sur-le-champ et sans aucun délai; aussitôt les Francs, qui se tenaient prêts, entrent dans la place. Cependant quarante chevaliers, qui déjà avaient grimpé le long des cordes, trouvent quarante Turcs préposés à la garde de trois tours, et les égorgent; alors tous les Francs poussent en même temps, et à haute voix, le cri, *Dieu le veut, Dieu le veut*, ce qui était notre cri et notre signal lorsque nous voulions mettre à fin quelque entreprise. Dès que les Turcs entendent ce cri, tous sont frappés d'un profond effroi. Au moment, en effet, où l'aurore blanchissait le ciel, les Francs commencent à se répandre dans toute la ville; alors, et aussitôt que les Turcs voient se déployer en l'air la bannière rouge de Boémond, et un tumulte effroyable régner partout; dès qu'ils entendent les Francs faire retentir le sommet des murs du son de tous leurs cors, et aperçoivent les nôtres courant de tous côtés dans les rues et sur les remparts, le glaive nu et massacrant tout ce qu'ils rencontrent d'ennemis, les malheureux, saisis de stupeur, se mettent à fuir çà et là; bientôt beaucoup d'entre eux sont tués; mais quelques autres, en fuyant, parviennent à entrer dans le château, bâti sur une roche élevée. Dans cette circonstance, la tourbe de notre armée pilla, sans aucune retenue, tout ce qu'elle trouva dans les carrefours et les maisons; mais les chevaliers, fidèles aux devoirs du vrai guerrier, ne cessèrent de poursuivre les Turcs et d'en faire un grand carnage. Enfin au moment où l'émir d'Antioche, Gratien, cherchait son salut dans la fuite, un certain paysan arménien lui coupa la tête et se hâta de l'apporter aux Francs.

CHAPITRE X.

Après la prise de la cité d'Antioche, il arriva qu'un certain homme trouva une lance qu'il assurait avoir tirée d'une fosse où elle était enfouie dans l'église du bienheureux Pierre, et être celle dont Longin perça le côté de Notre-Seigneur. Il disait que l'existence de ce saint trésor lui avait été révélée par l'apôtre André, que cet apôtre lui était apparu par trois fois, et que, d'après ses instructions, il avait creusé le pavé de l'église à l'endroit même désigné par sa vision, et trouvé cette lance, que peut-être on y avait adroitement cachée. Cet homme découvrit d'abord sa vision à l'évêque du Puy et au comte Raimond. L'évêque croyait toute cette histoire fausse ; le comte Raimond, au contraire, se flattait qu'elle était vraie. Cependant tout le peuple, plein de joie, glorifiait le Seigneur de ce que cette lance avait été ainsi découverte; depuis cent jours environ, tous la tenaient en grande vénération ; le comte Raimond lui prodiguait les plus signalés honneurs, et, s'en étant rendu lui-même le gardien, distribuait aux indigens les offrandes que le peuple, dans sa piété, apportait aux pieds de cette lance. Toutefois l'évêque de Bari et plusieurs autres, tant clercs que laïcs, doutaient que cette lance fût celle du Seigneur, comme on se plaisait à le croire, et pensaient que c'en était une autre que cet homme grossier disait faussement avoir trouvée. On tint donc une grande assemblée; puis, après trois jours de prières et de jeûne, le huitième mois depuis la prise d'Antioche, on mit le feu à un tas de bois au milieu même du camp placé sous les murs du château d'Archas qu'on assiégeait alors; les évêques donnèrent leur bénédiction à ce feu, dont l'épreuve devait servir de jugement; et l'homme qui avait trouvé la lance passa vite et résolument au milieu du brâsier enflammé. On reconnut aussitôt qu'en le traversant, cet homme, comme il arrivait à tout vrai coupable, avait eu la peau brûlée par la flamme, et l'on présuma promptement que quelque partie intérieure de son corps devait être mortellement endommagée; cela fut bientôt clairement confirmé par la fin de ce criminel imposteur, qui mourut le douzième jour des douleurs de sa brûlure. Cédant à la force de cette preuve, tous les nôtres qui, pour l'amour et la gloire de Dieu, avaient vénéré cette lance, cessèrent de croire à sa sainteté, mais furent cruellement contristés. Quant au comte Raimond, il conserva très-longtemps cette lance, et la perdit par je ne sais quel accident. Revenons, au surplus, maintenant au récit que nous avons suspendu.

CHAPITRE XI.

Quand la ville d'Antioche eut été prise ainsi qu'on l'a dit, et dès le lendemain même, une innombrable multitude de Turcs vint mettre le siége devant cette cité. En effet, aussitôt que le Soudan, ou roi des Perses, dont il a été parlé un peu plus haut, eut appris, du messager qu'on lui avait envoyé, que les Francs cernaient Antioche, il rassembla de nombreuses troupes; en forma une armée qu'il fit marcher contre les Francs, et lui donna pour émir et pour chef Corbogath. Ces Turcs s'arrêtèrent pendant trois semaines entières devant Edesse, où était alors le comte Baudouin; mais ne faisant aucun progrès contre cette place, ils se hâtèrent d'accourir vers Antioche au secours de Gratien. A leur vue les Francs se désespérèrent de nouveau et non moins que de coutume. Leur châtiment en effet fût double comme l'étaient leurs péchés; car, à peine étaient-ils entrés dans Antioche, que beaucoup d'entre eux s'étaient empressés de rechercher le commerce de femmes hors de la loi de Dieu. Environ soixante mille Turcs pénétrèrent alors dans la ville par le château qui la dominait, du côté de la roche élevée sur laquelle il était bâti, et pressèrent vivement les nôtres par de subites et fréquentes attaques; mais leur séjour dans Antioche ne fut pas long; ils la quittèrent frappés d'une grande terreur, et l'assiégèrent du dehors. Quant aux Francs, ils restèrent enfermés dans l'intérieur des murs et livrés à une anxiété plus cruelle qu'on ne pourrait le croire. Cependant le Seigneur qui ne les accablait pas, se montra souvent à plusieurs d'entre eux, comme ceux-ci l'affirmaient, et, relevant leur courage, promit que son peuple allait jouir d'une prompte victoire.

CHAPITRE XII.

Dans ce temps-là, Dieu apparut à un certain clerc qui, par crainte de la mort, s'enfuyait de la ville. « Où « tournes-tu tes pas, frère? lui dit le Seigneur. — Je « fuis, répond le clerc, de peur de périr malheu- « reusement ; beaucoup en font de même pour éviter « une fin misérable. — Ne fuis point, réplique le Sei- « gneur ; retourne en arrière et dis à tes compagnons « que je les assisterai dans le combat. Apaisé par « les prières de ma mère, je serai favorable aux « Francs; mais parce qu'ils ont péché, ils se verront « sur le point de périr. Que cependant ils conservent « en moi une espérance ferme, et je les ferai triom- « pher des Turcs; qu'ils se repentent, et ils seront « sauvés. C'est moi qui suis le Seigneur et qui te « parle. » Ce clerc donc retournant sur ses pas, ra- conta ce qu'il venait d'entendre, au moment même où plusieurs, profitant des ombres de la nuit, voulaient à l'aide de cordes descendre du haut des murs et fuir, comme avaient fait beaucoup d'autres, qui redou- taient de périr aussi par la faim ou par le glaive.

CHAPITRE XIII.

Une autre fois, comme un certain homme descendait ainsi de la muraille, son frère, déjà mort depuis quelque temps, lui apparut et lui dit : « Où fuis-tu, « mon frère ? demeure, n'aie aucune crainte ; le Sei- « gneur sera avec vous au jour de la bataille ; et ceux « de vos compagnons, dans ce pèlerinage, qui vous « ont précédés au tombeau, combattront avec vous « contre les Turcs. » L'autre, étonné des paroles que lui adressait le défunt, cessa de fuir, et rapporta à ses compagnons les paroles qu'il avait entendues.

CHAPITRE XIV.

Cependant il plut au Seigneur de mettre un terme aux souffrances de ses serviteurs, qui déjà ne pouvaient plus supporter les maux de tout genre qui les accablaient, et n'ayant pas la moindre chose à manger tombaient, ainsi que leurs chevaux, dans une extrême faiblesse. Ils établirent trois jours de jeûne, des prières et des aumônes, afin de se rendre Dieu favorable par leur pénitence et leurs supplications. Ensuite, ayant tenu conseil, ils firent savoir aux Turcs, par un certain hermite nommé Pierre : « Que s'ils ne laissaient « aux Chrétiens la paisible possession de la terre qui « leur appartenait de temps immémorial, ils iraient « certainement leur livrer bataille le jour suivant.

« Que si les Turcs le préféraient, le combat aurait
« lieu entre cinq, dix, vingt ou même cent hommes
« d'armes choisis de part et d'autre; qu'ainsi tous ne
« se battant pas en même temps les uns contre les
« autres, la masse des deux peuples ne serait pas
« exposée à périr; et que le parti dont les cham-
« pions vaincraient ceux de l'autre, posséderait de
« droit la ville et son empire. » Voilà ce qui fut proposé; les Turcs ne l'acceptèrent pas: comme ils étaient
nombreux et bien pourvus de chevaux, ils espéraient
triompher; et en effet on évaluait leurs forces à six
cent soixante mille hommes, tant cavaliers que gens
de pied: ils savaient d'ailleurs que tous nos hommes
d'armes étaient pauvres, réduits à combattre à pied,
et affaiblis par la faim. L'envoyé Pierre revint donc et
rendit la réponse de l'ennemi; dès qu'ils l'eurent entendue, les Francs mettant tout leur espoir dans le
Seigneur, se préparèrent au combat sans hésiter. Les
Turcs avaient des chefs nombreux qu'on nomme
émirs. C'étaient, Corbogath, Meleducac, l'émir Soliman, l'émir Soland, l'émir Maroan, l'émir Mahomet, Carajath, Coteloseniar, Mergascotelon, Bal-
duk, Boellach, l'émir Boach, Axian, Samsadol,
Amigian, Guinahadole, l'émir Todigon, l'émir Na-
tha, Soquenari, Boldagis, l'émir Rillias, Gersaslan,
Gigremis, l'émir Gog, Artubech, l'émir Dalis, l'émir
Moxe, l'émir Churaor et beaucoup d'autres. Du côté
des Francs, les principaux chefs étaient Hugues-le-
Grand, Robert comte de Normandie, Robert comte
de Flandre, le duc Godefroi, le comte Raimond,
Boémond et plusieurs autres nobles. Que Dieu ré-
pande sa bénédiction sur l'ame d'Adhémar évêque du

4.

Puy, qui, en homme vraiment apostolique, soutenait toujours avec bonté le courage du peuple et le fortifiait dans le Seigneur. O pieuse précaution! Ce prélat avait, le soir précédent, ordonné par une proclamation que chaque homme d'armes à cheval de l'armée du Très-Haut tâchât de donner, selon son pouvoir, et sur sa propre provision de grain, une ration à son cheval, de peur que le lendemain, et à l'heure du combat, ces animaux affaiblis par la faim ne manquassent sous ceux qui les monteraient. Il fut fait comme il l'avait commandé. Tous les nôtres étant donc ainsi préparés pour la bataille, sortent d'Antioche au point du jour, le quatrième jour des calendes de juillet; les escadrons et les lignes d'infanterie, divisés régulièrement, les uns en petits corps et les autres en phalanges, marchent précédés de leurs enseignes; au milieu des rangs sont les prêtres, qui, revêtus d'ornemens blancs, chantent en pleurant des psaumes à la louange du Seigneur, et d'un cœur pieux lui adressent de nombreuses prières au nom de tout le peuple. Alors un certain Turc, nommé l'émir Dalis, d'une habileté consommée dans la guerre, voyant les nôtres sortir de la ville, et s'avancer contre ses gens enseignes déployées, est frappé d'étonnement; apercevant les bannières de nos grands, qu'il connaissait toutes particulièrement, comme habitant d'ordinaire Antioche, il ne doute pas que la bataille ne s'engage promptement, et court l'annoncer à Corbogath, émir en chef. « A quoi songes-tu, lui dit-il, « de jouer aux échecs? Voici les Francs qui viennent. « — Viennent-ils donc pour combattre? répond Cor- « bogath. — Je ne le sais pas encore, réplique l'émir

« Dalis ; mais attends un peu, et je te le dirai. » Examinant de nouveau et remarquant que les bannières de nos princes sont portées devant eux de droite et de gauche, et que les corps d'armée, divisés régulièrement en troupes, suivent en bon ordre, il retourne vers Corbogath, et lui dit : « Voilà certainement les
« Francs. — Que penses-tu de leurs projets? répond le
« chef. — Je crois qu'ils veulent combattre, réplique
« l'autre; mais cela est encore un peu incertain. Je
« sais quels sont ceux à qui appartiennent les ban-
« nières que j'aperçois. » Considérant alors de nouveau et avec plus d'attention, il reconnaît l'étendard de l'évêque du Puy en tête du troisième escadron de cavaliers; sans s'arrêter plus long-temps, il dit alors à Corbogath : « Ce sont bien les Francs qui
« viennent; ou fuis sur-le-champ, ou songe à bien
« combattre. C'est la bannière du grand pape que je
« vois en tête de l'ennemi; tremble donc d'être au-
« jourd'hui vaincu par ceux que tu te flattais de
« pouvoir écraser complétement. — Je vais, répond
« Corbogath, envoyer dire à ces Francs que je sous-
« cris aux propositions qu'ils m'ont fait faire hier. —
« Tu tiens ce langage trop tard, réplique l'émir Dalis. »
Corbogath envoie cependant vers nous; mais ce qu'il demande lui est refusé. Cependant l'émir Dalis le quitte sans perdre un moment, et presse son coursier des éperons. On croirait qu'il fuit; mais il court au contraire exciter les siens à combattre tous vaillamment, et à faire pleuvoir une grêle de flèches. Hugues-le-Grand, Robert le Normand et le comte de Flandre sont placés en tête de la première ligne et chargés de l'attaque; à la seconde suit le duc Gode-

froi avec les Allemands et les Lorrains; après eux marchent l'évêque du Puy, ainsi que les Gascons et les Provençaux, tous gens du comte Raimond, qui de sa personne est resté dans Antioche pour la garder; la dernière est conduite par l'habile Boémond. Les Turcs voyant l'armée entière des Francs prête à fondre sur eux avec fureur, commencent à courir çà et là en lançant leurs traits. Mais bientôt le Seigneur envoie sur eux sa terreur, et tous fuient en désordre comme si le monde entier allait les écraser dans sa chute; les Francs les poursuivent et les pressent autant qu'ils le peuvent; mais n'ayant que peu de chevaux, auxquels même la faim ôte toute vigueur, ils ne font pas autant de prisonniers qu'il l'aurait fallu : cependant ils se rendent maîtres de toutes les tentes des Païens, ainsi que des richesses diverses qui s'y trouvent, or, argent, manteaux, vêtemens, ustensiles, et une foule d'autres choses précieuses, que les Turcs, saisis d'effroi, et fuyant épars à travers les champs, ont abandonnées ou jettent derrière eux : tout devient notre proie, et nous nous emparons encore d'une grande quantité de chevaux, mulets, chameaux, ânes, casques excellens, arcs, flèches et carquois. Ce Corbogath lui-même, qui, dans ses propos féroces, s'était vanté si souvent de massacrer les Francs, il fuit plus léger que le cerf. Pourquoi donc fuit-il ainsi cet homme qui commandait à une armée si nombreuse et si bien fournie de chevaux? C'est qu'il voulait dans son audace combattre contre Dieu ; mais le Seigneur, voyant sa pompe orgueilleuse et ses projets, les a pulvérisés entièrement. Le Très-Haut, qui ne se venge pas chaque jour de ses ennemis, ne permit pas toutefois que ce chef et ses soldats tombassent entre nos mains; grâces à leurs coursiers pleins de vitesse, ils nous échappèrent, et les traînards seuls furent pris par les Francs. Cependant beaucoup d'entre ces infidèles, et particulièrement des Sarrasins qui combattaient à pied, périrent par le glaive; les nôtres au contraire perdirent fort peu de monde, et ils passèrent au fil de l'épée toutes les femmes qu'ils trouvèrent dans les tentes des Turcs. Tous alors d'une voix triomphante bénirent et glorifièrent le Seigneur, dont la droite miséricordieuse avait délivré d'ennemis si cruels les siens réduits à la dernière extrémité, dévorés d'inquiétudes, et n'espérant qu'en lui seul; tous se félicitèrent de la victoire obtenue sur les Païens vaincus, et enrichis de leurs dépouilles ils rentrèrent pleins de joie dans la ville. De onze cents retranchez deux, et vous aurez le nombre des années, à dater du jour où le Seigneur naquit du sein d'une vierge : c'est alors que fut prise la noble cité d'Antioche, quand le soleil, dans le signe des Gémeaux, se fut levé neuf fois avec eux. Dans ce temps et le jour des calendes d'août, mourut l'évêque Adhémar. Puisse son ame jouir du repos éternel! A cette époque aussi, Hugues-le-Grand partit pour Constantinople, et de là retourna en France, du consentement de tous les héros chrétiens.

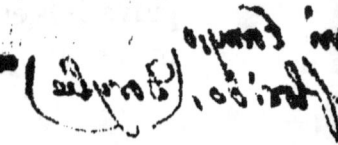

CHAPITRE XV.

Après qu'on eut remporté ces avantages, l'illustre troupe des princes de toute l'armée adressa au pontife romain la lettre suivante :

« Au saint et vénérable seigneur pape Urbain,
« Boémond, Raimond, comte de Saint-Gilles, Gode-
« froi, duc de Lorraine, et Robert, comte de Nor-
« mandie, Robert, comte de Flandre, et Eustache,
« comte de Boulogne;

« Salut, fidèles services, et véritable soumission
« en Jésus-Christ, comme des enfans la doivent à
« leur père spirituel.

« Nous voulons et desirons te faire connaître que,
« grâces à l'excessive miséricorde du Seigneur et
« à son appui manifeste, Antioche est tombée en
« notre pouvoir; que les Turcs, qui avaient fait beau-
« coup d'affronts à notre Seigneur Jésus-Christ, ont
« été pris ou tués; et que nous, pèlerins de Jérusa-
« lem, nous avons vengé sur eux les injures de Jésus-
« Christ, le Dieu tout-puissant. Nous souhaitons
« aussi t'apprendre comment, après les avoir d'abord
« assiégés dans cette ville, nous nous sommes vus
« ensuite assiégés par ceux de cette nation venus du
« Khorazan, de Jérusalem, du pays de Damas et de
« beaucoup d'autres régions, et comment nous avons
« enfin été délivrés par la miséricorde de Jésus-
« Christ. Après donc que nous eûmes, ainsi que tu
« l'as sans doute entendu dire, pris la ville de Nicée,
« vaincu dans un champ couvert de fleurs, vers les

« calendes de juillet, une multitude innombrable de
« Turcs accourus à notre rencontre, mis en fuite et
« dépouillé de toutes ses terres et de tous ses biens
« le grand Soliman, conquis et pacifié toute la Ro-
« manie, nous marchâmes vers Antioche pour l'as-
« siéger. Dans ce siège nous eûmes beaucoup à souf-
« frir des combats que nous livraient sans cesse les
« Turcs et les Païens des provinces voisines, qui
« nous attaquaient si souvent et en si grand nombre
« qu'on pouvait dire avec vérité qu'ils nous assié-
« geaient plus que nous n'assiégions ceux d'Antioche.
« Nous triomphâmes enfin dans tous ces combats, et
« leur heureuse issue releva la gloire de la foi chré-
« tienne, comme nous allons le raconter. Moi Boé-
« mond, je conclus une convention avec un certain
« Turc, qui me livra la ville d'Antioche; un peu avant
« le jour, j'appliquai les échelles à la muraille, et
« nous nous rendîmes ainsi maîtres, le 3 des nones
« de juillet, de cette cité, qui auparavant résistait à la
« puissance du Christ. Nous tuâmes Gratien, le tyran
« de cette même ville, et beaucoup de ses soldats;
« quant aux femmes, enfans, et parens de ces infi-
« dèles, nous nous en sommes emparés, ainsi que de
« leur or, leur argent et tous leurs biens. Nous ne
« pûmes cependant emporter le château d'Antioche,
« fortifié de longue main par les Turcs. Mais le len-
« demain, lorsque nous nous disposions à l'attaquer,
« nous vîmes tout à coup se répandre dans la cam-
« pagne une multitude infinie de Païens, que nous
« savions en marche pour nous combattre, et que
« nous avions attendus long-temps hors des murs
« de la ville. Ils nous assiégèrent le troisième jour,

« introduisirent dans ledit château plus de cent de
« leurs hommes d'armes, et essayèrent de pénétrer,
« par la porte du château, dans la portion de la ville
« qui, placée au pied de ce fort, nous était commune
« avec eux, et de l'occuper. Mais campés sur une
« autre hauteur opposée à ce château, et craignant
« que les Turcs en grand nombre ne s'ouvrissent de
« force un passage jusqu'à nous, nous gardâmes avec
« vigilance le chemin qui séparait les deux armées,
« et descendait vers la cité ; nous combattîmes nuit
« et jour au dedans et au dehors des murs, et
« nous contraignîmes enfin l'ennemi de rentrer par
« les portes du château qui conduisaient à l'intérieur
« de la ville, et de regagner son camp. Les Turcs
« reconnaissant alors que du côté du fort ils étaient
« sans moyen de nous nuire en rien, nous bloquè-
« rent si étroitement de toutes parts dans Antioche,
« qu'aucun des nôtres ne pouvait ni en sortir, ni
« arriver du dehors jusqu'à nous. Nous fûmes tous
« d'autant plus chagrins et désespérés de notre posi-
« tion, que beaucoup de nos gens, succombant sous
« la faim et une foule d'autres maux, se trouvaient
« réduits à tuer et à manger les chevaux et les ânes,
« épuisés eux-mêmes par le défaut de nourriture.
« Cependant la clémente miséricorde du Dieu tout-
« puissant veillait sur nous, et vint à notre aide ;
« grâces à elle, l'apôtre André, dans une vision trois
« fois renouvelée, révéla à un certain serviteur de
« Dieu l'existence de la lance consacrée au Seigneur,
« avec laquelle la main de Longin perça le côté de
« notre Sauveur, et lui montra en songe l'endroit
« même où elle gisait cachée ; nous la trouvâmes en

« effet dans l'église du bienheureux Pierre, prince
« des Apôtres; aussitôt consolés et fortifiés par cette
« heureuse découverte, et beaucoup d'autres révéla-
« tions d'en haut, nous, qui peu auparavant étions
« en proie à l'affliction et à l'effroi, maintenant pleins
« d'ardeur et d'audace, nous nous excitons les uns
« les autres à combattre. Après donc avoir été ainsi
« assiégés trois semaines et quatre jours, nous nous
« confessons de toutes nos iniquités, et mettant notre
« confiance en Dieu, la veille même de la fête des
« apôtres Pierre et Paul, nous sortons des portes de la
« ville dans tout l'appareil du combat. Nous étions si
« peu, que les Turcs disaient hautement que, loin de
« venir leur livrer bataille, nous prenions la fuite.
« Mais nous, préparés tous à bien faire, et ayant
« rangé en bon ordre nos gens de pied et nos hommes
« d'armes, nous marchons audacieusement et pré-
« cédés de la lance teinte du sang du Seigneur, vers
« le lieu où les ennemis avaient réuni leurs troupes
« les plus fortes et les plus vaillantes, et nous les
« contraignons de fuir de ce premier champ de ba-
« taille. Eux alors, suivant leur usage, commencent
« à se disperser de toutes parts, occupent les col-
« lines, se jettent autant qu'ils le peuvent dans tous
« les chemins, et s'efforcent de nous cerner, se flat-
« tant de nous massacrer ainsi tous à la fois : mais
« d'une part, une foule de combats nous avaient ins-
« truits à nous garantir de leurs ruses et de leurs
« projets; de l'autre, la grâce miséricordieuse de
« Dieu nous secourt si efficacement que, quoique
« très-peu en comparaison d'eux, nous les resserrons
« tous sur un seul point; et ainsi resserrés, nous les

« forçons par l'aide de la droite du Seigneur, qui
« combat avec nous, de fuir et de nous abandonner
« leur camp et toutes les richesses qu'il contient.
« Après les avoir ainsi vaincus et poursuivis pendant
« tout le jour, et leur avoir tué bon nombre de sol-
« dats, nous rentrons heureux et pleins de joie dans
« Antioche. Un certain émir, renfermé dans le châ-
« teau dont on a parlé ci-dessus, avec mille des siens
« se rend alors à Boémond, et tous, d'un consente-
« ment unanime, reçoivent de ses mains le sceau de
« leur soumission au joug de la foi chrétienne. Ainsi
« donc notre Seigneur Jésus-Christ tient maintenant
« Antioche tout entière asservie à la foi et à la reli-
« gion romaine. Mais comme d'ordinaire quelque
« affliction se mêle toujours aux choses les plus heu-
« reuses, l'évêque du Puy, que tu nous avais donné
« pour ton vicaire, cette guerre, où il s'est conduit
« avec honneur, une fois terminée, et la paix rendue
« à la ville, est mort le jour des calendes d'août.
« Nous, tes enfans, orphelins maintenant du père au-
« quel tu nous avais confiés, nous te supplions, toi,
« notre père spirituel, qui nous ouvris la route, nous
« entraînas par tes discours à abandonner nos terres
« et toutes leurs richesses, nous ordonnas de suivre
« le Christ en portant sa croix, et nous recommandas
« de glorifier son saint nom ; nous te supplions, di-
« sons-nous, de venir vers nous pour achever ce que
« tu nous fis entreprendre, et d'engager à t'accom-
« pagner tous ceux que tu pourras réunir. C'est ici,
« en effet, que le nom chrétien a pris naissance ; car
« après que le bienheureux Pierre eut été intronisé
« dans la chaire que nous contemplons ici chaque jour,

« ceux qu'on nommait, dans le principe, Galiléens,
« furent d'abord, et surtout à cause de Pierre, ap-
« pelés Chrétiens. L'univers ne trouvera-t-il donc pas
« très-convenable que toi, le chef et le père de la reli-
« gion chrétienne, tu viennes dans la ville principale et
« capitale du nom chrétien, et que tu concoures pour
« ta part à une guerre qui est la tienne? Nous avons
« bien, quant à nous, dompté les Turcs et les Païens ;
« mais il n'est pas en notre pouvoir de triompher des
« hérétiques Grecs, Arméniens, Syriens et Jacobites.
« Nous le mandons et le répétons par conséquent à
« toi, notre père très-cher ; viens donc toi, père et
« chef des Chrétiens, dans le berceau de ta pater-
« nité, toi le vicaire du bienheureux Pierre, accours
« t'asseoir dans sa chaire ; visite-nous comme des en-
« fans toujours prêts à t'obéir dans les choses bonnes
« à faire ; avec le secours de notre courage détruis
« et déracine par ta présence et ton autorité toutes
« les hérésies de quelque genre qu'elles soient ; que
« ton voyage ainsi achève de nous conduire dans
« la route où nous sommes entrés d'après tes ordres,
« nous ouvre les portes de l'une et l'autre Jérusalem,
« rende libre le sépulcre du Seigneur, et élève le
« nom chrétien au dessus de tout autre nom. Si tu
« viens vers nous, et termines avec nous le péleri-
« nage que toi seul nous as fait entreprendre, tout
« l'univers te sera obéissant. Puisse te déterminer à
« céder à notre prière, le Dieu qui vit et règne dans
« les siècles des siècles ! Amen ! »

CHAPITRE XVI.

Après que nos hommes et leurs chevaux, épuisés par de si longues et pénibles fatigues, se furent, grâces à un séjour de quatre mois dans Antioche, refaits par le repos et une bonne nourriture, et eurent repris leurs anciennes forces, on tint conseil, et une partie de l'armée se mit en marche pour l'intérieur de la Syrie, dans le dessein d'ouvrir complétement au reste des nôtres le chemin de Jérusalem. Les deux principaux chefs de ce corps étaient Boémond et le comte Raimond. Quant aux autres princes, ils restèrent encore dans la contrée d'Antioche. Ces deux chefs et leur monde s'emparèrent, par des attaques pleines d'audace, de deux villes, Alber et Marrah. La première, ils la prirent très-promptement, en massacrèrent tous les citoyens, et enlevèrent tout ce qui s'y trouva de richesses. Joyeux et triomphans ils marchèrent sur l'autre ; mais le siége se prolongea pendant vingt jours, et nos hommes eurent à supporter tous les maux de la faim. Je ne puis redire sans horreur comment plusieurs des nôtres, transportés de rage par l'excès du besoin, coupèrent un ou deux morceaux des fesses d'un Sarrasin déjà mort, et, se donnant à peine le temps de les rôtir, les déchirèrent de leurs dents cruelles. Ainsi donc les assiégeans souffraient plus que les assiégés. Cependant des machines furent construites, et on les approcha des murailles ; les Francs alors montèrent à l'assaut avec une merveilleuse audace, et, secondés par la bonté de Dieu, franchirent le sommet du mur, s'introduisirent dans la ville, égorgèrent, ce jour-là et le suivant, tous les Sarrasins, depuis le plus grand jusqu'au plus petit, et s'emparèrent de toutes les provisions des habitans. Quand cette cité fut détruite, Boémond retourna à Antioche, en chassa les gens que le comte Raimond avait préposés à la garde de la portion de cette cité dont il s'était rendu maître, et se mit en possession de la ville et de tout son territoire, disant qu'elle n'avait été prise que grâces à ses négociations et machinations. Au surplus, le comte Raimond, s'étant joint avec Tancrède, suivit le chemin qu'on avait pris ; et Robert le Normand se réunit en outre à cette même armée le lendemain du jour où elle quitta la ville de Marrah après l'avoir saccagée.

CHAPITRE XVII.

L'ANNÉE 1099 depuis l'Incarnation du Seigneur, ils marchèrent ensemble vers le château qu'on appelle Archas, bâti au pied du mont Liban : il est, par sa position et la nature des lieux, très-fort et très-difficile à prendre pour des ennemis qui l'attaquent du dehors ; aussi nos gens demeurèrent-ils cinq semaines environ sous leurs tentes, devant ce château très-ancien, et fondé, comme on le lit dans l'Histoire, par Aracée, fils de Chanaan. Cependant le duc Godefroi et Robert, comte de Flandre, ne tardèrent pas à suivre ce corps d'armée. Avant de la joindre, ils formèrent le siége de Gibel, certain château d'un grand renom; mais, ayant reçu une députation de l'armée, qui les pressait de venir en toute hâte la secourir contre les Turcs par qui elle s'attendait à être attaquée, ils laissèrent là Gibel, et partirent sur-le-champ pour l'expédition à laquelle on les appelait. Quand ils furent arrivés au lieu où étaient leurs compagnons, ils campèrent avec eux, mais n'eurent pas à faire la guerre dont ils se croyaient menacés. Au siége d'Archas, Anselme de Ribeaumont, vaillant chevalier, périt frappé d'un éclat de pierre. Les chefs tinrent alors conseil, et furent d'avis que, si l'on demeurait encore long-temps sous les murs de ce château sans réussir à le prendre, il en résulterait pour tous des inconvéniens irréparables; ils ajoutèrent que l'important était, abandonnant ce siége, où ils savaient que le commerce ne leur offrirait nulle ressource, de continuer leur route pendant qu'ils pouvaient encore arriver à Jérusalem pour le temps de la moisson, vivre dans le chemin des récoltes sur pied que la bonté du Seigneur faisait croître de toutes parts, et, à l'aide de ce secours, arriver, sous la conduite de Dieu, aux lieux après lesquels ils soupiraient. Tous approuvent ce plan et l'exécutent sur-le-champ. Ils enlèvent donc leurs tentes, se mettent en route, se dirigent vers la cité de Tripoli, et, après l'avoir dépassée, marchent vers le château de Gibel. On était dans le mois d'avril, et déjà les nôtres subsistaient des récoltes qui couvraient la terre. Poursuivant leur chemin, ils passent non loin de la cité de Béryte, et, après cette ville, en trouvent une autre appelée Sidon, bâtie, comme nous le voyons dans l'histoire, sur la terre de Phénicie, et fondée par Sidon, fils de Chanaan, de qui les Sidoniens ont pris leur nom. Ils rencontrent ensuite Sarepta de Sidon et Tyr, cité très-riche, d'où était cet Apollonius dont parle l'histoire. L'évangéliste dit de ces deux villes : « Josué se retira du côté « de Tyr et de Sidon [1]. » Aujourd'hui les habitans du pays appellent la première Sagitte, et la seconde Sur, dont le nom hébreu est Sor, et qui se trouvait comprise dans le partage de la tribu de Nephtali. Après ces villes, l'armée traverse Ptolémaïs, autrefois Accon, que quelques-uns écrivaient et lisaient, par erreur, Accaron, ainsi que je le faisais moi-même lorsque j'entrai pour la première fois dans le pays de la Palestine. Accaron est une cité de la contrée des Philistins, entre Azot et Jamnia, près d'Ascalon; mais Accon ou Ptolémaïs a au sud le mont Carmel. Les nôtres, longeant le pied de cette montagne, laissèrent à droite la place appelée Cayphe; de là nous suivîmes le chemin qui avoisine Dor près Césarée en Palestine, qui portait encore le nom de Tour de Straton. C'est là qu'Hérode, surnommé Agrippa, et petit-fils de cet Hérode dans le temps de qui est né le Christ, frappé par l'ange exterminateur et rongé des vers, expira misérablement. Laissant alors à notre droite le rivage de la mer, nous prîmes notre route par la ville appelée Ramla, d'où les habitans, tous Sarrasins, s'étaient enfuis la veille de l'arrivée des Francs, et où ceux-ci trouvèrent une immense provision de froment, dont ils chargèrent toutes leurs bêtes de somme, et qu'ensuite ils transportèrent jusqu'à Jérusalem.

[1] Évang. selon saint Matthieu, chap. XV, v. 21.

CHAPITRE XVIII.

Les nôtres, après avoir séjourné quatre jours dans cette ville, établi un évêque dans la basilique de Saint-George, et mis quelques hommes dans les forts pour garder la place, continuèrent leur marche vers Jérusalem. Le jour même de leur départ, ils allèrent jusqu'à un petit château qu'on nomme Emmaüs. La nuit, cent de nos chevaliers, cédant à l'idée d'un projet hardi, et poussés par leur propre courage, s'élancent sur leurs coursiers, passèrent près de Jérusalem au moment où l'aurore commençait à blanchir le ciel, et coururent en toute hâte jusqu'à Bethléem. Parmi eux étaient Tancrède et Baudouin du Bourg. Lorsque les Chrétiens, c'est-à-dire les Grecs et les Syriens, qui habitaient ce lieu, reconnurent que c'étaient des Francs qui arrivaient, une grande joie les transporta; dans le premier moment, toutefois, ignorant quels gens venaient vers eux, ils les prirent pour des Turcs ou des Arabes; mais aussitôt qu'ils les voient distinctement et de plus près, et ne peuvent plus douter que ce sont des Francs, ils prennent, tout joyeux, leurs croix et leurs bannières, et viennent au devant des nôtres en pleurant et en chantant des hymnes pieux. Ils pleurent parce qu'ils craignent qu'une si petite poignée d'hommes ne soient facilement égorgés par la multitude innombrable de Païens qu'ils savent être dans le pays; ils chantent parce qu'ils se félicitent de l'arrivée de ceux dont ils souhaitent depuis si long-temps la venue, et qu'ils sentent destinés à rétablir, dans son antique gloire, la foi chrétienne indignement écrasée pendant tant de siècles par les méchans. Les nôtres, après avoir adressé sur-le-champ de pieuses supplications au Seigneur dans la basilique de la bienheureuse Marie, et visité le lieu où naquit le Christ, donnent gaîment le baiser de paix aux Syriens, et reprennent précipitamment le chemin de la ville sainte. Cependant, voilà qu'alors même le reste de notre armée s'approche de la grande cité, laissant sur la gauche Gabaon, distant de cinquante stades de Jérusalem. Au moment où notre avant-garde élève ses drapeaux et les montre aux habitans, les ennemis sortent tout à coup de l'intérieur de la ville; mais ces hommes, si prompts à se montrer hors de leurs murs, sont repoussés au dedans plus promptement encore, et contraints de se retirer. Le septième jour des ides de juin, selon le calcul annuel en usage, et lorsque juin était déjà, depuis sept jours, brûlé de tous les feux du soleil, les Francs cernent Jérusalem et en forment le siège. Cette cité sainte est située sur un lieu élevé, manque de ruisseaux, de bois et de fontaines, sauf cependant celle de Siloë, qui quelquefois fournit assez d'eau, et quelquefois, mais rarement, est à sec; cette petite source est placée dans le fond d'une vallée, au pied de la montagne de Sion, et au dessous du lit du torrent de Cédron, qui, dans la saison de l'hiver, coule habituellement à travers la vallée de Josaphat. Dans la ville, au surplus, sont beaucoup de citernes assez bien remplies d'eau, et qui, lorsqu'elles en sont bien approvisionnées, au moyen des pluies d'hiver qu'on peut y recueillir, donnent

5.

abondamment en tout temps, à tout ce qui est dans l'intérieur des murs, tant hommes que bêtes de somme, de quoi satisfaire leur soif. Il est reconnu généralement que Jérusalem présente l'aspect d'un cercle d'une étendue si bien proportionnée, que personne ne trouve à redire ni à sa grandeur ni à sa petitesse. Au couchant est la tour de David qui, au dedans comme au dehors, remplace, à l'endroit qu'elle occupe, le mur de la ville. Cette tour forme, de sa partie inférieure jusqu'au milieu de sa hauteur, une masse compacte revêtue de pierres carrées et scellées avec du plomb fondu; si donc elle était bien approvisionnée de vivres, et défendue seulement par quinze ou vingt hommes de cœur, jamais une armée, quelle qu'elle fût, ne parviendrait à s'en emparer de vive force. Dans cette ville est encore le temple du Seigneur, de forme ronde, et bâti dans le même endroit où Salomon construisit autrefois le sien, si célèbre par sa magnificence. Quoique le nouveau ne puisse, en aucune manière, être comparé à l'ancien, qui lui a servi de modèle, il est cependant d'un travail admirable et d'une très-belle architecture à l'extérieur; au milieu est une roche naturelle et immense qui défigure et obstrue beaucoup l'intérieur; je ne sais, en vérité, pourquoi l'on souffre de toute éternité que cette roche reste dans cet endroit, au lieu de la couper à rase terre; on dit que c'est le lieu où s'arrêta l'ange exterminateur, auquel David, tout tremblant, adressa ces paroles : « C'est moi qui ai péché, c'est « moi qui suis le coupable; qu'ont fait ceux-ci, qui « ne sont que des brebis[1]? » On prétend de plus que

---

[1] Rois, liv. II, chap. XXIV, v. 17.

sur cette roche était scellée fortement l'arche d'alliance du Seigneur, avec la verge et les tables de l'ancienne loi, et que Josias, roi de Juda, prévoyant la future captivité, ordonna que la roche fût renfermée dans l'enceinte même du sanctuaire, disant : « Jamais « on ne pourra l'arracher de ce lieu. » Mais ce récit est contredit par ce que nous lisons dans les écrits de Jérémie, que lui-même avait caché l'arche sainte en Arabie, disant : « Qu'elle devait rester inconnue jus- « qu'à ce que Dieu eût rassemblé son peuple dis- « persé [1]. » Or Jérémie était contemporain de ce roi Josias, qui cependant cessa de vivre avant que le prophète mourût. Je ne saurais donc croire que l'arche ait été alors placée dans le temple. Dans la crainte de tromper sur quelque point mes lecteurs, je ne puis ni n'ose rapporter en détail toutes les choses saintes qui se trouvent dans ce temple. Cependant ces choses, quelque peu importantes qu'elles puissent paraître, je les ai, par amour pour Dieu, et en son honneur, recueillies dans ma mémoire d'après le récit de certains individus. Ce temple, au surplus, est certainement la maison du Seigneur, dont il est écrit : « Elle est fondée solidement sur la pierre la plus « dure. » C'est là que Salomon ayant offert pieusement ses supplications à Dieu pour qu'il eût nuit et jour les yeux ouverts sur cette sainte demeure, et daignât exaucer celui qui viendrait prier avec un cœur droit dans ce sanctuaire, le Seigneur répondit à ce prince et lui accorda ce qu'il avait sollicité de sa bonté. Cet édifice, c'est-à-dire, ce temple du Seigneur, tous les Sarrasins l'eurent en grande vénération jusqu'au

---

[1] Macch., liv. II, chap. II, v. 7.

moment où nous les en chassâmes; ils y faisaient habituellement, plus volontiers qu'ailleurs, les prières qu'ils prodiguaient, sans fruit pour eux, à une idole fabriquée de leurs mains, et portant le nom de Mahomet; et ils ne permettaient à aucun Chrétien d'y entrer. Ce temple, qu'on appelle le temple de Salomon, quoique grand et admirable, n'est pas celui qu'éleva Salomon. Ce dont nous ne saurions maintenant assez nous affliger, c'est que, faute d'argent, nous ne pûmes réparer la toiture de ce monument, lorsqu'il fut enfin tombé dans nos mains et dans celles du roi Baudouin, qui lui-même vendait à des marchands le plomb qui en tombait de temps à autre, ou qu'il ordonnait d'en arracher. Il existe en outre sur le sépulcre de Notre-Seigneur une basilique assez belle et de forme ronde; on a laissé sans couverture le sommet de sa voûte arrondie; mais c'est exprès, et par un artifice tellement ingénieux que la lumière du soleil entre par cette ouverture assez abondamment, pour que l'intérieur de l'édifice soit toujours bien éclairé. Dans tous les quartiers de la ville se trouvent des égouts, par lesquels les immondices sont emportées dans les temps de pluie. L'empereur Ælius Adrien embellit cette cité avec magnificence, et fit paver richement ses rues et ses places : aussi Jérusalem prit du nom de ce prince celui d'Ælia. Ces choses et beaucoup d'autres rendent cette cité vénérable et célèbre. Les Francs ayant examiné les dehors de la ville, et reconnu que la prendre serait difficile, nos chefs prescrivirent de construire des échelles en bois, qu'on appliquerait aux murs pour donner un vigoureux assaut, monter jusqu'au faîte des murailles, et, s'il se pouvait, pénétrer dans la place avec l'aide du Seigneur. Cet ordre ayant été exécuté, le septième jour après, les grands commandent de sonner les trompettes dès l'aurore, et les nôtres donnent de tous côtés l'assaut à la ville avec une admirable impétuosité. L'attaque avait déjà duré jusqu'à la sixième heure du jour; mais les échelles fixées au mur étaient en trop petit nombre pour que nos gens pussent s'introduire dans la place; il fallut donc abandonner l'assaut. On tint alors conseil, et l'on enjoignit aux ouvriers de construire des machines de guerre, à l'aide desquelles on pût approcher des murailles, et atteindre, si Dieu nous secondait, le but de nos efforts. Cela fut fait ainsi. Nous ne manquions ni de pain ni de viande ; mais comme ces lieux sont, ainsi qu'on l'a dit plus haut, sans eau et sans rivières, nos hommes et leurs bêtes de somme souffraient beaucoup de la soif; contraints par le besoin, ils allaient donc chercher au loin de l'eau, et l'apportaient péniblement dans des outres, de quatre ou cinq milles jusqu'au camp du siége. Les machines, c'est-à-dire, des béliers et autres engins à battre les murs, étant disposées, tous se préparent pour l'attaque. Dans le nombre de ces machines était une tour faite de bois courts assemblés, faute de matériaux d'une plus grande longueur ; pendant la nuit, et conformément à l'ordre donné, les ouvriers la portent secrètement vers le côté de la ville le moins bien fortifié; et comme, dès le matin, ils l'avaient garnie de pierriers et d'autres instrumens de guerre, ils la dressent rapidement et tout d'une pièce non loin du rempart. A peine est-elle élevée, qu'au premier signal du cor, des chevaliers, en petit nombre il est vrai, mais pleins d'audace, y montent, et en font jaillir sur-le-champ des pierres et des dards. De leur côté, les Sarrasins se défendent avec ardeur, allument des torches de bois enduites d'huile et de graisse, de manière à se conserver bien enflammées, et les lancent, avec leurs frondes, contre la tour et les chevaliers qui l'occupent. Ainsi donc la mort, prête à dévorer sa proie, menace à chaque instant beaucoup de ceux qui, de part et d'autre, combattent de si près. De ce côté, en effet, où sont postés le comte Raimond et ses gens, c'est-à-dire, vers le mont Sion, se livre, à l'aide des machines, un violent assaut; du côté opposé sont le duc Godefroi, Robert, comte de Normandie, et Robert comte de Flandre; là, l'attaque contre le rempart est encore plus vive. Voilà ce qui se passa ce jour-là. Le lendemain, aussitôt que les clairons se font entendre, les nôtres renouvellent les mêmes efforts avec une vigueur plus mâle encore, et frappent si bien la muraille de leurs béliers, qu'ils font brèche dans un endroit. En avant du mur étaient suspendues deux poutres armées de crocs, et fortement retenues par des cordes, que les Sarrasins avaient disposées en toute hâte pour les opposer à l'ennemi qui les attaquait avec tant de violence et les accablait de pierres; mais la sagesse de Dieu fait tourner à leur perte ce qu'ils ont préparé pour leur salut. Aussitôt, en effet, que la tour de bois, dont on a parlé plus haut, s'est approchée des murs, les Francs, à l'aide de fagots en feu, brûlent par le milieu les câbles auxquels sont attachées ces poutres, et se font de celles-ci un pont qu'ils jettent de la tour sur le mur. Déjà s'enflamme une tour en pierre construite sur le rempart, et contre laquelle ceux qui font jouer nos machines ne cessent de lancer des tisons embrâsés; bientôt le feu, qu'alimente peu à peu la charpente intérieure de cette tour, éclate de toutes parts, et jette une telle abondance de flamme et de fumée, qu'aucun des citoyens préposés à la garde de ce fort ne peut y rester plus long-temps. Bientôt encore, et le vendredi à l'heure de midi, les Francs pénètrent dans la ville, sonnent leurs trompettes, remplissent tout de tumulte, marchent, avec un courage d'homme, aux cris de *Dieu aide*, et plantent une de leurs bannières sur le faîte du mur. Les Païens confus perdent complétement leur audace, et se mettent tous à fuir en hâte par les ruelles qui aboutissent aux carrefours de la ville. Mais s'ils fuient rapidement, ils sont poursuivis plus rapidement encore. Le comte Raimond et les siens, qui donnaient l'assaut de l'autre côté de la place, ne surent rien de ce qui se passait qu'au moment où ils virent les Sarrasins sauter, à leurs yeux même, du haut du mur en bas. A ce spectacle, ils accourent au plus vite et pleins de joie dans la ville, se réunissent à leurs compagnons, et, comme eux, poussent vivement et massacrent les infâmes ennemis du nom chrétien. Quelques-uns de ces Sarrasins, tant Arabes qu'Ethiopiens, parviennent, il est vrai, à s'introduire en fuyant dans la forteresse de David; mais beaucoup d'autres sont réduits à s'enfermer dans le temple du Seigneur et dans celui de Salomon. Les nôtres les attaquent dans les cours intérieures de ces temples, avec la plus violente ardeur; nulle part ces infidèles ne trouvent d'issue pour échapper au glaive des

Chrétiens; de ceux qui, en fuyant, étaient montés jusque sur le faîte du temple de Salomon, la plupart périssent percés à coups de flèches, et tombent misérablement précipités du haut du toit en bas; environ dix mille Sarrasins sont ainsi massacrés dans ce temple. Qui se fût trouvé là aurait eu les pieds teints jusqu'à la cheville du sang des hommes égorgés. Que dirai-je encore? aucun des infidèles n'eut la vie sauve; on n'épargna ni les femmes ni les petits enfans. Une chose étonnante à voir, c'était comment nos écuyers et nos plus pauvres hommes de pied, ayant découvert l'artifice des Sarrasins pour conserver leurs richesses[1], fendaient le ventre de ceux d'entre eux qui déjà étaient tués, pour arracher de leurs entrailles les byzantins d'or qu'ils avaient avalés lorsqu'ils étaient encore vivans. Dans le même but, nos gens, quelques jours après la prise de la ville[2], entassèrent tous les cadavres et les brûlèrent, espérant retrouver plus aisément cet argent dans les cendres. Cependant Tancrède, précipitant sa course, était entré de vive force dans le temple du Seigneur; il en enleva, action vraiment criminelle et défendue, une grande quantité d'or et d'argent, et même les pierres précieuses; mais, dans la suite, réparant cette faute, il rétablit toutes ces richesses ou leur valeur dans ce saint lieu. Les nôtres donc, parcourant Jérusalem l'épée nue, ne firent quartier à aucun, même de ceux qui imploraient leur pitié, et le peuple des infidèles tomba

---

[1] *Pour conserver leurs richesses*, n'est pas dans le texte, mais a paru indispensable pour la clarté.

[2] Même observation sur les mots, *la prise de la ville*, qui ne sont pas dans le texte, et ont paru nécessaires à la clarté.

sous leurs coups comme tombent, d'une branche qu'on secoue, les fruits pouris du chêne, les glands agités par le vent. Après s'être ainsi rassasiés de carnage, nos gens commencèrent à se répandre dans les maisons, et y prirent tout ce qui leur tomba sous la main. Le premier, quel qu'il fût, pauvre ou riche, qui entrait dans une habitation, s'en emparait, que ce fût une simple chaumière ou un palais, ainsi que de tout ce qui s'y trouvait, et en restait paisible possesseur comme de son bien propre, sans qu'aucun autre le troublât dans cette jouissance et lui fît le moindre tort. La chose avait été ainsi établie entre eux comme une loi qui devait s'observer strictement; et c'est ce qui explique comment beaucoup de gens dans la misère nagèrent tout à coup dans l'opulence. Ensuite, clercs et laïcs, tous ensemble se rendent au tombeau de Notre-Seigneur et à son temple célèbre, élèvent jusqu'au ciel des cris de triomphe, et chantent un cantique nouveau en l'honneur du Très-Haut; tous portent de riches offrandes, prodiguent les plus humbles prières, et visitent, ivres de joie, ces lieux saints, après lesquels ils soupirent depuis si long-temps. O temps si ardemment souhaité! ô temps mémorable entre tous les temps! ô événement préférable à tous les événemens! Ce temps était vraiment le temps desiré dans la sincérité du cœur. Et, en effet, tous les sectateurs de la foi catholique aspiraient, de tous leurs vœux et du fond de leur ame, à voir les lieux où Dieu, le créateur de toutes les créatures, s'est fait homme, est né, est mort, est ressuscité pour apporter au genre humain, multiplié par sa bonté, le don de la rédemption et du salut; à voir ces lieux, dis-je, purgés enfin de la présence empestée des Païens qui les habitaient et les souillaient depuis si long-temps de leurs superstitions, et rétablis dans tout l'éclat de leur ancienne gloire par des hommes croyans et se confiant au Seigneur. Ce temps était le temps réellement mémorable, et digne, à bon droit, de demeurer gravé dans le souvenir des hommes : dans ce lieu, en effet, toutes les choses que notre Seigneur Jésus-Christ a faites et enseignées, pendant qu'homme il demeurait parmi les hommes, sont rappelées et reproduites à la mémoire dans leur plus grande splendeur. Ce grand événement, que ce même Seigneur Jésus-Christ a voulu accomplir par la main de son peuple, son nourrisson, selon moi, le plus cher et le plus intime, et choisi d'avance pour un si grand œuvre, cet événement sera fameux jusqu'à la fin des siècles, et retentira célébré dans les diverses langues de toutes les nations. Pour la quinzième fois, le soleil éclairait de sa lumière et brûlait de ses feux l'ardent juillet; et, en ôtant un du nombre de onze cents, on avait le compte des années écoulées depuis l'Incarnation du Sauveur, quand nous, peuples des Gaules, nous prîmes la ville de Jérusalem. Pour la quinzième fois, juillet resplendissait de la brillante lumière du soleil, lorsque les Francs, par leur valeur puissante, s'emparèrent de la Cité sainte, l'année onze cents moins un, à compter du moment où la Vierge enfanta celui qui règle toutes choses. Cette prise eut lieu en effet le jour des ides de juillet, deux cent quatre-vingt-cinq ans après la mort de Charlemagne, et douze ans depuis celle de Guillaume, premier roi d'Angleterre. Godefroi fut le premier prince de Jérusalem; l'excellence de sa noblesse, sa valeur comme chevalier, sa douceur et sa patience modestes, la pureté de ses mœurs enfin déterminèrent tout le peuple qui composait l'armée de Dieu à l'élire comme chef du royaume de la Cité sainte, pour qu'il eût à le conserver et à le gouverner. Alors aussi on établit des chanoines dans l'église du sépulcre du Seigneur, et dans le temple bâti en son honneur; mais on arrêta de différer à nommer un patriarche jusqu'à ce qu'on eût pris l'avis du pape de Rome, et su qui il desirait qu'on choisît. Cependant les Turcs, les Arabes et les noirs Éthiopiens qui, au nombre d'environ cinq cents, s'étaient, en fuyant, introduits dans la citadelle de David, demandèrent au comte Raimond, logé près de cette tour, qu'il leur permît de sortir la vie sauve, à la condition qu'ils laisseraient tout leur argent dans la citadelle; cette proposition fut acceptée sur-le-champ, et ils partirent de suite pour Ascalon. Il plut, à cette époque, au Seigneur que l'on trouvât dans Jérusalem une petite partie de la croix de Notre-Seigneur; ce trésor, enfoui depuis un temps reculé dans un lieu secret, nous fut alors découvert par un certain Syrien, qui, avec son père, l'avait autrefois caché et conservé. On redonna la forme d'une croix à cette parcelle de la croix du Seigneur; on la recouvrit d'ornemens d'or et d'argent; et ce don que le Très-Haut, dans sa clémence, nous avait réservé depuis si long-temps, tous les nôtres, l'élevant en l'air et chantant des psaumes en l'honneur de Dieu, le portèrent, en se félicitant, au sépulcre du Sauveur, et de là à son temple.

CHAPITRE XIX.

Cependant le roi de Babylone et le chef de sa milice, nommé Lavendal, ayant appris que les Francs, subjuguant tout le pays, approchaient déjà de l'empire de Babylone, rendirent un édit impératif pour rassembler une immense multitude de Turcs, d'Arabes et d'Ethiopiens, et ordonnèrent que toutes ces troupes allassent combattre les Francs. Sur la nouvelle qu'ils reçurent ensuite que ceux-ci s'étaient déjà emparés avec une si fière valeur de Jérusalem, le susdit chef de la milice, indigné, partit en toute hâte de Babylone pour en venir aux mains avec les Francs, ou les assiéger dans la Cité sainte, s'ils s'y tenaient renfermés. Dès que les nôtres en furent instruits, prenant une résolution pleine de la plus grande audace, et portant devant eux ce bois de la croix du salut dont on a parlé plus haut, ils marchèrent vers Ascalon, et menèrent leur armée contre ces tyrans. Un certain jour qu'ils parcouraient la campagne non loin d'Ascalon, en attendant le moment de la bataille, ils trouvèrent à faire un immense butin en bœufs, chameaux, brebis et chèvres; à la chute du soleil, ils rassemblèrent cette proie autour de leurs tentes; mais nos chefs défendirent, par un édit rigoureux, de chasser devant soi aucun de ces animaux le lendemain, jour où ils pensaient que se livrerait le combat, afin que les soldats, n'étant pas embarrassés par les bagages, se trouvassent plus dispos et plus

libres pour l'action. Au lever du jour, en effet, les
éclaireurs envoyés en avant viennent annoncer que
les Païens approchent ; à cette nouvelle, les tribuns
et les centurions disposent leurs troupes en ailes et en
coins, les rangent dans le meilleur ordre pour donner
bataille, et marchent fièrement contre les Sarrasins,
enseignes déployées. On voyait les animaux enlevés
par nos gens, et dont il a été parlé ci-dessus, obéir
pour ainsi dire à l'ordre des chefs, marcher sur la
droite et la gauche de nos lignes, et suivre exactement leur route, quoique personne ne les y forçât.
Aussi les Païens, apercevant de loin toutes ces bêtes
qui cheminent avec nos soldats, se persuadent que le
tout ensemble forme l'armée des Francs : au moment
où ces infidèles s'approchent de notre centre, qui
présente l'aspect du coin, leur immense multitude,
semblable à un cerf qui présente son bois en avant,
ouvre son premier rang disposé en forme de coin, le
divise en deux branches qui s'étendent dans la direction donnée par les Arabes qui courent en avant, et
projettent d'envelopper ainsi nos dernières lignes. Là
le duc de Godefroi, à la tête d'un épais escadron
d'hommes d'armes, poussait devant lui et pressait la
marche des soldats placés à la queue de l'armée ;
quant aux autres chefs, les uns marchaient en avant
de la première ligne, les autres précédaient la seconde.
Bientôt des deux côtés on s'approche de si près, que
l'ennemi n'est plus séparé de son ennemi que par la
distance du jet d'une pierre : aussitôt nos gens de
pied bandent leurs arcs contre les Turcs, et lancent
leurs flèches. Bientôt les lances suivent les flèches avec
la rapidité nécessaire; tous nos chevaliers, comme s'ils

en avaient fait entre eux le serment, s'élancent avec la plus violente ardeur et à l'envi au milieu des Païens; ceux de ces Infidèles dont les chevaux ne se montrent pas alors prompts à la course sont sur-le-champ précipités dans les ombres de la mort, et en peu d'heures une foule de cadavres pâles et privés de vie couvrent la terre. Dans la crainte du trépas, beaucoup d'ennemis grimpent jusqu'au faîte des arbres; mais atteints là par les traits, et mortellement blessés, ils tombent misérablement jusqu'à terre. Les Sarrasins enfoncés par la charge de nos cavaliers sont écrasés de toutes parts, et ceux qui échappent au carnage fuient abandonnant leurs tentes, et sont poursuivis jusque sous les murs d'Ascalon, ville éloignée de Jérusalem de sept cent vingt stades. Dès le commencement de l'action, Lavendal, le général des Turcs, qui auparavant parlait avec tant de mépris des Francs, s'enfuyant au plus vite, leur tourna le dos, et leur laissa, bien à regret, sa tente dressée au milieu de celles des siens, et remplie d'une immense quantité d'argent. Au retour de la poursuite de l'ennemi, les Francs, joyeux de leur triomphe, se réunissent de nouveau sous leurs bannières, et rendent au Seigneur des actions de grâces. Ensuite ils entrent dans les tentes des Turcs, y recueillent des trésors de toute espèce, en or, argent, manteaux, habits, et pierres précieuses connues sous les douze noms de jaspe, saphir, calcédoine, émeraude, sardoine, pierre de Sardes, chrysolite, béryl, topaze, chrysoprase, jacinthe et améthyste, et y trouvent encore des ustensiles de mille formes diverses, des casques dorés, des anneaux d'un grand prix, des épées admirables, des grains,

de la farine et une foule d'autres choses. Nos gens passèrent cette nuit-là sous les tentes de l'ennemi, ayant toutefois soin de se bien garder, dans la persuasion que le jour suivant il faudrait recommencer le combat contre les Sarrasins; mais ceux-ci, frappés de terreur, s'enfuirent tous cette même nuit. Le matin, les nôtres l'apprirent de nos espions; aussitôt ils bénirent Dieu de ce qu'il avait permis qu'une si petite armée de Chrétiens dissipât tant de milliers d'Infidèles, et le glorifièrent en chantant sa louange. « Béni soit le Seigneur, qui ne nous a pas livrés comme
« une proie à la dent de ces méchans! bénie soit
« aussi la nation dont Dieu est le Seigneur! » Les Babyloniens en effet n'avaient-ils pas menacé les nôtres en disant : « Allons, et prenons Jérusalem avec tous
« les Francs qui s'y sont renfermés; massacrons-les
« tous; détruisons de fond en comble ce sépulcre qui
« leur est si précieux, et dispersons hors de la ville
« les pierres qui le composent, afin qu'il n'en soit
« plus même parlé dans la suite. » Mais par la volonté de Dieu ces menaces n'aboutirent à rien; les Francs au contraire chargèrent leurs chevaux et leurs chameaux de tout l'argent des Infidèles, livrèrent, sur place, aux flammes une immense quantité de tentes, de dards répandus dans les champs, d'arcs et de flèches qu'ils ne pouvaient transporter à la Cité sainte, et revinrent pleins de joie, avec un riche butin, vers cette Jérusalem que les Païens se vantaient de ruiner. Quand on eut remporté ces avantages, il plut à quelques uns de retourner dans leur patrie. Après donc s'être plongés, sans plus différer, dans les eaux du Jourdain, et avoir, suivant la coutume

des pélerins, cueilli des branches de palmier à Jéricho dans le jardin d'Abraham, Robert, comte de Normandie, et Robert, comte de Flandre, gagnèrent par mer Constantinople, et de là repassèrent en France pour s'établir dans leurs domaines. Quant au comte Raimond, il retourna jusqu'à Laodicée, et alla de là à Constantinople, laissant sa femme dans la première de ces deux villes, où il se proposait de revenir. Le duc Godefroi, retenant près de lui Tancrède et plusieurs autres chevaliers, gouverna le royaume de Jérusalem, qu'il avait reçu du consentement de tous.

CHAPITRE XX.

Lorsque Boémond, homme courageux et avisé, qui possédait alors le pouvoir dans la cité d'Antioche, et Baudouin, frère du susdit duc Godefroi, qui de même dominait dans la ville d'Edesse et sur tout le pays voisin au delà du fleuve de l'Euphrate, apprirent que Jérusalem était prise par ceux de leurs compagnons qui les avaient devancés dans la route vers cette Cité sainte, pleins de joie ils payèrent au Seigneur un juste et humble tribut de louanges. Ceux qui hâtant leur marche précédèrent Boémond et Baudouin à Jérusalem, firent certainement une bonne et utile entreprise; mais ces deux chefs et leurs gens, quoique ne devant suivre les premiers que plus tard, ont sans doute droit à une grande part dans la gloire du succès. Il était indispensable, en effet, que les terres et les villes enlevées aux Turcs, avec tant de fatigues, fussent soigneusement gardées. Si, les abandonnant imprudemment, les nôtres s'en étaient tous éloignés, on pouvait craindre de les voir quelque jour reprises par les Infidèles, quoique déjà repoussés jusque dans la Perse, et cela au grand détriment de tous les Francs, tant de ceux qui allaient à Jérusalem, que de ceux qui en revenaient. Les premiers comme les derniers ont au contraire beaucoup profité à ce que le pays conquis fût gardé sévèrement; et peut-être même la divine providence a-t-elle différé le départ de Boémond et de Baudouin, parce qu'elle a jugé qu'ils seraient plus utiles à l'armée dans ce qui restait à faire que dans ce qui déjà était fait. Que de pénibles combats, en effet, Baudouin n'a-t-il pas eu à livrer aux Turcs sur les frontières de la Mésopotamie! Dire à combien d'entre ceux-ci son glaive a tranché la tête dans ces contrées, serait impossible. Souvent il lui arriva de se mesurer, n'ayant qu'une poignée des siens, contre une immense multitude de Païens, et de jouir de l'honneur de la victoire, grâces à l'aide du Seigneur. Cependant aussitôt que Boémond lui eut fait savoir par des envoyés qu'il serait bon que tous deux avec leurs hommes se rendissent à Jérusalem, et achevassent ainsi ce qui leur restait à faire de leur pèlerinage, Baudouin disposant convenablement et sans délai toutes choses se tint prêt à partir. Toutefois apprenant alors que les Turcs menaçaient d'envahir un coin de son territoire, il suspend l'exécution de son premier projet, et sans se donner le temps de rassembler toute sa petite armée, il marche avec quelques hommes seulement contre les barbares. Ceux-ci, persuadés que déjà il avait commencé à se mettre en route pour Jérusalem, se reposaient un certain jour tranquillement sous leurs tentes; mais à peine ont-ils aperçu la bannière blanche que portait Baudouin, qu'ils se mettent à fuir en toute hâte ; et lui, après les avoir poursuivis quelque peu avec douze chevaliers seulement, retourne terminer ce qu'il a commencé. Se mettant donc en chemin et laissant sur sa droite Antioche, il arrive à Laodicée, y achète des provisions pour sa route, y fait réparer les bâts de ses bêtes de somme, et en repart sur-le-champ : on était alors dans le mois de novembre; et après avoir passé Gibel, il rejoint Boémond, campé sous ses tentes devant une certaine place forte nommée Valenia. Là, et dans la compagnie de ce dernier, était un archevêque de Pise, appelé Dambert, qui, avec quelques Toscans et Italiens, avait débarqué au port de Laodicée, et nous attendait; un autre évêque de la Pouille se trouvait encore en ce lieu, et Baudouin en avait un troisième avec lui. Tous se réunirent amicalement, leur nombre s'élevant alors à environ vingt-cinq mille, tant hommes d'armes que gens de pied. Lorsqu'ils furent entrés dans l'intérieur du pays des Sarrasins, ils ne purent obtenir des odieux habitans de cette contrée ni pain ni alimens d'aucune espèce ; personne ne se présentait pour leur en vendre ou leur en donner ; aussi arriva-t-il qu'après avoir consommé de plus en plus tous leurs approvisionnemens, beaucoup d'entre eux furent cruellement tourmentés de la faim. Quant aux chevaux et aux bêtes de somme, faute de nourriture ils souffraient doublement ; car ils marchaient et ne mangeaient pas. Dans les terres en culture se trouvaient alors certaines plantes en maturité, semblables à des roseaux, et qu'on appelle *canna mellis* (cannes à sucre), nom composé des deux mots *canna* (canne) et *mel* (miel). C'est de là, je crois, qu'on qualifie de miel sauvage celui qu'on tire avec adresse de ces plantes. Nous les dévorions d'une dent affamée à cause de leur saveur sucrée ; mais elles ne nous étaient qu'une bien faible ressource : la faim, le froid, des torrens de pluie, tous ces maux et beaucoup d'autres, nous avions à les supporter par amour pour Dieu. Grand nombre des nôtres, en effet, manquant de pain, mangeaient les chevaux, les ânes, les chameaux : pour comble de malheur nous étions très-fréquemment fort incommodés d'un froid piquant et de pluies abondantes, sans pouvoir seulement nous sécher à la chaleur des rayons du soleil, après avoir été trempés par l'eau, qui pendant quatre ou cinq jours ne cessa de tomber du ciel. J'ai vu beaucoup de nos gens périr de ces averses froides, faute de tentes pour se mettre à l'abri. Oui, moi Foulcher, qui me trouvais dans cette armée, j'ai vu dans un même jour plusieurs individus de l'un et l'autre sexe, et un grand nombre d'animaux, mourir transis par ces pluies. Tous ces détails seraient au surplus trop longs à rapporter et peut-être ennuyeux à lire : les tourmens de tout genre et les fatigues excessives ne manquèrent pas en effet au peuple de Dieu. Souvent les Sarrasins embusqués massacraient nombre des nôtres, soit dans des chemins étroits, soit quand ils s'écartaient pour aller chercher et enlever quelques vivres. On voyait des chevaliers d'une illustre naissance réduits à cheminer comme de simples piétons, après avoir perdu, d'une manière ou d'une autre, tous leurs chevaux ; on voyait aussi, faute de bêtes de somme, les chèvres enlevées aux Sarrasins, et les moutons plier, épuisés sous le faix du bagage dont on les chargeait, et qui, par son poids, leur écorchait tout le dos; deux fois seulement, et pas davantage, nous parvînmes pendant cette route à nous procurer, et encore à un prix exorbitant, du pain et du froment des Sarrasins de Tripoli et de Césarée. Tout ceci montre clairement que rarement, ou plutôt jamais, on ne peut acquérir un grand bien sans une grande fatigue. Ce fut certes, en effet, le plus grand des biens pour nous que d'avoir pu arriver jusqu'à Jérusalem; et quand nous l'eûmes visitée, toute notre fatigue fut miraculeusement mise en oubli. A peine aperçûmes-nous ces lieux, les plus saints de tous, après lesquels nous soupirions depuis si long-temps, que nous nous sentîmes pénétrés d'une joie indicible. O combien de fois revint alors à notre mémoire cette prophétie de David : « Nous ado-« rons le Seigneur dans le lieu où il a posé ses pieds.[1] » Ces paroles, qui s'appliquent sans doute à beaucoup d'autres encore, nous les avons vues accomplies en nous, et véritables tribus du Seigneur, nous sommes montés jusqu'à ce saint lieu, pour confesser le nom du Très-Haut. Le jour même, au surplus, où nous entrâmes dans la Cité sainte, le soleil termina sa course descendante d'hiver, et rebroussant chemin reprit son cours ascendant. Après avoir visité le sépulcre et le temple du Sauveur, ainsi que les autres lieux saints, nous allâmes le quatrième jour à Bethléem, et nous y passâmes à veiller et à prier la nuit même de la nativité du Seigneur, pour mieux célébrer le retour an-

[1] Psaume 101, v. 7.

nuel du jour où est né le Christ. Lorsqu'avec l'assistance naturelle des évêques et des clercs nous eûmes employé toute cette nuit à chanter, ainsi qu'il convenait, les louanges du Seigneur [1], on célébra la messe, et l'on dit tierce à la troisième heure du jour ; puis nous retournâmes à Jérusalem. O quelle odeur fétide s'exhalait encore autour des murs de cette ville, et tant dehors que dedans, des cadavres des Sarrasins massacrés par nos compagnons après la prise de la place, et qu'on laissait pourir sur les lieux mêmes ! l'infection était telle qu'il fallait nous boucher les narines et fermer la bouche. Après que nous eûmes, par un repos certes bien nécessaire, refait pendant quelque temps et nous et nos bêtes de somme, établi l'évêque Dambert, dont on a parlé plus haut, comme patriarche dans l'église du Sépulcre du Sauveur, nous renouvelâmes nos approvisionnemens, nous chargeâmes nos bagages, partîmes et visitâmes au retour le fleuve du Jourdain. Alors quelques gens de notre armée, la dernière arrivée, trouvèrent bon de rester à Jérusalem, tandis que d'autres appartenant à l'armée venue la première préférèrent s'en aller avec nous. Au reste, le duc Godefroi continua de gouverner, comme il l'avait fait jusqu'alors, le territoire de la sainte Cité.

[1] Le texte ne porte pas, *les louanges du Seigneur* ; la clarté a paru l'exiger.

CHAPITRE XXI.

Le premier jour de l'année 1100 depuis l'Incarnation du Seigneur, nous coupâmes des branches de palmier dans Jéricho, et les arrangeâmes soigneusement pour les emporter avec nous. Le second jour de cette même année commença notre retour. Il plut alors à nos chefs de passer par la ville de Tibériade, près la mer de Galilée, qui, formée par la réunion des eaux douces sur un même point, a dix-huit mille pas de longueur et cinq mille de largeur. Nous traversâmes ensuite Césarée d Philippe, nommée Paneas en langue syriaque, et située au pied du mont Liban. Là jaillissent deux sources qui donnent naissance au fleuve du Jourdain, lequel coupe en deux la mer de Galilée, et va ensuite se jeter dans la mer Morte. Ce lac appelé Gennesar se déploie sur une étendue de quarante stades en largeur et cent en longueur, selon Josephe. Nous arrivâmes ensuite au château qu'on nomme Balbec, bâti dans une forte position; en cet endroit, des Turcs de Damas, au nombre d'environ trois cents hommes d'armes, vinrent à notre rencontre; comme on leur avait dit que nous étions sans armes et épuisés par la fatigue d'une longue route, ils espéraient pouvoir nous nuire de manière ou d'autre. De fait, si par hasard ce jour-là le seigneur Baudouin n'eût pas veillé avec sollicitude à la garde de nos derniers rangs, ces mécréans auraient certainement tué beaucoup de nos gens; ceux-ci, en effet, se trouvaient sans aucun moyen de se défendre, faute d'arcs et de flèches, qui, fabriqués à l'aide de la colle, avaient été détruits par les pluies. Quant à Boémond, il marchait en tête de la première ligne de notre armée. Mais ces Infidèles, Dieu aidant, n'obtinrent sur nous aucun avantage, et nous campâmes devant le château fort dont j'ai parlé ci-dessus. Le lendemain nous reprîmes notre chemin, et nous passâmes sous les murs de Tortose et de Laodicée. Là, c'est-à-dire à Laodicée, nous trouvâmes le comte Raimond, que nous regrettions tant de n'avoir pas eu avec nous lorsque nous allions à Jérusalem. Cette ville, au surplus, n'avait que peu de vivres; nous ne pûmes acheter aucun approvisionnement pour la route, et nous fûmes forcés de gagner en toute hâte la cité d'Edesse sans nous arrêter. Avant que nous y fussions, Boémond arriva à Antioche, où les siens le reçurent avec grande joie. Il en occupa le trône pendant six mois encore; mais dans le mois de juillet suivant, comme il se rendait avec une suite fort peu nombreuse à une ville nommée Mélitène, qu'avait promis de lui remettre un certain Arménien nommé Gabriel, qui en était le chef, et avec lequel il avait conclu, par députés, un traité d'amitié réciproque, un émir, appelé Danisman, vint à sa rencontre avec une immense multitude de Turcs. Celui-ci avait formé le projet d'intercepter tout passage à Boémond: au moment donc où ce dernier marchait si imprudemment, la gent scélérate des Infidèles, s'élançant de toutes parts, et non loin de la susdite ville, hors des embuscades où elle se tenait cachée, fondit tout à coup sur les Francs et les habitants de la Pouille; les nôtres, qui n'avaient pas cru aller à un combat, et étaient en petit nombre, furent bien vite mis en fuite et dispersés. Les Turcs en tuèrent cependant beaucoup, qu'ils dépouillèrent de tout leur argent. Pour Boémond, ils le prirent et l'emmenèrent en captivité. Ceux qui échappèrent répandirent promptement au loin la nouvelle de ce malheur; et la désolation fut grande parmi les nôtres. Alors Baudouin, duc de la ville d'Edesse, rassembla tout ce qu'il put de Francs ainsi que d'hommes d'Edesse et d'Antioche, et ne perdit pas un instant à aller chercher les ennemis dans le lieu où il apprenait qu'il les trouverait. Déjà Boémond, ayant coupé une boucle des cheveux de sa tête [1], avait envoyé à Baudouin ce signe convenu d'avance entre eux pour lui inspirer confiance dans son messager, et chargé celui-ci d'engager le prince d'Edesse à venir promptement à son secours; mais Danisman, instruit de cette démarche, et redoutant la valeur éprouvée de Baudouin, ainsi que la vengeance des Francs, n'osa demeurer plus long-temps sous les murs de Mélitène dont il avait formé le siége, se retira lentement devant nous, et retourna dans son propre pays. Vivement affligés de sa retraite, et brûlant du désir de le combattre, nous le poursuivîmes par delà cette cité pendant trois jours entiers; comme nous revenions sans avoir pu l'atteindre [2], le susdit

---

[1] Le texte porte *cicigno*. Ce mot ne se trouve nulle part. Peut-être faut-il *cygno* ou *cyono*, cygne; alors le sens serait le cygne qui ombragerait un casque. Peut-être ne faut-il que *signo*, une marque, c'est-à-dire des cheveux de la tête; et dans ce cas il n'est pas impossible que l'auteur ait mis *cygno*, pour désigner que Boémond, homme d'une cinquantaine d'années, avait les cheveux blancs.

[2] Le texte porte seulement *itaque*, donc; on l'a rendu par, *sans avoir pu l'atteindre*, pour plus de clarté.

Gabriel remit sa ville entre les mains de Baudouin, qui contracta amitié avec lui, et rentra dans Edesse.

CHAPITRE XXII.

Au moment où Baudouin jouissait ainsi des faveurs de la prospérité, arrive un messager qui lui annonce que son frère Godefroi a terminé ses jours à Jérusalem le 17 juillet, la seconde année depuis la prise de la Cité sainte, et que tout le peuple de cette ville l'attend pour le mettre à la tête du royaume comme successeur et héritier de son frère mort. Dès qu'il a reçu cette nouvelle, un peu triste de la perte de son frère, mais bien plus joyeux de l'héritage qu'il va recueillir, il prend conseil de ses amis, confie et afferme la terre qu'il possède à un certain Baudouin son parent, rassemble sa petite armée composée d'environ sept cents hommes d'armes et autant de fantassins, et se met en route pour Jérusalem le deuxième jour d'octobre. Quelques uns s'étonnaient qu'avec un corps si peu nombreux il osât parcourir tant de régions remplies d'ennemis; aussi plusieurs, tremblans et effrayés, quittèrent-ils notre armée secrètement, et sans que nous en sussions rien. Les Turcs et les Sarrasins, ayant appris que nous marchions en si petite troupe, se réunirent tous en aussi grand nombre qu'ils purent, et vinrent en armes pour nous couper la route à l'endroit ou ils espéraient nous attaquer avec plus d'avantage. Nous traversâmes Antioche, et continuâmes notre chemin en passant devant Laodicée, Gibel, Méraclée, Tortose, le fort d'Archas et la cité de Tripoli. Lorsque Baudouin fut établi sous sa tente, le roi de cette dernière ville lui envoya du pain, du vin, du miel sauvage, des moutons, et lui fit connaître, par un message écrit, que Ducac, roi de ceux de Damas, et un certain émir le Ginahaldole, prince d'Alep, nous attendaient avec des Turcs, des Sarrasins et des Arabes, sur la route par laquelle ils savaient que nous devions passer, et se disposaient à tomber sur nous. Nous n'ajoutâmes d'abord aucune foi à cette nouvelle, mais nous en reconnûmes ensuite l'exactitude. Non loin de la ville de Béryte, et à environ cinq milles de distance, était en effet un chemin qui côtoyait la mer, inévitable pour nous comme pour tous ceux qui allaient de ce côté, et beaucoup trop resserré pour le passage d'une armée. Si des ennemis s'étaient fortifiés à l'avance dans ce défilé, cent mille hommes d'armes n'auraient pu le traverser en aucune manière, à moins d'en avoir fait occuper l'étroite entrée par cent ou soixante-dix soldats bien armés; c'est là que les Infidèles se flattaient de nous arrêter, et de nous égorger tous. Lorsque en effet les coureurs qui nous précédaient approchèrent dudit passage, ils aperçurent plusieurs de ces Turcs séparés de leurs compagnons, qui s'avançaient contre nous, et attendaient notre arrivée. A cette vue, nos éclaireurs, persuadés que derrière ces Païens se cachaient des troupes beaucoup plus nombreuses, envoient un courrier instruire le seigneur Baudouin de ce qu'ils ont découvert. A cette nouvelle, celui-ci range aussitôt en bataille, suivant les règles de l'art, son armée divisée en plusieurs lignes, et nous avançons contre l'ennemi, bannières déployées, mais à pas lents. Reconnaissant que le combat ne tarderait pas à s'engager, tout en marchant à l'ennemi, nous sollicitions pieusement, avec la componction de cœurs purs, le secours du Très-Haut. L'avant-garde des Infidèles en vient promptement aux mains avec notre première ligne; plusieurs des leurs sont tués dans cette escarmouche, et quatre des nôtres y perdent également la vie. Les deux partis ayant bientôt cessé ce combat, on tient conseil, et l'on ordonne de placer notre camp dans un endroit plus rapproché de l'ennemi, de peur que celui-ci ne nous croie frappés de terreur, ou prêts à fuir, si nous abandonnons la place. Nous affichions une chose, mais en pensions une autre; nous feignions l'audace, mais nous redoutions la mort. Retourner sur nos pas était difficile; aller en avant était plus difficile encore : de toutes parts l'ennemi nous tenait assiégés; d'un côté, ceux-là du haut de leurs vaisseaux; de l'autre, ceux-ci du sommet des montagnes nous pressaient sans relâche. Ce jour-là, nos hommes et nos bêtes de somme ne goûtèrent ni nourriture ni repos. Quant à moi, j'aurais mieux aimé être à Chartres ou à Orléans que dans ce lieu. Toute cette nuit nous la passâmes donc ainsi hors de nos tentes, accablés de tristesse et sans fermer l'œil. Au petit point du jour, et quand l'aurore commençait à chasser les ténèbres de dessus la terre, on tint de nouveau conseil pour décider si nous tâcherions de vivre encore, ou s'il nous fallait mourir : on s'arrêta au parti de lever les tentes et de rebrousser chemin, en faisant marcher devant les bêtes de somme chargées de nos bagages et chassées par les valets de l'armée ; les hommes d'armes suivent, et les défendent avec vigilance contre les attaques des Sarrasins. Dès le grand matin, en effet, ces Infidèles, nous voyant retourner en arrière, descendent en toute hâte pour nous poursuivre comme des fugitifs : les uns nous attaquent de dessus la mer à l'aide de leurs vaisseaux ; les autres nous talonnent en arrière par le chemin que nous suivons ; d'autres encore, tant cavaliers qu'hommes de pied, nous poussent devant eux à travers les montagnes et les collines comme des moutons qu'on ramène dans la bergerie : ce qu'ils veulent, c'est, quand nous aurons traversé une petite plaine qui se trouve là, nous arrêter à la sortie qui se rétrécit extrêmement entre la montagne et la mer, et nous massacrer sans peine. Mais il n'en arriva pas comme ils l'espéraient. Nos chefs en effet avaient concerté leur plan, en disant : « Si nous parvenons à contenir dans cette plaine ou« verte ces gens qui nous poursuivent, peut-être « nous retournant contre eux et combattant avec « courage, réussirons-nous, Dieu aidant, à nous ar« racher de leurs mains. » Déjà les Païens s'élancent hors de leurs vaisseaux, et, quittant leurs embuscades, coupent la tête à ceux des nôtres qui marchaient imprudemment trop près du rivage de la mer ; déjà ils descendent sur nos derrières, dans la plaine dont il vient d'être parlé ; déjà ils lancent contre nous une grêle de flèches, et criant après nous comme des chiens qui aboient ou des loups qui hurlent, nous accablent d'injures. Que dirai-je de plus? Nulle part ne s'offre un lieu où nous puissions trouver un asile ; aucune voie ne nous est ouverte pour échapper à la mort; aucune issue ne nous permet de fuir; aucun espoir de salut ne nous reste si nous demeurons où nous sommes. Salomon ne saurait quel parti prendre et Samson ne pourrait vaincre. Mais le Dieu de toute clémence et de toute puissance, daignant jeter un regard du haut du ciel sur la terre, et voyant notre humilité, notre détresse et le péril où nous sommes ainsi tombés pour son service et par amour pour lui, se sent touché de cette pitié avec laquelle il secourt si justement les siens au moment du danger. Tout à coup il donne, dans sa miséricorde, à nos hommes d'armes une telle audace de courage, que faisant subitement volte-face, ils mettent en fuite, par un chemin qui se partage en trois branches, ceux qui les poursuivaient naguère, et ne leur laissent pas même reprendre l'envie de se défendre. D'entre ces Barbares, les uns se précipitent du haut des roches escarpées; les autres courent en toute hâte vers les lieux qui leur présentent quelques chances de salut; d'autres enfin sont atteints, et périssent par le tranchant du glaive. Vous auriez vu leurs vaisseaux nous fuir avec célérité à travers les ondes, comme si nous eussions pu les saisir de nos mains; et eux-mêmes dans leur effroi gravir, d'un pas rapide, les montagnes et les collines. Les nôtres, glorieux d'un si grand triomphe, reviennent alors, pleins de joie, rejoindre les valets qui, pendant l'action, avaient soigneusement gardé dans le chemin les quadrupèdes chargés de nos bagages, et tous nous payons un juste tribut de louanges et de reconnaissance à ce Dieu qui s'est montré pour nous un si puissant auxiliaire, au milieu de la cruelle nécessité sous laquelle nous succombions. O combien furent alors admirables les actes de Dieu! Que ce miracle fut grand et digne de rester gravé dans la mémoire! nous étions vaincus, et de vaincus nous devînmes vainqueurs. Ce n'est pas nous qui avons vaincu ; mais comment n'aurions-nous pas vaincu? Celui qui a vaincu, c'est celui qui seul est tout-puissant. « Si Dieu est pour nous, qui sera contre « nous [1]? » et vraiment il fut alors pour nous et avec nous, accomplissant en nous ce que le prophète a dit aux Israélites : « Si vous marchez selon mes pré- « ceptes, si vous gardez et pratiquez mes comman- « demens, je vous ferai ce don : cinq d'entre vous « en poursuivront cent, et cent d'entre vous en pour- « suivront dix mille [2]. » Parce que nous supportions, jour et nuit, des fatigues de tout genre pour le service du Seigneur, il a dans sa justice brisé l'orgueil de ces perfides. Parce que nous servions le Seigneur avec dévouement, et d'une ame accablée de tribulations, il a regardé en pitié notre humble faiblesse. On ordonna enfin de déployer les tentes et de réunir les dépouilles ainsi que les armes des morts. Ceux qui avaient pris des chevaux avec des selles et des mors dorés les amenèrent également. Dès que cette nuit-là fut passée, et de grand matin, conformément à ce qui fut sagement arrêté, nous retournâmes en arrière jusqu'à un certain château qui avait été ravagé; là on fit, avec équité, le partage entre les hommes d'armes, des chevaux et des autres choses prises sur les Turcs; puis, quand la nuit vint, nous nous reposâmes sous des oliviers et des arbrisseaux.

[1] Épît. aux Rom., chap. VIII, v. 31.
[2] Lévit., chap. XXVI, v. 3 et 8.

Le lendemain au point du jour, Baudouin avec sa valeur accoutumée se fait suivre d'autant de ses hommes d'armes qu'il juge à propos, s'élance sur son coursier et s'avance rapidement jusqu'à cet étroit chemin, où nous avons été si odieusement maltraités; il veut s'assurer si les Sarrasins l'occupent encore. Arrivé à ce défilé, il n'y trouve aucun des Infidèles; tous, dispersés par nos armes, avaient fui désolés : il loue Dieu, et ordonne d'allumer sur-le-champ des feux, pour signal, sur le somme de la montagne, afin qu'à la vue de la fumée, ceux d'entre nous qui étaient demeurés dans le camp suivissent sans délai ceux qui avaient pris les devans. Dès que le feu fut allumé nous l'aperçûmes, et louâmes le Seigneur; puis suivant nos éclaireurs vers le point qu'indiquait le signal[1], nous trouvâmes, grâces à Dieu, le chemin libre et ouvert, et suivîmes la route après laquelle nous soupirions. Ce même jour-là nous campâmes près de la ville de Béryte; l'émir de cette cité l'ayant appris, envoya sur des chaloupes à Baudouin, mais plus par crainte que par amour, des approvisionnemens pour plusieurs jours de route. Ceux qui habitaient les autres villes, devant lesquelles nous passions, telles que Sidon, Tyr et Accon ou Ptolémaïs, en firent de même; et tous, quoique ayant le cœur plein de malice, affectaient les dehors de l'amitié. Tancrède possédait alors le château de Cayphe, que l'on avait emporté de vive force l'année même de la prise de Jérusalem; mais, comme à cette époque Tancrède était mal disposé envers Baudouin, nous n'y entrâmes pas. Tancrède

---

[1] *Vers le point qu'indiquait le signal* a paru nécessaire pour rendre *illicò*.

cependant n'y était pas dans ce moment; aussi les siens qui nous tenaient pour des frères et desiraient fort nous voir, nous vendirent du pain et du vin. Nous dépassâmes ensuite Césarée de Palestine et le fort d'Arzuth, que les ignorans croyaient être Azoth, l'une des cinq villes des Philistins, située entre Joppé et Ascalon, et réduite aujourd'hui à l'état d'un misérable bourg en ruines. Nous parvînmes enfin à Joppé, où nos Francs reçurent joyeusement le seigneur Baudouin comme leur roi. De là, sans nous arrêter, nous marchâmes en grande hâte vers Jérusalem. Comme nous approchions de la Cité sainte, tous, tant clercs que laïques, vinrent au devant de Baudouin; les Grecs et les Syriens accoururent aussi portant des croix et des cierges; tous louant à haute voix le Seigneur, accueillirent avec beaucoup d'honneur et de solennité leur nouveau roi et le conduisirent jusqu'à l'église du sépulcre du Sauveur. A cette entrée pompeuse ne se trouva point le patriarche Daimbert: certains individus l'avaient accusé auprès de Baudouin, auquel il en voulait; et de plus il s'était rendu odieux à la majeure partie du peuple. Aussi, dépouillé de son siége, il vivait alors sur le mont Sion, et y demeura jusqu'au moment où sa criminelle malveillance lui fut pardonnée.

CHAPITRE XXIII.

Après que nous nous fûmes rétablis à Jérusalem de nos fatigues par six jours d'un repos qui nous était si nécessaire, et que le roi eut un peu débrouillé ses affaires, nous nous remîmes en route pour une nouvelle expédition : « Tous ceux qui ont des enne-
« mis, je dis ceci selon le langage humain, doivent
« en effet les harceler sans cesse et de tous leurs
« moyens, jusqu'à ce qu'ils les aient soit par l'ennui
« de la guerre, soit par la force, ou domptés ou con-
« traints à une paix durable. » Baudouin s'étant donc remis à la tête de son armée, partit, et traversant Azot, se rendit à Ascalon, située sur le bord de la mer entre cette dernière ville et Jamnia. En passant devant Accaron, ce prince repoussa vivement jusque dans leurs murs les Sarrasins qui avaient osé en sortir pour l'attaquer ; mais ne trouvant pas l'occasion favorable pour tenter davantage, il laissa cette ville, et retourna sous ses tentes. Le jour suivant nous nous dirigeâmes vers une contrée plus étendue, où nous pussions faire vivre, dans des endroits riches, nous et nos bêtes de somme, et ravager les terres de l'ennemi. Sur notre route nous trouvâmes plusieurs hameaux ; les Sarrasins qui habitaient ce pays s'étaient, à notre approche, cachés avec leurs troupeaux et leurs effets dans des cavernes. Ne pouvant réussir qu'à peine à en tuer quelqu'un d'entre eux, nous allumâmes de grands feux à l'orifice de ces antres ; bientôt une chaleur et une fumée insupportables forcèrent ces gens

à sortir et à se rendre à nous. Parmi eux se trouvèrent plusieurs brigands qui ne faisaient d'autre métier que de dresser des embûches à nos Chrétiens entre Ramla et Jérusalem, et de les égorger. Quelques Syriens, chrétiens comme nous, qui habitaient les mêmes hameaux, et s'étaient cachés avec eux dans les mêmes souterrains, nous dénoncèrent leurs crimes; comme ils en étaient vraiment coupables, on leur trancha la tête à mesure qu'ils mirent pied hors des cavernes. Quant aux Syriens et à leurs femmes, on les épargna; mais des Sarrasins nous en tuâmes là environ une centaine. Alors le roi Baudouin ordonna d'envoyer à Ascalon tous ces Syriens, de peur qu'un jour ou l'autre ils ne fussent massacrés dans le pays. Quand nous eûmes mangé et consommé tout ce qui se trouvait dans ces régions, tant grains que bestiaux, et que nous ne pûmes plus espérer de tirer rien d'utile de ces lieux déjà très-anciennement dévastés, on tint conseil avec certains Sarrasins, nés et nourris dans cette contrée, mais convertis récemment à la foi chrétienne, et qui connaissaient ce qu'il y avait au loin et de tous côtés de terres incultes ou cultivées; il fut résolu que l'armée irait en Arabie. Traversant donc les montagnes voisines des tombeaux des patriarches, où sont glorieusement ensevelis les corps d'Abraham, d'Isaac, de Jacob, de leur fils le juste Joseph, ainsi que de Sara et de Rebecca, et qui se trouvent à environ quarante milles de distance de Jérusalem, nous arrivâmes dans la vallée où les villes criminelles de Sodome et de Gomorrhe, détruites et englouties par le juste jugement de Dieu, ont fait place au grand lac Asphaltite, qu'on appelle mer Morte. La longueur de ce lac, à partir des lieux voisins de Sodome jusqu'à Zoaras en Arabie, est de cinq cent quatre-vingts stades, et sa largeur s'étend jusqu'à cent cinquante ; son eau est tellement salée que ni quadrupèdes ni oiseaux ne peuvent en boire ; moi-même, Foulcher de Chartres, j'en ai fait l'expérience ; car, descendant de ma mule sur le bord de ce lac, j'ai goûté de son eau, que j'ai trouvée plus amère que l'ellébore. Aussi est-ce parce que rien ne peut vivre dans ce lac, et qu'aucun poisson ne s'y conserve, qu'on l'appelle mer Morte. Du côté du nord il reçoit le fleuve du Jourdain ; mais au sud il n'a aucune issue, ni fleuve ni lac. Près de ce lac ou mer Morte, est une montagne également salée, non pas en totalité, mais dans certains endroits, où elle est aussi solide que la pierre la plus dure, et aussi blanche que la neige ; le sel qui la forme et qu'on désigne sous le nom de sel gemme, on le voit fréquemment tomber en éclats du haut de la montagne en bas. Je conjecture que ce lac se sale de deux manières, d'abord en engloutissant sans cesse une partie du sel de la montagne, dont les eaux de ses bords baignent constamment le pied ; ensuite en recevant dans son sein toutes les pluies qui tombent sur la montagne et en découlent : il se peut aussi que le gouffre qui forme ce lac soit tellement profond que, par l'effet d'un reflux invisible, la grande mer, qui est salée, s'y infiltre par dessous la terre. Au surplus, enfoncer et se noyer dans ce lac, même à dessein, ne se pourrait pas facilement. Nous en fîmes le tour du côté du nord, et nous trouvâmes une petite ville, qu'on dit être Segor, située agréablement, et fort riche en ces fruits de palmier qu'on appelle *dattes*, très-doux au goût, et dont nous fîmes notre nourriture ; car, pour d'autres choses, nous ne pûmes guères nous en procurer. Au premier bruit, en effet, de notre marche, les Arabes, qui habitaient ce pays, avaient tous fui, à l'exception de quelques misérables plus noirs que la suie, et que nous laissâmes là comme la plus vile herbe des mers. Je vis dans ce lieu, sur plusieurs arbres, une espèce de fruit, dont je brisai l'enveloppe, mais dans l'intérieur duquel je ne trouvai qu'une poussière noire. De là nous commençâmes à entrer dans la partie montagneuse de l'Arabie et passâmes la nuit dans les cavernes dont elle est remplie. Le lendemain matin, quand nous eûmes gravi les monts, nous rencontrâmes plusieurs hameaux, mais où n'existait aucune espèce de provision, et dont les habitans, en apprenant notre arrivée, avaient fui et s'étaient cachés avec tous leurs effets dans les cavernes souterraines. N'ayant donc aucun avantage à demeurer dans ce lieu, nous dirigeâmes notre route d'un autre côté, toujours conduits par les guides qui nous précédaient. Nous trouvâmes alors une vallée très-abondante en fruits de tout genre, celle-là même où Moïse, éclairé de Dieu, frappa deux fois de sa verge un rocher et en fit jaillir aussitôt, comme on le lit dans l'Ecriture, une source d'eau vive qui suffit à abreuver tout le peuple d'Israël et ses bêtes de somme. Cette source coule encore aujourd'hui non moins abondamment qu'alors, et forme un petit ruisseau qui, par la rapidité de son cours, met en mouvement des machines à moudre le grain. Moi-même, Foulcher de Chartres, j'y fis boire mes chevaux. Sur le sommet d'une montagne se trouvait un monastère, connu sous le nom de monastère de Saint-Aaron, et bâti dans l'endroit où Moïse et Aaron lui-même s'entretenaient d'ordinaire avec Dieu; ce fut donc pour nous une grande joie de voir un lieu aussi saint, et qui nous était inconnu. Comme au delà de cette vallée tout le pays était inculte et désert, jusqu'auprès de Babylone, nous renonçâmes à aller plus loin. Cette vallée, il est vrai, abondait en productions de toute espèce; mais pendant le séjour que nous fîmes d'abord dans quelques hameaux, les habitans emportant leurs effets, et emmenant leurs troupeaux, s'enfuirent, et se cachèrent dans les endroits les plus secrets des montagnes, ainsi que dans les cavités des rochers, et se défendirent audacieusement toutes les fois que nous tentâmes de les approcher. Après donc nous être reposés là pendant trois jours, et avoir bien refait nous et nos bêtes de somme par une bonne nourriture, nous chargeâmes nos animaux de tous les approvisionnemens qui nous étaient nécessaires; puis, par une journée favorable, à la seconde heure du jour, et au signal donné par la trompette royale, nous jugeâmes à propos de nous remettre en route pour nous en retourner. Repassant donc près de la mer susdite et des tombeaux des patriarches, dont il a été parlé plus haut, nous traversâmes Bethléem ainsi que le lieu où est la sépulture de Rachel, et nous arrivâmes heureusement à Jérusalem le jour même du solstice d'hiver. On prépara ensuite les ornemens convenables pour le couronnement du roi. Dans ce temps le patriarche Daimbert se remit en paix avec Baudouin et quelques-uns des chanoines de son église.

CHAPITRE XXIV.

L'an 1101, le jour de la nativité du Seigneur, Baudouin fut pompeusement consacré par la sainte onction et couronné comme roi, dans la basilique de la bienheureuse Marie, à Bethléem, par les mains de ce même patriarche, en présence des évêques, du clergé et du peuple : cela on ne l'avait pas fait pour Godefroi, frère et prédécesseur de Baudouin, et parce que certains individus ne l'approuvaient pas, et parce que lui-même ne le voulut point ; mais après avoir plus mûrement examiné la question, tous consentirent qu'on le fît pour Baudouin. On disait en effet : « Pour-
« quoi veut-on objecter que le Christ notre Seigneur
« a été, comme un vil scélérat, couronné d'épines
« dans Jérusalem par les perfides Juifs, opprobre
« qu'avec plusieurs autres il a, dans sa bonté misé-
« ricordieuse, supporté pour notre salut? Cette cou-
« ronne ne fut pas sans doute, dans l'opinion des
« Juifs, une distinction honorable, et le signe de la
« puissance royale, mais plutôt une marque de honte
« et d'ignominie ; mais ce que ces bourreaux firent
« au Sauveur, comme une outrageante flétrissure,
« tourna cependant par la grâce de Dieu à notre gloire
« et à notre salut. Il en est de même d'un roi : il n'est
« point fait roi contre les ordres du Très-Haut ; car
« une fois qu'il est régulièrement élu, on le sanctifie
« et on le consacre par une bénédiction authentique.
« Celui qui accepte les fonctions de roi, et la couronne
« d'or, se charge en même temps de l'honorable far-

« deau de rendre la justice qu'on a droit d'obtenir
« de lui. Quand Dieu veut bien ainsi lui confier son
« peuple, c'est pour qu'il veille sur lui avec sollici-
« tude et le garantisse de ses ennemis. On peut certes
« lui dire ce que l'on dit à tout évêque à l'égard de
« l'épiscopat : *Si quelqu'un souhaite l'épiscopat, il
« desire une fonction et une œuvre sainte*[1]. Que
« si un roi ne gouverne pas comme il le doit, il n'est
« pas roi. » Dans le commencement de son administration, Baudouin, qui n'était encore possesseur que de quelques villes et d'un peuple peu nombreux, protégea puissamment, et dans la saison même de l'hiver, son royaume contre les attaques des ennemis, qui l'environnaient de toutes parts. Aussi comme les Sarrasins le connaissaient pour un guerrier d'un courage éprouvé, ils n'osèrent pas l'attaquer, quoique son armée fût très-faible. S'il en eût eu une plus considérable, lui-même se serait certainement porté volontiers au devant de l'ennemi. A cette époque la route de terre était encore interdite à nos pélerins; mais par mer, tant les Francs que les Italiens ou les Vénitiens, faisant voile avec un, deux, ou même trois et quatre navires, parvenaient à passer au milieu des pirates ennemis et sous les murs des cités infidèles, et si Dieu daignait les conduire ils arrivaient ainsi, quoiqu'avec de mortelles frayeurs, jusqu'à Joppé, le seul port dont alors nous fussions maîtres. Aussitôt que nous apprenions leur arrivée des régions occidentales, sur-le-champ et le cœur plein de joie, nous allions à leur rencontre, nous félicitant mutuellement; nous les accueillions comme des frères sur le rivage de la mer,

[1] Ire Épît. de saint Paul à Thim., chap. III, v. 1.

et chacun des nôtres s'enquérait soigneusement des nouvelles de son pays et de sa famille ; eux de leur côté racontaient tout ce qu'ils en savaient ; alors, selon ce qu'ils nous en apprenaient, ou nous nous réjouissions de la prospérité, ou nous nous attristions de l'infortune de tout ce qui nous était cher. Ces nouveaux venus se rendaient à Jérusalem, et visitaient les saints lieux ; puis quelques-uns se fixaient dans la Terre-Sainte, tandis que les autres retournaient dans leur patrie et jusqu'en France. Il arrivait de là que la sainte terre de Jérusalem demeurait toujours sans population, et n'avait pas assez de monde pour la défendre des Sarrasins, si toutefois ils eussent osé nous attaquer. Pourquoi donc ne l'osaient-ils pas ? comment tant de peuples, tant d'Etats puissans, craignaient-ils de tomber sur notre pauvre petit royaume et notre peuple si peu nombreux ? pour quelle raison des centaines de cent mille combattans, tout au moins, ne se réunissaient-ils pas de l'Egypte, de la Perse, de la Mésopotamie et de la Syrie pour marcher courageusement contre nous, leurs ennemis ? pourquoi ces gens, aussi nombreux que ces sauterelles innombrables qui ont coutume de dévorer la récolte d'un champ, ne venaient-ils pas nous dévorer et nous détruire entièrement, de telle sorte que par la suite il ne fût plus parlé des Chrétiens dans le pays même qui était autrefois le leur ? Nous n'avions pas alors, en effet, plus de trois cents chevaliers et autant de gens de pied pour garder Jérusalem, Joppé, Ramla et le château de Cayphe. A peine même osions-nous rassembler quelquefois nos chevaliers, pour dresser des embûches à quelques-uns des ennemis, dans la crainte qu'il ne nous arrivât mal d'abandonner ainsi nos retranchemens. Certes, il est bien évident pour tout le monde qu'il n'y a qu'un miracle vraiment prodigieux qui pût faire qu'entourés de tant de milliers de mille ennemis, nous fussions assez forts pour les dominer tous, rendre les uns nos tributaires et ruiner les autres par le pillage et le massacre. D'où nous venait donc cette force, d'où tirions-nous cette puissance? elles nous étaient données par celui dont le nom est le Tout-Puissant. C'est lui qui n'oubliant pas son peuple, qui bravait les fatigues pour la gloire de son nom, et ne mettait en aucun autre qu'en lui-même toute sa confiance, lui prêtait son bienfaisant appui dans ses détresses; c'est ce Dieu, qui quelquefois réjouissait son peuple en lui accordant quelque petite récompense temporelle de ses travaux, et lui promettait pour l'avenir le don d'une gloire éternelle. O que ces temps sont bien dignes de vivre dans notre mémoire! Souvent nous nous désespérions en voyant que de nos régions occidentales, ni parens ni amis ne venaient à notre aide; nous tremblions que nos ennemis, instruits de l'exiguité de nos forces, ne fondissent quelque jour sur nous à l'improviste, lorsque nul que Dieu seul ne pourrait nous secourir. Nous n'aurions cependant souffert en rien, si seulement les hommes et les chevaux ne nous eussent pas manqué; mais c'est pour cela même que nous n'osions nous engager dans aucune expédition; et si quelquefois nous faisions une course à cheval, c'était à peu de distance, vers Ascalon et Arsuth. Ceux qui se rendaient à Jérusalem par mer ne pouvaient en aucune manière amener des chevaux avec eux, et par terre personne ne venait à notre aide. Ceux d'Antioche étaient dans l'impossibilité de nous secourir, et de notre côté nous ne pouvions les assister. Il arriva dans ce temps, vers le mois de mars, que Tancrède abandonna son château de Cayphe et Tibériade à Baudouin, et se mit en marche à la tête des siens pour les contrées d'Antioche. Ceux de cette ville lui avaient en effet envoyé des députés chargés de lui dire : « Ne perdez pas un « instant, mais venez à nous pour régner sur la cité « d'Antioche et toute la terre qui en dépend, jusqu'à « ce que Boémond, notre seigneur et le vôtre, sorte « de captivité. Vous êtes en effet son proche parent, « brave chevalier et plus puissant que nous; vous « avez donc plus de titres que nous pour occuper « cette terre. Si quelque jour Dieu permet que Boé- « mond revienne, il en sera alors ce que décidera le « bon droit. » Tancrède alla donc à Antioche, et reçut, comme on l'a dit, cette principauté pour la gouverner. Vers ce temps-là une flotte de navires à éperons, montée par des Italiens et des Génois, passa toute la saison d'hiver dans le port de Laodicée. Quand ces gens virent que le printemps leur promettait une navigation favorable et tranquille, ils mirent en mer, et, secondés par le vent, se rendirent à Joppé; lorsqu'ils furent entrés dans le port, le roi les accueillit avec joie. Comme le temps de Pâques était proche, ils ne séjournèrent pas dans cette ville, mais tirant leurs vaisseaux à terre, ils allèrent avec Baudouin à Jérusalem : tous nous y étions alors dans la plus grande consternation, parce que le feu, qui d'ordinaire descend du ciel sur le sépulcre du Seigneur le samedi saint, n'y avait pas paru cette fois. Il existe encore sur ce fait beaucoup de versions qu'il ne convient pas de rapporter témérairement.

Comme Dieu permet que chaque année, la veille de Pâques, le feu du ciel descende sur le sépulcre du Sauveur, et y allume d'ordinaire les lampes, il est d'usage que tous ceux qui peuvent se trouver ce jour-là dans l'intérieur de ce très-saint monastère, y passent cette journée de la veille de Pâques en prières et en oraisons, attendant avec une pieuse dévotion que ce feu céleste soit envoyé par le Très-Haut. La veille de Pâques de cette année[1], la très-sainte basilique étant remplie d'un peuple immense, le patriarche ordonna, vers la troisième heure environ, que les chanoines commençassent l'office du jour. Les leçons furent donc récitées alternativement, d'abord en latin par un Latin, ensuite en grec par un Grec, qui répétait sur le pupître ce qu'avait lu le Latin. Tout à coup, pendant que les chanoines disaient ainsi l'office, et un peu avant la neuvième heure, un des Grecs se met, suivant l'ancienne coutume, à entonner à haute voix le *Kyrie eleison* d'un des coins du monastère ; tous les assistans répètent sur-le-champ et à aussi haute voix le même chant ; moi, Foulcher, qui jamais n'avais entendu de symphonie de cette espèce, et beaucoup d'autres, pour qui ce tumultueux concert de louanges était également nouveau, tournant nos yeux vers le ciel, nous nous relevons de terre avec des cœurs pleins de componction ; et, dans l'espoir que le feu céleste était déjà allumé en quelque

[1] Le texte dit simplement *die illo ;* mais comme l'auteur parle du jour de 1101, où le feu a manqué, il a paru nécessaire pour la clarté de traduire par *la veille de Pâques de cette année.*

endroit de l'église, nous regardons çà et là, en haut
et en bas, avec une grande humilité d'ame, mais n'apercevons pas ce feu qui n'avait point encore paru.
Le susdit Grec chante alors, pour la troisième fois et
à haute voix, *Kyrie eleison;* tous les autres lui répondent à grands cris, en répétant le même mot; puis lui
et eux se taisent, et, sur-le-champ, les chanoines se
remettent à réciter l'office qu'ils avaient commencé.
Cependant nous attendions toujours dévotement l'apparition du feu saint, qui se faisait d'ordinaire vers
la neuvième heure environ. Peu après, le *Kyrie eleison* est répété une seconde fois de la même manière
qu'on l'avait chanté d'abord; tous alors, entraînés par
le son qui nous frappe, nous répondons à haute voix
au crieur qui entonnait le *Kyrie eleison*, et répétons cet hymne de louanges. Comme nous espérions
pour la plupart que ce feu tant souhaité allait descendre du ciel, et que, ne le voyant pas venir, nous
demeurions en silence, les clercs récitent les leçons
et les traits de l'office du jour. La neuvième heure
étant déjà passée, le *Kyrie eleison* est encore redit une
troisième fois; alors notre patriarche prenant les clefs
du tombeau du Sauveur, en ouvre la porte et y entre;
mais n'y trouvant pas le feu après lequel nous soupirions, il se prosterne tout en larmes devant le saint
sépulcre même, adressant au ciel les prières les plus
humbles, et demandant au Tout-Puissant que la
miséricorde de notre Seigneur Jésus-Christ daigne
envoyer à son peuple suppliant le feu céleste qu'il
desire si vivement, et qui autrefois lui était d'ordinaire accordé. Nous cependant, criant tous à haute
voix *Kyrie eleison,* nous supplions le Seigneur, atten-

dant que le patriarche sorte dudit tombeau, et nous fasse voir à tous la lumière envoyée de Dieu, et trouvée, comme nous nous en flattions, dans le saint sépulcre. Mais, après qu'il a long-temps prié et fondu en pleurs dans ce tombeau, sans obtenir ce qu'il sollicite, il sort, vient à nous de l'air le plus triste, et déclare qu'il n'a pas trouvé le feu céleste. A cette nouvelle, nous sommes tous saisis d'une terreur et d'une affliction extrême. Déjà j'étais moi-même monté avec un certain chapelain du patriarche en un lieu qu'on appelle le Calvaire, cherchant avec soin si le feu céleste était ou non descendu dans cet endroit, comme il le faisait quelquefois; mais alors il ne se manifesta ni ici ni là. Chantant de nouveau et alternativement le *Kyrie eleison* avec un redoublement d'ardeur, nous recommençons à pousser des acclamations vers le Seigneur à plus haute voix encore que d'ordinaire. Que de cris, que de soupirs, que de larmes s'élèvent alors vers Dieu ! Tous nous chantons le *Kyrie eleison* en pleurant; tous nous implorons par ces chants la miséricorde du Très-Haut ; mais ce que nous sollicitons par nos humbles supplications, nous ne pouvons l'obtenir. Déjà la nuit venait, déjà le jour tombait : dans la persuasion que cet événement, qu'on n'avait jamais vu les années précédentes, n'était arrivé qu'en punition de nos péchés, chacun résolut, dans le fond de son ame, de réformer tout ce en quoi il avait failli contre Dieu. Ainsi donc, quelques hommes qui vivaient en ennemis dans le monastère du saint sépulcre, redevinrent amis et se réconcilièrent par les soins du patriarche. Il fallait avant tout en effet que la paix, sans laquelle rien ne

plaît à Dieu, fût au milieu de nous, afin que, voyant nos cœurs réunis et corrigés pour l'amour de lui, le Seigneur prêtât une oreille plus favorable à nos supplications. Comme cependant, même après tout cela, Dieu n'exauça point nos prières, nous pensâmes entre nous, et plusieurs des plus savans commencèrent à dire : « Que peut-être il était arrêté par la sagesse di-
« vine que ce miracle ne se reproduirait plus désor-
« mais, comme il avait coutume de faire; que dans
« les temps passés, où les Chrétiens, c'est-à-dire,
« les Grecs et les Syriens, se trouvaient en fort petit
« nombre à Jérusalem, il fallait nécessairement que
« le feu céleste apparût chaque année comme d'or-
« dinaire, de peur que, s'il manquait une seule année
« de se montrer, les Païens, qui ne desiraient et ne
« cherchaient qu'un prétexte, ne massacrassent tous
« ces Chrétiens; mais qu'à présent, où, par le se-
« cours de Dieu, nous étions en pleine sécurité à Jé-
« rusalem, nous ne redoutions point de mourir si ce
« feu ne descendait pas du ciel. Il y a plus, ajoutait-
« on, c'est nous qui, comme les successeurs de cette
« flamme divine, s'il est permis de parler ainsi, c'est
« nous qui, Dieu aidant, protégeons maintenant et
« ces Chrétiens que nous avons trouvés dans la Cité
« sainte, et nous-mêmes avec eux, contre la nation
« Païenne; tandis qu'aucun d'eux ne fût demeuré vi-
« vant si le Seigneur n'eût auparavant soutenu leur
« courage par quelque signe visible. Actuellement
« donc quelle si grande détresse nous presse qu'il
« faille que ce feu céleste se fasse voir[1]. » Ces dis-

---

[1] Le texte ne porte pas de guillemets; mais la phrase suivante prouve que l'auteur rapporte les discours qu'on tenait pour consoler les simples.

cours, et d'autres équivalens, étaient ceux que les clercs les plus instruits, ignorant les desseins de Dieu, tenaient aux hommes moins éclairés; et c'était au moins une consolation que d'en donner un peu à des gens si profondément désolés. Lors cependant que la nuit vint, le patriarche, ayant pris conseil, ordonna que tous eussent à quitter le monastère, et à retourner dans leurs maisons ou leurs hôtelleries; il voulait que le très-saint lieu demeurât, toute la nuit, purgé de la présence de tous, de peur que la souillure criminelle et cachée de quelque homme ou de quelque femme ne déplût à la majesté du Très-Haut, ou n'infectât son temple. Il fut fait ainsi qu'il était prescrit: cette nuit-là l'église resta donc entièrement vide, et l'on n'y vit aucune lampe ni aucun cierge allumé. Le lendemain matin, aussitôt que commença à briller le saint jour de Pâques, tous, espérant encore en la miséricorde du Seigneur, accoururent de toutes parts à l'église du saint sépulcre. Le patriarche entre de nouveau dans le tombeau du Sauveur, pour voir si le feu céleste s'y est manifesté; ne l'y trouvant pas, il revient rempli d'une profonde tristesse. Mais lui et tous les assistans, inspirés alors par ces paroles de l'Evangile, où le Seigneur dit: « Cherchez, et vous trouverez; frap« pez, et l'on vous ouvrira, » ne veulent point avoir à se reprocher de ne pas presser de nouveau, par toutes sortes de prières, ce Dieu qui, lui-même, leur suggère ce dessein, et jamais ne trompe; ils espèrent qu'enfin, réveillé pour ainsi dire par l'obstination de leurs cris, il ouvrira pour eux les oreilles de sa pitié. Le clergé, presque tout le peuple, le roi et ses grands, se rendent donc processionnellement et nu-pieds au tem-

8

ple du Seigneur; là, dans ce lieu même où le Seigneur Dieu promit à Salomon de lui octroyer sa demande, lorsque ce pieux roi le suppliait d'exaucer son peuple, quand, faisant pénitence de ses péchés, il viendrait le prier et implorer sa miséricorde dans cette maison[1], tous se répandent en oraisons pour que, dans sa bonté, le Dieu de miséricorde daigne enfin envoyer ce feu, après lequel soupirent tant d'hommes plongés dans une si douloureuse affliction et une si profonde désolation. Pendant que les nôtres prient ainsi dans le temple du Seigneur, les Grecs et les Syriens, restés dans le monastère du saint sépulcre, ne montrent pas moins de zèle, font processionnellement le tour du tombeau du Sauveur, se livrent à l'oraison, et, dans l'excès de leur chagrin, se meurtrissent les joues, et s'arrachent les cheveux en poussant des cris lamentables. Lorsque les nôtres, après avoir terminé leurs prières dans le temple du Seigneur, reviennent à l'église du saint sépulcre, et avant qu'ils en aient franchi les portes, on accourt annoncer au patriarche et à tous les autres que le feu tant souhaité est enfin descendu du ciel, que, grâces à Dieu, il s'est allumé dans une lampe devant le saint tombeau, et que ceux qui étaient plus près du sépulcre aperçoivent le feu briller à travers quelques fenêtres. A peine le patriarche a-t-il entendu cette nouvelle que, plein de joie, il précipite sa marche en toute hâte, ouvre, avec les clefs qu'il portait dans ses mains, la porte du divin tombeau, et voit tout aussitôt resplendir dans une lampe cette flamme après laquelle il soupirait. Tout réjoui par

---

[1] Rois, liv. III, chap. VIII, v. 29 et 33.

cette vue, et rendant grâces à Dieu, il se prosterne d'abord humblement au pied du saint sépulcre; ensuite, allumant un cierge à ce feu sacré, il ressort de l'église, et montre à tous cette divine lumière. A cette vue, nous qui étions tous présens, nous crions *Kyrie eleison* en fondant en larmes; et, pénétrés par ce miracle de la plus vive allégresse, nous nous abandonnons d'autant plus aux transports, que nous avions éprouvé plus de douleur. Sur-le-champ, un joyeux concert de louanges et des cris de triomphe éclatent dans toute la Cité sainte; les trompettes sonnent, le peuple bat des mains, le clergé, plein de joie, entonne des psaumes; et les doux sons de ces chants pieux se mêlent aux accens d'une symphonie qui se fait entendre après chaque verset. Chacun tient dans sa main un cierge qu'il s'est procuré tout exprès pour recevoir la lumière céleste; et dans l'espace d'un seul mille, on voit plusieurs milliers de cierges allumés dans l'église sainte, au feu divin même, qu'on s'empresse de se communiquer les uns aux autres. « C'est ici, disions-nous, le vrai jour qu'a fait le Sei-« gneur; réjouissons-nous-y donc, et soyons pleins « d'allégresse[1]. » Aussi ce jour-là vîmes-nous briller, avec plus d'éclat que je ne saurais l'exprimer, la Pâque, cette solennité des solennités. La messe de ce saint dimanche se célébra en effet avec toute la pompe convenable; quand elle fut terminée, le roi Baudouin, qui, suivant l'usage royal, avait assisté à cette cérémonie la couronne sur la tête, s'assit à un splendide banquet dans le temple de Salomon. Ce repas était à peine fini, qu'on vint annoncer à Baudouin,

---

[1] Psaume 117, v. 24.

et à nous tous qui nous trouvions avec lui, que le très-saint feu, apparaissant de nouveau, s'était miraculeusement allumé dans deux autres lampes suspendues à la voûte de l'église du saint sépulcre. A ce récit, nous offrons derechef un tribut de louanges au Dieu tout-puissant; et, n'écoutant que notre empressement, nous courons en grand nombre contempler ce nouveau prodige. Le roi, et tous les autres avec lui, nous suivent; nous entrons dans l'église, nous contemplons ce feu, dont on nous a parlé, qui brûle miraculeusement dans les lampes, et nous voyons le peuple se presser autour de chacune d'elles, avec des cierges allumés ou prêts à l'être, et louant le Seigneur avec les accens de la joie. L'un montrait à son voisin ce miracle, et disait : « Voilà « une lampe qui commence à s'allumer. » L'autre répondait : « J'en vois une autre dans laquelle la flamme « brille déjà; certes, c'est à celle-ci que j'allumerai « mon cierge; pour toi, allume le tien à celle-là. » Un troisième reprenait : « Restons près de cette lampe, « et attendons un peu que la flamme s'en élève; ne « voyez-vous pas que déjà les autres lampes sont al- « lumées? Regardez, la fumée commence à former « un nuage; et voilà maintenant que la flamme pa- « raît. » C'est ainsi, je l'assure, que le Seigneur a comblé son peuple de joie; et le souvenir d'un miracle si glorieux, et qui s'est perpétué par un usage successif, rendra ce jour célèbre et mémorable de génération en génération.

CHAPITRE XXV.

Après les solennités de Pâques, le roi se rendit à Joppé, et conclut avec les chefs de la flotte génoise, dont on a parlé plus haut, une convention portant « que si, pendant le temps que par amour pour « Dieu ils resteraient dans la Terre-Sainte, ils réus- « sissaient, par l'aide et la volonté du Très-Haut, à « prendre, de concert avec le roi, quelque ville des « Sarrasins, les navigateurs génois auraient pour « eux tous en commun la troisième partie de l'ar- « gent pris sur l'ennemi, sans qu'il leur fût fait à cet « égard la moindre injustice; que le premier et le se- « cond tiers appartiendraient au roi; et que de plus « eux posséderaient éternellement, et à titre d'héri- « tage transmissible, un quartier de la ville prise. » Ce traité ayant été resserré des deux côtés par le lien du serment, on assiégea sans délai, tant par mer que par terre, la place nommée Arsuth. Les Sarrasins qui l'habitaient sentant bien qu'ils ne pouvaient en aucune manière se défendre contre les Chrétiens, capitulèrent prudemment avec Baudouin, et lui remirent la ville le troisième jour ; mais en quittant leurs murs, ils emportèrent leur argent. Conformément à la capitulation, ils se retirèrent, quoiqu'avec grand chagrin, à Ascalon, et le roi les fit escorter. Pleins de joie, nous louâmes le Seigneur, par l'aide duquel, sans avoir à regretter la mort d'aucun de nos hommes, nous nous étions emparés d'une forteresse si nuisible pour nous. Cet odieux château, le duc Godefroi l'avait assiégé l'année précédente, mais sans pouvoir le prendre; et ses habitans nous avaient bien souvent affligés cruellement en tuant plusieurs des nôtres. Dans ce premier siége [1], déjà les Francs touchaient presque aux parapets des murs, quand par malheur une tour de bois, appliquée par dehors à la muraille, surchargée par la foule des nôtres qui s'empressaient d'y monter, s'écroula brisée en morceaux; cent des Francs qui en tombèrent furent misérablement blessés. Les Sarrasins en prirent plusieurs: les uns, ils les mirent en croix, et les percèrent de leurs flèches à la vue même des Francs; ils en massacrèrent d'autres; et ceux qui eurent la vie sauve, ils les retinrent dans un vil esclavage. Quand le roi Baudouin eut, comme il importait de le faire, mis une garnison des siens dans Arsuth, il marcha sur-le-champ contre Césarée de Palestine, et en forma le siége. Ses murailles étaient fortes; notre armée ne put donc se rendre promptement maîtresse de cette place; le roi alors ordonna de construire des pierriers, et de fabriquer avec les mâts et les rames des vaisseaux une machine de bois très-élevée. Nos ouvriers la firent d'une telle hauteur qu'elle dépassait, je crois, le mur de vingt coudées, afin que, quand une fois elle serait finie et amenée contre les remparts, nos hommes d'armes pussent de dessus cette machine accabler de pierres et de flèches les ennemis du dedans, et après avoir ainsi forcé les Sarrasins d'évacuer la muraille, pénétrer librement dans la ville et s'en emparer. Mais

[1] *Dans ce premier siége*, n'est pas dans le texte; mais la clarté a paru exiger cette addition. Il ne peut, en effet, être ici question que du premier siége, puisque plus haut il est dit que l'on se rendit maître du château sans perdre un seul homme.

comme le siége durait depuis quinze jours, que les plus hautes tours du rempart armées de pierriers nous avaient déjà fait quelque mal, et que les diverses parties de notre grande tour de bois n'étaient pas encore assemblées, nos Francs s'ennuyèrent de ce délai; leur valeur ne put le supporter plus long-temps; et un certain vendredi, sans attendre ni la tour ni les autres machines, armés seulement de lances et de boucliers, ils attaquèrent la ville avec une merveilleuse audace. Les Sarrasins, s'excitant les uns les autres, se défendirent de leur côté du mieux qu'ils purent ; mais les nôtres, dont le seul Dieu est le Seigneur, dressèrent rapidement les échelles préparées pour l'assaut, montèrent avec une surprenante valeur jusque sur le sommet des murs, et tombèrent, le glaive en main, sur tout ce qu'ils rencontraient devant eux. Les Sarrasins se voyant si rudement traités par nos gens, se hâtèrent de fuir vers des endroits où ils espéraient vivre plus long-temps; mais ni dans un lieu ni un autre ils ne purent se cacher assez bien pour n'être pas égorgés comme ils le méritaient. On accorda la vie à très-peu d'individus du sexe masculin : quant aux femmes, on les épargna afin de les faire servir à tourner continuellement les meules des moulins à bras ; et à mesure qu'on les prenait, on se les vendait réciproquement les uns aux autres, tant laides que belles. Le roi laissa vivre aussi deux hommes, l'émir de la ville, et l'évêque que l'on appelle *Archade;* mais ce fut plus à cause de la rançon qu'il en espérait que par compassion qu'il les épargna. Combien d'argent et d'ustensiles de mille formes diverses on trouva dans cette place, c'est ce qui ne saurait s'exprimer ;

aussi force gens pauvres devinrent-ils riches tout d'un coup. J'ai vu réunir en monceau et brûler une foule de Sarrasins tués, dont les cadavres nous empestaient par leur odeur fétide. On le faisait pour s'emparer des byzantins que ces scélérats avaient avalés, et que d'autres cachaient dans leur bouche, contre les gencives, afin que les Francs ne pussent les avoir. Aussi arrivait-il parfois que si l'un des nôtres frappait du poing un de ces Infidèles sur le col, il lui faisait rejeter par la bouche dix ou seize byzantins. Les femmes aussi en recélaient sans aucune pudeur au dedans d'elles-mêmes, et dans des endroits où il était criminel de les cacher, et qu'il serait honteux de nommer. On comptait l'an onze cents plus un quand nous prîmes la ville appelée la Tour de Straton. On était dans l'année mil cent un du Seigneur lorsqu'à l'aide d'échelles nous nous emparâmes de Césarée.

CHAPITRE XXVI.

Après que, de concert avec les Génois, nous eûmes fait de Césarée et de toutes les richesses que nous y trouvâmes ce qui nous convenait, nous y établîmes un évêque que nous avions élu en commun, y laissâmes une faible garnison, et marchâmes tous en hâte vers la cité de Ramla près de Lydda. Là nous attendîmes pendant vingt-quatre jours que les Ascalonites et les Babyloniens, rassemblés en ce lieu dans un même dessein, vinssent nous livrer bataille. Comme

nous étions très-peu nombreux, nous n'osions aller
à eux, de peur que quand nous les attaquerions devant Ascalon, eux, en revenant rapidement sur nos
derrières, ne nous enfermassent entre les murs et
leur camp pour nous massacrer plus facilement. Espérant réussir dans ce projet, ils voulaient se porter
eux-mêmes contre nous; mais connaissant leur ruse,
nous la déjouâmes si bien, et nous montrâmes pendant si long-temps plus rusés qu'eux, qu'enfin,
glacés par la frayeur, ils abandonnèrent entièrement
l'idée de nous attaquer, et que beaucoup d'entre
eux, pressés par la faim et fatigués de l'attente d'une
action, quittèrent leur armée. Aussitôt que nous en
fûmes instruits, nous retournâmes à Joppé, remer-
ciant et louant Dieu de ce qu'il nous avait ainsi délivrés de l'attaque de cette multitude. Nous prêtions
cependant toujours une oreille attentive à tout ce
qu'on nous rapportait d'eux. Après que nous nous
fûmes reposés pendant soixante-dix jours, on vint
annoncer au roi Baudouin que les ennemis, écoutant
de nouveau leur haine, faisaient quelque mouvement,
et que, déjà prêts à nous attaquer, ils pressaient leur
marche. A cette nouvelle, ce prince rappelle toutes
ses troupes de Jérusalem, de Tibériade, de Césarée
et de Caïphe, et les réunit en un seul corps. Comme
la nécessité était urgente, et que nous n'avions qu'un
très-petit nombre d'hommes d'armes, tous ceux qui
le purent, firent, par l'ordre du roi, des hommes
d'armes de leurs écuyers : de cette manière nous
eûmes en tout deux cent soixante hommes d'armes et
neuf cents hommes de pied. Nos ennemis comptaient
onze mille hommes d'armes et vingt-et-un mille gens

de pied; nous le savions, mais ayant Dieu avec nous, nous ne redoutions nullement d'en venir aux mains avec eux. Nous ne mettions en effet notre confiance ni dans les armes ni dans des troupes nombreuses, mais nous placions tout notre espoir dans le Seigneur notre Dieu. Notre audace était grande; mais ce n'était pas de l'audace, c'était plutôt de la foi et de l'amour. Nous étions en effet prêts à mourir par dévouement pour celui qui, dans sa miséricorde, avait daigné mourir pour nous : aussi marchâmes-nous résolument à cette bataille, dans laquelle le roi fit porter devant lui ce bois de la croix du Sauveur qui nous fut un si salutaire secours. Un certain jour donc nous sortons de Joppé, et dès le jour suivant nous allons chercher les Sarrasins pour les combattre. Comme nous approchions d'eux, eux de leur côté s'approchaient également de nous sans que nous le sussions. Aussitôt que, de l'endroit où nous observions leurs mouvemens, nous apercevons les éclaireurs des Infidèles, nous comprenons sur-le-champ que tout le reste de leur armée suit; le roi alors pousse plus avant avec quelques-uns des siens, et voit de loin leurs tentes déployées blanchir la plaine. A ce spectacle, il presse son coursier de l'éperon, revient à toute bride jusque vers nos derniers rangs, et nous fait connaître à tous ce qu'il a vu. A cette nouvelle nous commençons à triompher, espérant que la bataille après laquelle nous soupirons ne tardera pas à s'engager; s'ils ne venaient point à nous, nous étions décidés à aller à eux. Il nous valait mieux en effet combattre dans de vastes plaines, où, quand nous les aurions vaincus, avec l'aide du Seigneur, nous pourrions les poursuivre plus long-temps, et leur faire plus de mal dans leur fuite, que d'en venir aux mains avec eux dans le voisinage de leurs murailles.

Le roi donne donc l'ordre de prendre les armes; tous le font, et l'armée est aussitôt rangée suivant les règles de l'art pour l'action qui se prépare. Remettant tous notre sort dans les mains du Seigneur, nous poussons nos coursiers contre l'ennemi. Un abbé, homme vénérable, porte et montre à tous le susdit bois de la croix du Sauveur; et le roi adresse alors à ses chevaliers ces paroles pleines de piété : « Cou-
« rage, chevaliers de Jésus-Christ; ayez bonne con-
« fiance, et ne craignez rien; conduisez-vous en
« hommes; montrez-vous fermes dans cette action,
« et combattez pour le salut de vos ames; soyez at-
« tentifs à élever jusqu'aux cieux le nom du Sei-
« gneur Christ, que ceux-ci, comme des enfans
« dégénérés, ne cessent d'accabler d'injures et d'ou-
« trages, ne croyant ni à l'incarnation, ni à la ré-
« surrection du Sauveur. Que si vous périssez dans
« la bataille, vous serez placés au rang des bien-
« heureux; car déjà la porte du royaume des cieux
« nous est ouverte; si au contraire vous vivez et
« obtenez la victoire, vous brillerez couverts de
« gloire entre tous les Chrétiens; mais si par hasard
« vous étiez tentés de fuir, souvenez-vous que la
« France est bien loin de nous. » A peine a-t-il fini de parler ainsi que tous applaudissent, et volent au combat; tout retard nous est insupportable; et chacun cherche quel ennemi il frappera, ou quel il renversera par terre. Voilà tout à coup que la gent détestée des Infidèles se présente au devant de nos pas, et fond

impétueusement sur nous, à droite, à gauche et de tous côtés. De même que les oiseleurs ont coutume de se jeter tout au travers d'une foule d'oiseaux, de même notre troupe, divisée en six corps, quoique fort peu nombreuse, s'élance, aux cris de vive le Seigneur, au milieu de ces innombrables cohortes; leur multitude est en effet si grande qu'elle nous couvre entièrement, et qu'à peine pouvons-nous nous apercevoir les uns les autres. Déjà ils avaient repoussé et accablé deux de nos premières lignes; alors le roi Baudouin arrive en hâte des derniers rangs au secours des siens que presse un si grand péril. Aussitôt en effet que ce prince apprend et reconnaît que la force de l'ennemi l'emporte, il accourt à toute bride à la tête de son escadron, et s'oppose courageusement aux efforts de ces mécréans; il fait brandir, aux yeux des plus vaillans d'entre eux, sa lance à laquelle pend un drapeau blanc, et en frappe un Arabe qui ose se présenter devant lui; celui-ci tombe, précipité de son coursier; le drapeau demeure dans son cadavre; mais la lance, Baudouin la retire, et la met promptement en arrêt pour en percer d'autres Païens. D'une part ceux-ci, de l'autre ceux-là combattent vaillamment; dans le court espace d'une heure, vous eussiez vu de l'un comme de l'autre côté beaucoup de chevaux sans leurs cavaliers, ainsi qu'une grande étendue de terrain couverte tant de boucliers que de poignards et de Sarrasins et d'Ethiopiens ou morts ou blessés. Là est avec nous cette croix du Sauveur si redoutable aux ennemis du Christ; la foule superbe de ces Infidèles ne peut, grâces à Dieu, prévaloir contre elle; et sa présence les confond tellement, que non seulement ils cessent de foudre sur nous, mais que, frappés miraculeusement de terreur, ils ne songent qu'à fuir en toute hâte : heureux alors celui qui a un rapide coursier ; il évite la mort en fuyant. Dans leur frayeur, les Païens jettent dans les champs tant de boucliers, d'arcs, de flèches et d'épées, de lances et de dards de toute espèce, que les ramasser était une véritable fatigue. Tant de cadavres gisent là étendus sans vie, que qui eût entrepris de les compter n'aurait pu en faire le dénombrement. On assure au surplus que les Sarrasins eurent quinze mille des leur tués, tant cavaliers que gens de pied ; le gouverneur de Babylone, qui avait amené tous ceux de cette ville à cette bataille, fut massacré avec les siens. De nos chevaliers nous en perdîmes quatre-vingts, et des gens de pied encore davantage. En cette journée, le roi Baudouin se conduisit très-vaillamment, et se montra aussi excellent pour le conseil ¹ que ferme dans l'action. Ses chevaliers, quoiqu'en très-petit nombre, déployèrent également une grande bravoure ; aussi le combat ne fut-il pas long-temps douteux : les uns en effet saisirent vite le moment de fuir, et les autres les mirent promptement en déroute. O bataille odieuse aux cœurs qui détestent le mal, et horrible pour ceux qui en étaient spectateurs ! ô bataille, tu n'avais rien de beau, et c'est par antiphrase qu'on t'appelle *Bellum!* Je contemplais ce combat, redoutant chaque coup qui se portait, et le suivant des mouvemens de ma tête. Tous se précipitaient sur le fer, comme s'ils ne craignaient pas que la mort pût jamais les atteindre. Cruelle calamité qui ne laissait aucune place à

---

¹ Le texte porte *consolator* ; mais il semble qu'il faut *consultor*.

la pitié! les coups qu'on se portait des deux côtés retentissaient avec un effroyable bruit. L'un frappait, l'autre tombait; celui-là refusait toute miséricorde, celui-ci n'en demandait aucune; l'un perdait l'œil, l'autre le poing. Le cœur de l'homme répugne à voir de telles misères. Ce qu'il y eut d'étonnant, c'est que notre armée, victorieuse à sa tête, fut vaincue à sa queue. Aux derniers rangs, les Chrétiens cédaient, et aux premiers ils repoussaient les Sarrasins. Nous forcions les Infidèles à fuir jusque dans Ascalon, et eux, après avoir massacré plusieurs des nôtres, couraient jusqu'à Joppé. Aussi ni nous, ni eux, nous ne connûmes bien le jour même le véritable résultat du combat. Cependant lorsque le roi et les siens eurent contraint les Païens, soit en les tuant, soit en les dispersant, d'évacuer le champ de bataille, ce prince prescrivit de se reposer cette nuit-là dans les tentes abandonnées par l'ennemi fugitif. Il fut fait ainsi qu'il était ordonné. Quand le calendrier marquait le septième jour de septembre, se donna cette bataille, bien digne certes d'être racontée, et dans laquelle la grâce du Seigneur fut l'auxiliaire des Francs. Ce combat eut en effet lieu le sept de septembre, la troisième année de la prise de Jérusalem. Le lendemain, aussitôt que le roi eut, avec les siens, entendu dans sa tente la messe de la Nativité de la puissante vierge Marie, nous chargeâmes nos bêtes de somme de toutes les provisions prises sur les Sarrasins, telles que pain, froment et farine; et la trompette royale donna le signal de reprendre le chemin de Joppé. Comme nous y retournions, et que déjà nous avions traversé Azot, ancienne ville des Philistins et alors déserte, nous

vîmes de loin devant nous cinq cents Arabes environ,
qui revenaient en troupe de Joppé, où ils s'étaient
portés le jour même de l'action, et sous les murs de
laquelle[1] ils avaient enlevé tout le butin tombé sous
leurs mains. En effet, après avoir fait, comme il a été
dit plus haut, un grand carnage des Francs à la queue
de notre armée, ces Arabes, persuadés que nous
étions tous pareillement vaincus, prirent les écus,
les lances et les casques brillans des Chrétiens morts
sous leurs coups, s'en parèrent pompeusement, et courant aussitôt à Joppé, montrèrent ces armes en disant que le roi Baudouin et les siens avaient tous été
massacrés dans le combat. A cette vue ceux de Joppé,
confondus d'étonnement, craignirent que ce que leur
affirmaient les Sarrasins ne fût vrai : ceux-ci s'étaient
flattés que peut-être les habitans, dans le premier
moment de stupeur, leur rendraient la ville ; mais,
reconnaissant bientôt qu'il n'y avait là rien à gagner
pour eux, ils se mirent en marche pour retourner à
Ascalon. Lorsqu'en revenant de Joppé ils nous aperçurent de loin, ils nous crurent des leurs, et pensèrent
qu'après avoir tué tous les Chrétiens dans la bataille,
nous voulions aller chercher ce qui en restait jusque
dans Joppé. Nous admirions comment, toujours sans
nous reconnaître, ces gens nous approchaient de si
près. Ils ne virent enfin qui nous étions que quand
nos chevaliers fondirent sur eux et les attaquèrent :
vous les eussiez vus alors se débander et fuir çà et là,
sans qu'aucun d'eux attendît son compagnon ; tous

---

[1] Le texte dit seulement, *où* : on a traduit, *sous les murs de laquelle*, pour faire voir qu'ils n'entrèrent pas dans Joppé, ce qui est dit
plus bas.

ceux d'entre ces Arabes qui n'avaient pas un agile coursier, tombèrent là sous le glaive ; mais comme les Francs étaient écrasés de fatigue, et qu'eux ainsi que leurs chevaux avaient tous été blessés dans le combat, ils poursuivirent peu les Sarrasins ; ceux-ci s'en allèrent donc, et nous arrivâmes pleins de joie à Joppé. Pensez un peu quels cris de triomphe partirent de cette ville, et que de louanges on y prodigua au Seigneur, quand ceux qui y étaient restés nous virent, du haut de l'observatoire placé sur la muraille, revenir les bannières déployées ! Ce ne serait pas une petite tâche de le dire. Deux fabricateurs de nouvelles étaient accourus en effet à Joppé, l'un après l'autre, et avaient trompé les habitans, en racontant que le roi Baudouin et les siens avaient été complétement défaits, et, ce qui est bien pis, massacrés probablement tous. Contristés plus qu'on ne saurait le penser de ce récit, et le croyant vrai, ceux de Joppé envoyèrent à Tancrède, qui alors gouvernait dans Antioche, un message écrit sur une petite feuille de parchemin, qu'un certain marin, montant sur sa barque, porta en toute hâte à Antioche, par l'ordre de l'épouse du roi. Cette dépêche sollicitait en ces termes un prompt secours : « Tancrède, homme illustre et
« excellent chevalier, reçois cette cédule, que la
« reine et les habitans de Joppé t'adressent en toute
« hâte par moi leur messager ; et comme peut-être
« tu en croiras plutôt cet écrit dûment scellé que
« moi, lis-le. O douleur ! le roi de Jérusalem, Bau-
« douin, a donné une grande bataille contre les Ba-
« byloniens et ceux d'Ascalon ; dans cette affaire, il
« a été vaincu, et peut-être même tué avec tous ceux

« qu'il avait conduits à cette guerre. C'est du moins
« ce que nous affirme un Chrétien qui, en fuyant
« jusqu'ici, a échappé aux malheurs de cette défaite.
« C'est pourquoi, moi messager, je viens vers toi, qui
« n'es pas un homme imprudent, afin de solliciter
« ton aide. Prends donc conseil des tiens, et hâte-toi
« de t'efforcer de secourir le peuple de Dieu, main-
« tenant dans un grand trouble, réduit à un petit
« nombre et touchant, comme je le crois, à sa dernière
« heure dans la Palestine. » Telle était la dépêche
que lut le messager. Tancrède après l'avoir entendue
garda quelques instans le silence; puis, comme il
croyait vrai ce qu'on lui mandait, lui et ceux des siens
alors présens, transportés de douleur et de chagrin,
fondirent tous en larmes. Ce prince chargea ensuite le
messager de sa réponse, et ordonna que chacun se
tînt prêt à marcher au secours des Chrétiens plongés dans une telle détresse. Déjà ceux d'Antioche
étaient sur le point de se mettre en route; mais voilà
que tout à coup un autre messager apporte à Tancrède
une seconde cédule entièrement différente de la première: au lieu en effet des tristes nouvelles que con-
tenait celle-ci, celle-là n'en renfermait que d'heureu-
ses; on y lisait que le roi Baudouin était rentré sain et
sauf dans Joppé, après avoir entièrement vaincu les
Sarrasins dans la bataille: aussi Tancrède et les siens,
qui s'étaient si fort affligés de nos revers, se réjouirent grandement de nos succès. O admirable clémence de Dieu! Ce n'est pas en effet le nombre de
nos troupes qui nous rendit vainqueurs; l'appui
seul de la force du Seigneur nous fit disperser les
Infidèles; parce que nous mettions notre espérance

en Dieu seul, loin de faire pour nous moins que ce que nous souhaitions, il nous accorda, dans sa bienveillante munificence, le don d'une victoire complète. Ainsi arrachés miraculeusement des mains de nos ennemis, le roi et nous nous retournâmes à Jérusalem; et après y avoir payé au Seigneur un juste tribut de louanges, nous y goûtâmes les douceurs d'un tranquille repos pendant huit mois, et jusqu'au moment où la révolution de l'année ramena la saison de l'été.

CHAPITRE XXVII.

L'année suivante, l'an 1102, et vers le milieu du mois de mai, les Babyloniens se réunirent en corps d'armée à Ascalon. Leur roi les y avait envoyés avec ordre de n'épargner aucun effort pour nous détruire entièrement, nous autres Chrétiens. Ils étaient au nombre de vingt mille cavaliers et de dix mille hommes de pied, tant Sarrasins qu'Ethiopiens, sans compter les conducteurs des bêtes de somme, qui, tout en faisant marcher devant eux les chameaux et les ânes chargés de vivres, portaient chacun dans leurs mains des massues et des traits pour combattre au besoin. Ces Infidèles marchèrent donc un certain jour sur la ville de Ramla, plantèrent leurs tentes devant ses murs, et dévastèrent tout autour les récoltes déjà mûres. Quinze hommes d'armes à qui le roi avait confié la garde de cette cité, étaient dans une tour fortifiée, au pied de laquelle se trouvait une espèce de faubourg qu'habitaient quelques Syriens, laboureurs de leur métier. Les Sarrasins, qui souvent tourmentaient et troublaient ces pauvres Chrétiens, tâchaient de les écraser tout-à-fait, et de renverser de fond en comble la tour, dont la garnison les empêchait de parcourir la plaine librement; ils avaient même formé le projet d'enlever, avec toute sa suite, l'évêque de la ville, qui demeurait à quelque distance¹ dans le couvent de Saint-George. Un certain jour donc, ils se portèrent méchamment vers ce monastère, et le cernèrent; mais après avoir bien examiné la force de ce lieu, ils retournèrent sous les murs de ladite cité. Cependant l'évêque qui vit la flamme et la fumée s'élever des feux allumés par les Païens autour de Ramla, craignit de se voir bientôt assiégé par eux. Prenant donc ses précautions contre le péril futur, il dépêcha sur-le-champ un messager vers le roi Baudouin, alors à Joppé, et lui manda de venir en toute hâte secourir Ramla, devant laquelle étaient campés les Babyloniens, dont une bande avait déjà même fait une incursion autour du monastère que lui évêque habitait. A cette nouvelle, le roi prit ses armes, s'élança sur son cheval, et, au premier signal de son cor, fut promptement suivi de tous ses chevaliers. A Joppé se trouvaient alors plusieurs chevaliers qui voulaient passer la mer pour retourner en France, et attendaient un vent favorable. Ils manquaient de chevaux, ayant perdu les leurs, ainsi que tout ce qu'ils possédaient, l'année précédente, lorsqu'ils se

¹ *A quelque distance* n'est pas dans le texte; mais la phrase suivante, qui dit que les Sarrasins revinrent devant la ville, a paru nécessiter cette addition.

rendaient à Jérusalem par la Romanie. Il ne sera donc pas hors de propos de faire ici mention de l'expédition à laquelle prirent part ces chevaliers[1]. Une grande armée de Francs s'était mise en marche pour Jérusalem : elle avait pour chefs Guillaume, comte de Poitiers; ce même Etienne, comte de Blois, qui laissant notre armée nous avait quittés dès Antioche, et s'efforçait maintenant de renouveler l'entreprise qu'il avait d'abord abandonnée; avec eux se trouvaient encore Hugues-le-Grand, qui après la prise d'Antioche retourna dans les Gaules; le comte Raimond, qui à son retour de Jérusalem séjourna longtemps à Constantinople; Etienne, comte de Bourgogne, et beaucoup d'autres nobles hommes, suivis d'une foule innombrable de chevaliers et de gens de pied. Cette armée s'était partagée en deux corps ; à son entrée sur les frontières de la Romanie, le turc Soliman, à qui, comme on l'a dit plus haut, les Chrétiens avaient enlevé la ville de Nicée, vint s'opposer à son passage. Ce prince, que tourmentait le souvenir de son premier revers, tomba sur les Francs à la tête d'une immense multitude de Turcs, dispersa misérablement leur armée, et la fit même périr presque tout entière. Comme cependant la sagesse divine avait permis que beaucoup de ces Francs marchassent en troupes par des chemins divers, Soliman ne put les combattre ni les exterminer tous; mais sachant qu'ils étaient écrasés de fatigue, tourmentés de la soif ainsi que de la faim, et archers inhabiles au combat,

---

[1] Le texte dit simplement, *il ne sera pas hors de propos d'en faire ici mention.* La suite a paru exiger, pour la clarté, plus de développement dans la traduction.

il en moissonna par le glaive plus de cent mille, tant chevaliers que gens de pied ; des femmes, il massacra les unes, et emmena les autres avec lui ; beaucoup de ceux même qui parvinrent à fuir à travers les montagnes et par des chemins détournés, moururent de soif et de besoin ; enfin, chevaux, mulets, bêtes de somme, bagage de toute espèce, tout devint la proie des Turcs. Dans cette défaite, le comte de Poitiers perdit tout ce qu'il avait avec lui, suite et argent, n'ayant même évité la mort qu'à grand'peine : ce fut à pied et dans le plus déplorable état de misère qu'il parvint à gagner enfin Antioche. Tancrède, touché de compassion pour ses malheurs, l'accueillit avec bienveillance dans cette ville, et l'aida de son bien propre ; on pouvait dire de lui : « Le Seigneur l'a « châtié pour le corriger ; mais ne l'a point livré à la « mort[1]. » Il nous semblait, en effet, que tant de maux n'avaient pu tomber sur lui et ses compagnons, qu'en punition de leur superbe et de leurs péchés. Ceux qui échappèrent au massacre ne renoncèrent cependant point à aller jusqu'à Jérusalem, à l'exception d'Hugues-le-Grand, qui mourut à Tarse, où les autres l'ensevelirent. Quand tous ils se furent réunis à Antioche, ils se rendirent à Jérusalem, les uns par terre et les autres par mer ; mais ceux d'entre eux qui purent se procurer un cheval, préférèrent la route de terre. Lorsqu'ils arrivèrent à Tortose, cité qu'occupaient les Sarrasins nos ennemis, ils ne souffrirent point que cette place les arrêtât ; mais l'attaquèrent par terre et par mer avec une merveilleuse valeur. Que tardé-je à le dire ? Ils prirent cette

---

[1] Psaume 117, v. 18.

ville, massacrèrent les Sarrasins, s'emparèrent de tout leur argent; et après avoir achevé de charger de provisions pour la route leurs bêtes de somme, résolurent de continuer leur chemin. Ce fut alors à tous un grand chagrin de voir le comte Raimond rester dans Tortose. Tous, en effet, s'étaient flattés de l'espoir de l'emmener avec eux à Jérusalem; mais il refusa, demeura et garda pour lui la ville: ce que ses compagnons lui reprochaient comme un manque de foi. Ceux-ci poussant donc plus avant dépassèrent Archas, place forte fameuse, la ville de Tripoli ainsi que Gibel, et arrivèrent aux défilés qui se trouvent non loin de la cité de Béryte. Là, le roi Baudouin les attendit pendant dix-huit jours, et garda ce passage difficile de peur que les Sarrasins ne l'occupassent et n'en fermassent l'entrée à nos pèlerins. Ce prince, en effet, avait reçu de leur armée une députation qui sollicitait son appui; et lorsqu'ils le trouvèrent ainsi venu au devant d'eux, ils s'en félicitèrent vivement, s'embrassèrent avec joie, et se rendirent avec lui à Joppé, où avaient aussi abordé ceux qui avaient choisi la voie de la mer. Comme le temps de Pâques approchait, tous allèrent à Jérusalem, qu'ils désiraient tant voir; puis, après avoir visité les lieux saints, et pris part au splendide banquet donné par le roi Baudouin dans le temple de Salomon pour la célébration de Pâques, ils revinrent à Joppé. A cette époque, le comte de Poitiers, manquant de tout et réduit au désespoir, monta sur un vaisseau pour retourner en France, et se sépara de nous. Alors aussi Etienne de Blois et plusieurs autres voulurent également repasser les mers; mais une fois en pleine

mer, ils eurent le vent contraire, et ne purent prendre d'autre parti que celui de revenir. Etienne de Blois était donc à Joppé quand le roi Baudouin monta son coursier pour marcher contre les ennemis, qu'on lui annonçait, comme on l'a dit plus haut, être campés devant Ramla. A Joppé étaient aussi Geoffroi, comte de Vendôme, un certain Etienne, comte de Bourgogne, et Hugues de Lusignan, frère du comte Raimond. Ceux-ci ayant obtenu que leurs amis leur prêtassent des chevaux, s'élancèrent dessus, et suivirent le roi. Ce fut à ce prince une grande et orgueilleuse imprudence de ne vouloir pas attendre ses troupes, de ne pas marcher comme il convenait au combat dans un ordre savamment combiné, de n'entendre à aucun avertissement, de partir sans ses gens de pied, de donner à peine à ses chevaliers le temps de le joindre, et de ne s'arrêter dans sa course que quand il vit devant lui, et plus près qu'il n'aurait voulu, la multitude des ennemis. Trop confiant dans sa valeur, il se flattait d'ailleurs que le nombre des Sarrasins n'excédait pas sept cents ou mille hommes au plus, et se hâtait de marcher à leur rencontre pour les atteindre avant qu'ils se missent à fuir. Mais quand il aperçut quelle armée il avait contre lui, frappé de terreur, il sentit frémir son ame; toutefois, embrassant avec courage un dernier rayon d'espoir, il se retourne vers les siens, les regarde, et leur adresse ces paroles pleines de piété : « O soldats du Christ, ô mes amis !
« ne songez pas à refuser la bataille qui s'apprête ;
« mais, armés de la force du Très-Haut, combattez
« vaillamment pour votre propre salut. Que nous
« vivions, que nous mourions, nous sommes les en-

« fans du Seigneur : que si quelqu'un de vous pen-
« sait à fuir, il ne lui reste plus aucune espérance
« d'échapper à l'ennemi; en combattant, vous vain-
« crez; en fuyant, vous périrez. » Comme c'était
alors plus que jamais le cas de montrer de la valeur,
tous fondent subitement, et avec une violente impétuosité, sur les Arabes ; mais ils étaient à peine deux
cents chevaliers, et les vingt mille Sarrasins les eurent bientôt cernés de toutes parts. Il ne saurait être
douteux pour personne que le roi et les siens n'aient
bravement combattu; cependant lorsqu'ils se virent
si cruellement accablés par la foule pressée des Gentils, et qu'en moins d'une heure la majeure partie
des nôtres était tombée sous les coups de l'ennemi,
supporter plus long-temps le poids d'une telle lutte
devenait impossible, et force fut à ceux qui restaient
encore debout de prendre la fuite. Au surplus,
quoique ce combat eût tourné si malheureusement
pour les nôtres, ils ne cédèrent pas sans s'être
vaillamment vengés des Sarrasins. Ils en tuèrent en
effet un grand nombre; une fois même ils les chas-
sèrent de leur camp, et se rendirent maîtres de
leurs tentes; mais le Seigneur n'ayant pas permis
qu'il en fût autrement, ils succombèrent enfin,
vaincus par ceux dont eux-mêmes avaient triom-
phé d'abord. Grâces à Dieu cependant, le roi et quelques-uns de ses plus nobles chevaliers échappèrent
aux mains de l'ennemi, et, ne pouvant fuir plus loin,
se jetèrent à toute bride dans Ramla. Baudouin cependant ne voulait pas s'enfermer dans cette place,
et aimait mieux courir le risque de mourir ailleurs que
de se laisser prendre ignominieusement en ce lieu.

Après s'être donc promptement consulté, il s'abandonne aussi indifféremment aux chances de la mort qu'à celles de la vie, et sort suivi seulement de cinq de ses compagnons : il ne peut pourtant les conserver long-temps avec lui ; tous deviennent bientôt la proie de l'ennemi, et lui-même ne parvient à se sauver qu'en s'enfonçant d'une course rapide dans les montagnes. Dieu l'arracha donc ainsi une seconde fois aux mains des vainqueurs. Il se fût volontiers rendu alors à son château d'Arsuth, s'il l'eût pu ; mais les ennemis fermant tous les passages, il lui fallut renoncer à ce projet. Quant à ceux qui étaient restés dans Ramla, ils ne trouvèrent dans la suite aucun moyen d'en sortir : assiégés de toutes parts, ils furent enfin, ô douleur! pris par la race impie des Sarrasins. Ceux-ci en laissèrent vivre quelques-uns, qu'ils emmenèrent avec eux, et firent périr les autres par le tranchant du glaive. Pour l'évêque, abandonnant son église de Saint-George, il saisit le moment favorable, et s'enfuit furtivement à Joppé. Hélas! que de vaillans chevaliers, que de braves soldats nous perdîmes vers ce temps-là, d'abord dans le combat sous les murs de Ramla, ensuite dans la prise de cette ville ! Etienne, comte de Blois, homme noble et sage, y fut tué ainsi qu'Etienne, comte de Bourgogne; trois chevaliers, dont l'un était vicomte de Joppé, parvinrent toutefois à se soustraire aux mains des ennemis, et quoique couverts de graves blessures, se sauvèrent, la nuit suivante, de toute la vitesse de leurs chevaux, à Jérusalem. Dès qu'ils furent entrés dans la ville, ils racontèrent aux citoyens l'échec qu'avaient éprouvé les nôtres, et dirent que, quant au roi, ils ignoraient complétement s'il était vivant ou mort : ce qui causa aussitôt un deuil cruel et général. Baudouin cependant après avoir passé la nuit suivante caché dans les montagnes, de peur de tomber aux mains de l'ennemi, sortit enfin de sa retraite, suivi d'un seul homme d'armes, son écuyer, et, prenant des routes détournées à travers des plaines désertes, arriva le troisième jour à Arsuth, mourant de faim et de soif. Ce qui alors sauva le roi, c'est que cinq cents cavaliers ennemis, qui peu auparavant avaient battu en furetant tous les alentours du château, venaient de s'éloigner ; et certes ce prince n'eût pu leur échapper s'ils l'eussent aperçu. A son arrivée à Arsuth, les siens le reçurent avec une grande joie ; il mangea, but et dormit en sûreté : ce que la faiblesse de notre humanité lui rendait fort urgent. Le même jour arriva de Tibériade Hugues, l'un des grands du roi ; ayant appris notre défaite, il accourait porter quelque secours à ce qui pouvait rester de nos gens. Le roi fut d'autant plus aise de le voir, que Hugues amenait avec lui quatre-vingts hommes d'armes, dont ce prince avait un pressant besoin. Baudouin n'osa cependant les prendre avec lui pour retourner à Joppé par terre, de peur des embûches que les ennemis dressaient à ceux qui suivaient cette route ; mais montant sur une barque, il gagna cette ville par mer. Aussitôt qu'il entra dans le port, on l'accueillit avec force transports de joie, parce que, conformément à ces paroles de l'Evangile, « mon fils était mort, et « il est ressuscité ; il était perdu, et il est retrouvé[1], » on revoyait vivant et bien portant ce prince qu'on

---

[1] Évang. selon saint Luc, chap. xv, v. 24.

avait déjà pleuré comme mort. Le lendemain, ledit Hugues, sortant d'Arsuth, vint en toute hâte à Joppé avec les siens. Le roi était allé au devant de lui pour protéger son arrivée, dans la crainte qu'il ne fût attaqué par l'ennemi. Quand tous furent entrés dans la place, Baudouin, sans perdre temps à délibérer, et obéissant à la nécessité, manda près de lui tous les hommes restés à Jérusalem, afin d'aller, lorsqu'il les aurait tous réunis, combattre de nouveau les Sarrasins. Tandis qu'il cherchait quel homme il pourrait envoyer porter cet ordre dans la Cité sainte, il aperçoit un Chrétien syrien, vieillard de basse condition, couvert d'un méchant habit, et lui fait les plus instantes prières pour qu'il se charge de ce message par crainte de Dieu et par amour pour son roi. Personne en effet n'osait se hasarder dans les chemins, à cause des embûches dressées par les Infidèles; mais ce vieillard se sentant rempli par Dieu même d'une sainte audace, part au plus noir de la nuit de peur d'être aperçu des Païens, marche à travers des lieux âpres que ne traverse aucune route, et arrive le troisième jour à Jérusalem, excédé de fatigue. A peine a-t-il annoncé que le roi est vivant, et confirmé à tous les citoyens cette nouvelle, après laquelle ils soupiraient tant, que tous paient au Seigneur un juste tribut de louanges; puis, sans un plus long délai, les chevaliers, au nombre, je crois, de quatre-vingt-dix, s'apprêtent en toute hâte, et s'élancent sur leurs coursiers. Ceux des autres habitans qui peuvent se procurer un cheval montent dessus, et partent également. Tous se mettent en route de grand cœur, il est vrai, mais non pourtant sans beaucoup de frayeur.

Evitant donc autant qu'ils le peuvent la rencontre des Infidèles, ils se dirigent du côté du château d'Arsuth. Comme ils marchaient en hâte le long du rivage de la mer, tout à coup se présenta la race cruelle des Gentils, qui se flattaient de leur fermer le passage, et de les exterminer entièrement dans cet endroit ; quelques-uns des nôtres, cédant à la nécessité, abandonnèrent leurs bêtes de somme, se jetèrent à la nage au milieu des flots de la mer, et trouvèrent ainsi dans un mal le remède à un autre mal ; car en nageant ils perdirent leurs bêtes de somme, mais évitèrent les coups de l'ennemi. Quant aux hommes d'armes qui montaient d'agiles coursiers, ils se défendirent vaillamment, et se firent ainsi jour jusqu'à Joppé.

CHAPITRE XXVIII.

Le roi, comblé de joie, et bien reconforté par leur arrivée, ne voulut pas différer d'un instant l'exécution de son projet ; dès le lendemain matin, il rangea en bon ordre ses hommes d'armes ainsi que les hommes de pied, et partit pour aller livrer bataille à ses ennemis. Ceux-ci, qui n'étaient pas alors éloignés de plus de trois milles environ de Joppé, préparaient déjà leurs machines pour former le siége de cette ville, et en abattre les murailles à l'aide de pierriers ; mais à peine voient-ils les Chrétiens venir les combattre, qu'ils prennent leurs armes et nous reçoivent audacieusement. Comme leur multitude était immense, ils ont bientôt entouré les nôtres de toutes parts. Ceux-ci se trouvent alors cernés complétement, et rien que le secours d'en haut ne peut les sauver ; mais mettant toute leur confiance dans la toute-puissance du Seigneur, ils ne cessent de s'élancer, et de frapper tour à tour partout où ils voient la foule des Sarrasins plus épaisse et plus acharnée. Lorsqu'à force de combattre vaillamment ils ont enfoncé l'ennemi sur un point, il leur faut sur-le-champ se porter sur un autre : dès que les Infidèles voient en effet nos gens de pied cesser d'être protégés par nos hommes d'armes, ils se hâtent de courir sur eux, et massacrent ceux des derniers rangs ; mais de leur côté les gens de pied ne se conduisent pas en lâches et font pleuvoir sur ceux qui les attaquent une telle grêle de traits que vous en auriez vu beaucoup enfoncés dans le visage et les habits des Sarrasins. Ceux-ci donc repoussés fortement par les archers à pied, couverts de blessures par les lances des hommes d'armes, et déjà même chassés de leurs tentes, grâces à l'appui que nous prête le Seigneur, tournent le dos aux Francs, et prennent la fuite. Malheureusement on ne put les poursuivre long-temps, car ceux qui les contraignaient à fuir étaient en trop petit nombre : du moins abandonnèrent-ils aux mains des Francs leurs tentes et les approvisionnemens de tout genre qui se trouvaient dans leur camp ; quant à leurs chevaux, ils les emmenèrent tous avec eux, à l'exception de ceux qui étaient blessés ou morts de faim ; mais nous leur prîmes bon nombre de leurs chameaux et de leurs ânes. Enfin, grâces à Dieu, pendant que ces Infidèles fuyaient, beaucoup d'entre eux, blessés ou dévorés de la soif, périrent dans les chemins. Il était certes juste et convenable que le parti protégé par le bois de la croix du Sauveur, que le roi faisait porter devant lui dans cette bataille, triomphât des ennemis de la croix : si, dans l'action précédente, cette même croix eût été portée devant les Chrétiens, nul doute que le Seigneur se fût montré favorable à son peuple, pourvu que le roi eût eu la sagesse de n'aller à ce combat qu'accompagné de tous les siens. Mais il est des gens qui se confient plus dans leur force que dans le Seigneur, abondent trop dans leur sens, méprisent les conseils des sages, et conduisent leurs affaires avec légèreté, imprudence et présomption ; aussi arrive-t-il souvent que l'événement tourne non seulement à leur grand préjudice, mais encore à la perte de beaucoup d'autres, fort innocens de la sottise de leurs œuvres. Ces gens alors sont dans l'usage de s'en prendre à Dieu même de leur mauvais succès, plutôt que de reconnaître leur faute. Ne pas considérer la fin d'une chose, c'est l'entreprendre follement ; « on prépare un che-« val pour le combat, mais c'est le Seigneur qui « sauve [1]. » Dieu n'écoute pas toujours la prière du juste, combien doit-il moins encore accueillir celle de l'impie ? Et pourquoi serions-nous exaucés par le Seigneur quand nous ne l'avons pas mérité ? Ou encore, pourquoi accuser le Très-Haut quand il ne satisfait pas nos desirs insensés ? N'est-ce pas lui qui sait ce qu'il faut faire en toutes choses ? Quoi que vous voyiez arriver de contraire à votre attente, croyez bien qu'un ordre juste et parfait préside aux événemens de ce monde, et qu'il n'y a désordre et confusion que dans votre opinion. Mais l'insensé considère non

[1] Prov., chap. XXI, v. 31.

ce qu'il y a de vraiment bien dans les choses, mais seulement ce qu'en décide la fortune. Bien souvent l'homme regarde comme nuisible pour lui ce qui bientôt après, et grâces à la sagesse d'en haut, lui devient profitable ; et il arrive que ce qui d'abord lui avait réussi tourne peu après à son grand désavantage. Le combat fini, et le roi étant, comme on l'a dit, demeuré victorieux, il fit plier les tentes, et revint à Joppé. Le pays ensuite délivré de toute guerre goûta un entier repos pendant l'automne et l'hiver suivant.

CHAPITRE XXIX.

Au printemps de l'année 1103, après que nous eûmes célébré, comme de coutume, à Jérusalem la sainte Pâques, le roi attaqua la ville d'Accon, et en forma le siége avec sa petite armée. Mais il ne put s'emparer, ni par force, ni par ruse, de cette place que protégeaient une bonne muraille et de forts boulevards extérieurs, et où d'ailleurs les Sarrasins se défendirent avec la plus remarquable valeur. Après donc avoir dévasté toutes les récoltes, les vignes et les jardins des habitans, le roi revint à Joppé.

Alors se répandit la nouvelle, tant souhaitée de tous, que Boémond était enfin, grâces à la faveur du ciel, délivré de sa captivité chez les Turcs. Ce prince fit en effet connaître au roi par un message comment il avait brisé ses fers moyennant rançon. Antioche reçut avec des transports de joie ce guerrier, qui d'abord l'avait gouvernée le premier, et continua dans la suite d'y commander et de l'illustrer; outre cette ville, Boémond posséda encore celle de Laodicée que Tancrède avait prise de vive force et enlevée aux gens de l'empereur de Constantinople. En échange de cette place, Boémond donna une portion convenable de ses propres terres à Tancrède, qui en fut satisfait, et dont il se concilia d'ailleurs l'amitié. Le roi Baudouin cependant faisait comme de coutume la guerre aux Sarrasins : un jour qu'il était tombé à l'improviste sur quelques-uns d'entre eux, se regardait déjà comme certain de leur mort et s'en réjouissait dans son ame, un Ethiopien, qui s'était caché derrière une roche, et embusqué ainsi adroitement dans l'intention de le tuer, le frappa d'un trait fortement lancé ; le coup atteignit le roi par derrière, dans un endroit voisin du cœur, et fit une plaie si profonde que ce prince fut blessé presque mortellement. Toutefois, comme il mit par la suite tous ses soins à se bien guérir, il revint entièrement à la santé après qu'on eut pratiqué l'incision de sa blessure, qui le faisait beaucoup souffrir.

CHAPITRE XXX.

L'année 1104 depuis l'Incarnation de Notre-Seigneur, après que l'hiver fut passé, et que nous eûmes, au moment où fleurissait le printemps, célébré les solennités de Pâques dans Jérusalem, le roi réunit ses troupes, marcha sur Accon et en fit le siége. Les

Génois, avec une flotte de soixante-dix navires à éperons, se rendirent également devant cette place. Pendant vingt jours on assaillit et l'on battit avec les machines la ville cernée de toutes parts; alors les Sarrasins, frappés de terreur, la rendirent bon gré mal gré au roi. Elle nous était d'autant plus nécessaire qu'elle a un port tellement commode qu'il peut recevoir et mettre en toute sûreté, dans l'intérieur même de ses murs, un grand nombre de vaisseaux. Déjà le soleil s'était levé neuf fois dans le signe des gémeaux, quand fut prise la ville d'Accon, autrement appelée Ptolémaïs. C'était dans l'année mil cent quatrième. Cette cité d'Accon n'est pas celle que quelques gens prennent pour Accaron : celle-ci est une ville des Philistins, et celle-là est connue sous le nom de Ptolémaïs. Lorsqu'on se fut emparé de cette place, on y massacra grand nombre de Sarrasins, et on permit à quelques-uns de vivre. Quand ensuite l'été fut passé, Boémond, contraint par une dure nécessité, passa dans la Pouille avec un petit nombre de vaisseaux, commit la ville d'Antioche aux soins de Tancrède, et emmena Daimbert, qui avait été patriarche de Jérusalem. Boémond, homme prudent et d'une merveilleuse sagacité, faisait ce voyage pour recruter quelques troupes dans les contrées montagneuses de la Pouille. Quant à Daimbert, son but était de porter au pape de Rome ses plaintes de l'injure que lui avait faite le roi Baudouin. Il partit donc, obtint ce qu'il desirait, mais ne revint pas, parce qu'il mourut en chemin.

CHAPITRE XXXI.

L'année 1105, et le vingt-huitième jour de février, Raimond, comte et vieux chevalier, mourut dans son château bâti en face de la ville de Tripoli, et eut pour successeur son neveu, Guillaume Jourdain. Vers ce temps, la méchanceté si ordinaire aux Turcs et aux Sarrasins ne les abandonna point : en effet, le roi d'Alep, nommé Rodoan, rassembla de tous les pays qui l'avoisinaient une armée considérable, et, tel qu'un taureau, dressa ses cornes aiguës pour combattre Tancrède, qui alors gouvernait Antioche ; mais celui-ci, enfonçant l'ancre de son espoir dans le Seigneur et non dans des troupes nombreuses, rangea les siens en bon ordre, et, monté sur son coursier, marcha sans délai contre les ennemis. Pourquoi m'arrêterais-je à de plus longs détails ? Tancrède fondit sur eux avec une admirable audace, et eux, Dieu aidant, tournèrent le dos, prirent la fuite, et furent vivement poursuivis. Quiconque d'entre eux ne put fuir n'évita point la mort. Le nombre de leurs tués ne fut pas considérable ; mais Tancrède s'empara de plusieurs de leurs chevaux et de l'étendard de leur roi fugitif : c'est ainsi que ce taureau mutilé s'en alla les cornes brisées ; et les vainqueurs louèrent le Seigneur, qui avait si bien secouru les siens. Nous ne dirons que ce peu de mots des gens d'Antioche ; maintenant parlons de ceux de Jérusalem.

CHAPITRE XXXII.

Nous avons, en effet, à raconter comment, cette même année, le roi de Babylone rassembla une grande armée, et l'envoya, sous la conduite du général de sa milice, à Ascalon pour combattre la foi chrétienne, formant le projet et se flattant de nous exterminer de la Terre-Sainte jusqu'au dernier. On lui avait rapporté que nous étions réduits à un très-petit nombre, et ne recevions plus, comme de coutume, des recrues de pèlerins. A Ascalon se réunirent donc des cavaliers Arabes, des fantassins éthiopiens, et environ mille Turcs de Damas, excellens archers. Quand le roi Baudouin en fut instruit, il appela tous les siens à Joppé, et s'y prépara à soutenir cette guerre. Comme la nécessité l'exigeait, on ne laissa dans nos villes aucun homme en état de porter les armes; tous partirent pour cette guerre, à l'exception des sentinelles indispensables à la garde des murailles pendant la nuit. Une vive frayeur s'empara de nous alors; nous tremblions, en effet, ou que les Infidèles ne surprissent quelqu'une de nos cités ainsi dénuées de toute garnison, ou qu'ils ne vinssent à bout d'accabler enfin notre roi et sa petite troupe. On était dans le mois d'août. Les deux partis usèrent d'abord de ruse, en différant de combattre; et des deux côtés on resta, nous sans marcher contre eux, et eux sans nous attaquer. A la fin cependant, et, je crois, au terme fixé par la Providence, la gent impie des Païens, quittant Ascalon, s'approcha de la contrée que nous

occupions. Aussitôt que le roi l'apprend, il sort de Joppé, et, monté sur son coursier, s'avance jusqu'à la ville de Ramla. Comme il ne pouvait qu'être fort utile que les nôtres s'unissent au Seigneur de toutes les manières possibles, et plaçassent en lui seul leur ferme espérance, Baudouin, inspiré par Dieu même, envoie d'abord, en toute diligence, un messager recommander au patriarche, au clergé, ainsi qu'au bas peuple, d'implorer avec ferveur la miséricorde du Tout-Puissant, afin qu'il daigne, du haut des cieux, prêter son appui à ses Chrétiens, placés dans une si difficile position. Ce messager, quelque prière qu'on lui fasse, ne veut accepter aucune récompense, dans la crainte d'être surpris et tué en route par les ennemis ; mieux inspiré, il préfère s'en remettre au Seigneur du soin de lui payer le prix de sa fatigue, et, recommandant son ame et son corps à Dieu, il monte à cheval et se rend en toute hâte à Jérusalem. A peine est-il entré dans la Cité sainte, qu'il fait connaître sa mission, et ce que requiert l'état actuel des choses : aussitôt qu'il a expliqué sa demande, le patriarche commande que l'on sonne la plus grosse cloche, et que tout le peuple se rassemble devant lui. « O mes
« frères, dit-il ensuite, vous mes amis et les ser-
« viteurs de Dieu, cette guerre qu'on vous disait
« devoir éclater bientôt, va avoir lieu ; ce messager
« vient de nous l'annoncer, et, sans aucun doute,
« elle est près de fondre sur nous. Sans le secours de
« Dieu, nous serions certes hors d'état de résister
« en aucune manière à la foule d'ennemis qui nous
« menacent ; implorez donc tous la clémence du Sei-
« gneur, afin que, dans le combat qui s'apprête, il

« daigne se montrer favorable et miséricordieux en-
« vers notre roi Baudouin et tous les siens. Notre
« prince n'a pas voulu donner aujourd'hui le combat,
« ainsi qu'il nous le fait savoir par ce messager, pour
« le livrer avec plus de sécurité demain dimanche,
« jour où le Christ est ressuscité d'entre les morts : il
« a attendu que les aumônes et les prières lui eussent
« assuré l'appui du Seigneur, en qui seul il se confie.
« Ainsi donc, conformément aux paroles de l'apôtre,
« veillez toute cette nuit, demeurez fermes dans la
« foi, et faites avec amour tout ce que vous faites [1].
« Demain allez nu-pieds aux lieux saints, affligez-
« vous, humiliez-vous, adressez au Seigneur votre
« Dieu d'ardentes supplications, afin qu'il nous dé-
« livre des mains de ses ennemis; pour moi, je vous
« quitterai pour aller à cette bataille qui va se don-
« ner; et si parmi vous il en reste encore quelqu'un
« qui veuille prendre les armes, qu'il vienne avec
« moi, car les hommes manquent à notre roi. ». Que
dirai-je de plus? tous ceux qui le peuvent montent
à cheval; ils sont au nombre de cent cinquante,
tant cavaliers qu'hommes de pied; à la nuit tombante
ils se mettent en route, marchent rapidement, et arrivent au petit jour à la ville de Ramla. Quant à ceux
qui sont restés dans Jérusalem, ils se livrent avec
ferveur à la prière, à l'aumône et aux larmes; jusqu'à
l'heure de midi, ils ne cessent de visiter les églises;
ils chantent en pleurant, ils pleurent en chantant;
tout cela, ils le font processionnellement. Moi-même
j'étais avec eux et nu-pieds. Les hommes les plus
âgés s'abstiennent ce jour-là de toute nourriture jus-

[1] Ir. Épit. de saint Paul aux Corinth., chap. XVI, v. 13 et 14.

qu'à la neuvième heure ; les enfans mêmes sont privés de sucer le sein de leurs mères jusqu'à ce que le tourment de la faim leur arrache des larmes; d'abondantes aumônes se distribuent aussi aux indigens. Ces œuvres sont en effet celles qui apaisent le Seigneur, l'excitent à nous sauver, et le forcent à ne point laisser en arrière sa bénédiction, et à la tourner sur nous. Lors donc que le patriarche fut arrivé, comme on l'a dit plus haut, à Ramla, et que l'aurore eut commencé à chasser les brillantes étoiles, tous les nôtres se réjouirent de la venue de leurs compagnons; tous, pleins d'un pieux zèle, courent aux prêtres pour confesser leurs fautes ; tous se précipitent également aux pieds du patriarche; tous veulent entendre de sa bouche quelques paroles, et recevoir de sa main l'absolution de leurs péchés. Tout cela fait, le patriarche revêt ses habits pontificaux, et prend dans ses mains la croix du Sauveur, qu'on portait d'ordinaire dans de telles occasions. Une fois que les diverses troupes de chevaliers et de gens de pied sont rangées convenablement, on marche à l'ennemi. Nos chevaliers étaient, dit-on, au nombre de cinq cents, sans compter les gens qui, quoiqu'à cheval, ne jouissaient point du titre de chevaliers; quant à nos gens de pied, on ne croyait pas qu'ils excédassent deux mille. L'armée ennemie comptait quinze mille hommes, tant cavaliers que gens de pied, qui, cette même nuit, avaient campé à quatre milles tout au plus de la cité de Ramla. Dès que les Sarrasins voient le roi se porter contre eux avec les siens, aussitôt, et suivant leur coutume, ils se préparent à combattre. Cependant leurs méchans projets sont alors un peu dé-

joués par notre marche; ils avaient résolu, en effet,
d'envoyer une portion de leurs troupes, mais la plus
petite, devant Ramla, afin de tromper quelque temps
notre armée, et de diriger en même temps tout le
reste, formant le corps le plus considérable, sur Joppé,
pour l'attaquer et s'en emparer sans que nous pussions en avoir le moindre soupçon. Mais aussitôt qu'ils
s'aperçoivent que le roi vient à eux et que leurs desseins sont confondus, ils se réunissent en une seule
masse. Sans plus tarder, les combattans se précipitent
les uns sur les autres; alors les boucliers résonnent,
et le fer aiguisé fait retentir l'air de ses coups. Au
moment où, des deux côtés, on s'élance pour en venir
aux mains, tous les nôtres, ainsi qu'ils en ont reçu
l'ordre, poussent contre les Païens ce cri terrible, *le
Christ vit, le Christ règne, le Christ seul commande.* Quant à eux, nous entourant de toutes parts,
ils se flattent d'enfoncer nos rangs et d'y jeter un
désordre complet. Déjà, en effet, les Turcs tournant
par derrière nos derniers escadrons, font pleuvoir sur
eux une grêle de flèches; puis, cessant de se servir
de leurs arcs, ils tirent leurs glaives du fourreau, et en
frappent les nôtres de plus près. A cette vue, le roi,
entraîné par son audace, arrache sa bannière blanche
des mains d'un de ses chevaliers, et suivi seulement
de quelques-uns des siens, court en toute hâte en cet
endroit porter secours à ceux des nôtres qui sont si
cruellement accablés. Bientôt, avec l'aide du Seigneur,
il disperse les Turcs par la vigueur de son attaque,
en tue un grand nombre, et retourne aux lieux où
combat la foule la plus nombreuse des Sarrasins et
des Ethiopiens. Je ne m'étendrai pas davantage au

surplus sur les efforts des deux partis et les coups qu'ils se portent; je veux resserrer mon récit dans les bornes les plus étroites.

Le Dieu tout-puissant, qui jamais n'oublie ses serviteurs, ne voulut pas que ces Infidèles détruisissent les Chrétiens, qui, par amour pour lui et pour accroître la gloire de son nom, étaient venus des contrées les plus éloignées visiter Jérusalem. Les Infidèles prirent donc subitement la fuite, et ne s'arrêtèrent qu'à Ascalon. O si l'on eût pu se saisir de Semelmuc, le chef de leur armée, que d'argent il eût payé pour sa rançon au roi Baudouin! Mais au moins Gemelmuch, émir d'Ascalon, homme renommé par ses richesses et sa prudence, n'évita point le trépas; et sa mort fut une désolation pour tous les Païens. On prit vivant un autre émir, autrefois émir d'Accon; et le roi exigea pour son rachat vingt mille pièces de monnaie, outre ses chevaux et tout le reste de son bagage. Quant aux Ethiopiens, ils ne purent fuir, et furent tous massacrés dans les champs. Il périt, dit-on, quatre mille hommes, tant cavaliers que gens de pied, du côté de l'ennemi, et soixante seulement du nôtre. Les tentes des mécréans demeurèrent en notre possession, et ils perdirent en outre grand nombre de bêtes de somme, d'ânes, de chameaux et de dromadaires. Alors nous louâmes et glorifiâmes tous le Seigneur, qui seul avait fait notre force et anéanti nos ennemis. O admirable profondeur des jugemens de Dieu! voilà que ces Infidèles disaient: « Allons, exterminons les Chrétiens, et mettons-nous en possession « du sanctuaire de Dieu, comme de notre héritage¹.

¹ Psaume 82, v. 1.

« Il n'en est pas ainsi, impies, il n'en est pas ainsi [1] ;
« Dieu vous a rendus comme une roue qui tourne
« sans cesse, et comme la paille emportée par le vent [2];
« dans sa colère il vous a troublé l'esprit. » Ils avaient
juré par leur loi de ne fuir jamais devant les Francs,
et cependant ils ne trouvèrent de salut que dans la
fuite. Le roi retourna joyeux à Joppé, et y distribua
suivant les règles de l'équité, à ses chevaliers et à
ses hommes de pied, le butin fait dans le combat.
Devant cette ville était encore en mer une flotte des
Sarrasins, qui attendaient là depuis quelque temps,
pour s'assurer quand et comment ils pourraient détruire complétement, tant par mer que par terre, et
nous et les villes maritimes dont nous étions maîtres.
Mais aussitôt que le roi eut fait jeter par ses matelots
dans un de leurs navires la tête de l'émir Gemelmuch,
qu'on avait coupée dans la bataille, saisis de trouble et
de frayeur à cette vue, les Païens n'osèrent demeurer plus long-temps où ils étaient ; une fois certains
de la honteuse défaite des leurs, ils profitèrent d'un
léger vent du midi, et se retirèrent dans les ports de
Tyr et de Sidon. Lorsqu'ensuite cette même flotte retourna à Babylone, grâce au Seigneur, l'esprit des
tempêtes, travaillant pour nous, la dispersa par un
horrible naufrage, et la jeta sur les côtes que nous
occupions ; vingt-cinq vaisseaux remplis de Sarrasins
tombèrent en notre pouvoir, et le reste forçant de
voiles ne s'échappa qu'à grand'peine. C'est ainsi que
le Seigneur nous secourut avec bonté dans nos tribulations, et nous manifesta sa toute-puissance. Je veux
maintenant faire connaître avec précision au lecteur

[1] Psaume 1, v. 4. — [2] *Ibid.* 82, v. 14.

le jour de cette mémorable bataille. Le soleil se levait pour la dixième fois dans le signe de la vierge ; la lune dans son plein avait sa face entière tournée vers la terre ; le calendrier marquait le sixième jour avant les calendes de septembre, quand le Tout-Puissant accorda aux Francs de jouir du triomphe. Alors fuirent tous ensemble les Arabes, les Turcs, les Ethiopiens ; les uns gagnèrent les montagnes, et les autres restèrent morts sur le champ de bataille. Dans la crainte que, par la négligence ou l'impéritie des hommes en état d'écrire, gens d'ailleurs fort rares peut-être, et tout entiers aux embarras de leurs propres affaires, tous ces faits ne fussent point écrits et tombassent en oubli, moi Foulcher, quoique d'une science grossière et d'une faible capacité, j'ai cru devoir courir le risque d'être taxé de témérité, plutôt que de ne pas publier ces œuvres merveilleuses du Seigneur ; j'ai donc recueilli tout ce que j'ai vu de mes propres yeux, ou appris en questionnant avec soin des narrateurs véridiques ; puis, afin que toutes ces choses ne fussent sensibles aux yeux et saisissables d'un coup d'œil uniquement pour moi seul, je les ai, dans les sentimens d'une pieuse affection, réunies en un ouvrage vrai, quoique d'un style peu correct, et transmises à ceux qui viendront après moi. Je prie donc le lecteur d'user d'indulgence et de charité pour mon ignorance ; qu'il rectifie çà et là, s'il le veut, le style de cet écrit qu'aucun orateur n'a corrigé ; mais que, dans le dessein de donner plus de pompe et de beauté à l'arrangement des parties de cette histoire, il n'aille pas en changer la marche, de peur d'altérer par quelque erreur la vérité des faits. Après les événemens que j'ai racontés plus haut et sur la fin de l'année, tous ceux d'entre nous qui étaient alors à Jérusalem sentirent, la veille de la naissance du Sauveur, un violent tremblement de terre, qui leur causa une vive frayeur.

CHAPITRE XXXIII.

Dans l'année 1106, nous vîmes une comète se montrer dans le ciel : ce qui frappa surtout ceux de nous qui l'observèrent, c'est qu'à l'endroit où le soleil a coutume de se coucher dans la saison d'hiver, elle produisit une longue et merveilleuse traînée de lumière blanchâtre semblable à une toile de lin. Ce signe ayant commencé à briller dans le mois de février, le jour même où la lune était nouvelle, présageait évidemment les événemens futurs : n'osant toutefois porter la présomption jusqu'à tirer quelque pronostic de ce phénomène, nous nous remîmes, sur tout ce qu'il pouvait amener, au jugement de Dieu. Chaque soir, pendant cinquante jours et plus, cette comète fut visible par tout l'univers. Il est à remarquer cependant qu'à dater du premier moment de son apparition, tant cette comète que sa splendeur blanchâtre allèrent de jour en jour diminuant peu à peu, jusqu'à ce que, dans les derniers jours, la lumière perdant toute force, la comète elle-même cessa complétement de paraître. Peu après, dans le même mois, et le vingtième jour de la lune, suivant notre calcul, nous aperçûmes dans le ciel, depuis la troisième heure jusqu'à celle de midi, à gauche, comme deux autres soleils, l'un à la droite et l'autre à la gauche du soleil véritable; moins resplendissans et moins grands que celui-ci, ils avaient une figure et une lumière peu éclatantes; l'espace circulaire occupé par ces trois soleils était enveloppé d'un cercle blanchâtre, dont le contour égalait en grandeur celui d'une ville; enfin, au dedans de ce cercle brillait un demi-cercle semblable à l'arc-en-ciel, où se remarquaient quatre couleurs bien distinctes, et qui, dans sa courbure, embrassait la partie supérieure du vrai soleil, et allait s'étendant jusques aux deux autres susdits soleils. Dans le mois suivant, et à l'heure qui marque la moitié de la nuit, il parut tomber du ciel une pluie d'étoiles. Ensuite, et dans la saison de l'été, Hugues, qui alors possédait la cité de Tibériade, combattit une armée ennemie composée de gens de Damas; deux fois il fut repoussé par eux dans le combat; mais revenant à la charge une troisième fois, il les défit, avec le secours du Très-Haut, demeura vainqueur, leur tua deux cents hommes, leur prit autant de chevaux, et força tout le reste à tourner le dos et à fuir: chose miraculeuse à raconter, dans cette affaire, cent vingt hommes en dispersèrent quatre mille. Mais bientôt après, ce même Hugues, ayant fait avec le roi Baudouin une expédition sur le territoire des susdites gens de Damas, y périt percé d'une flèche.

CHAPITRE XXXIV.

En l'année 1107, le patriarche de Jérusalem, nommé Ebremar, passa la mer pour se rendre à Rome. Il y allait demander à l'évêque du siége apostolique s'il devait ou non rester patriarche; Daimbert, en effet, avait, comme on l'a dit plus haut, recouvré le patriarchat, dans un voyage qu'il fit à Rome[1], mais il était mort ensuite à son retour. Enfin, au mois de novembre de cette même année, les gens d'Ascalon, s'abandonnant aux fureurs de leur malice ordinaire, nous dressèrent des embûches entre Ramla et Jérusalem, au pied même des montagnes que nous occupions; leur dessein était de surprendre par une attaque subite, et d'écraser une troupe de nos gens qu'ils savaient devoir se rendre de Joppé à Jérusalem. Mais on en fût informé dans la première de ces villes, et sans perdre un instant les nôtres montèrent à cheval. Lorsqu'ils furent parvenus au lieu de l'embuscade, sous la conduite de celui qui en avait donné la première nouvelle, et comme ils doutaient encore que cet homme leur eût dit la vérité, ils aperçurent l'ennemi, et se sentirent frappés d'une grande terreur. Les Infidèles, en effet, avaient là cinq cents cavaliers et bien près de mille gens de pied; les nôtres au contraire n'étaient pas en tout plus de soixante et quinze chevaliers. Cependant, comme le temps leur

---

[1] *Dans un voyage qu'il fit à Rome*, n'est pas dans le texte; mais a paru nécessaire pour rappeler ce qui est plus haut.

manquait pour songer à ce qu'ils pouvaient faire, et quoiqu'ils ne vissent aucun espoir de salut à engager le combat, ils se déterminèrent bravement à mourir, s'il le fallait, avec honneur, plutôt que de se faire noter d'infamie en fuyant. Ils s'élancent donc tout à coup sur l'ennemi, comme gens qui ne craignent rien, excepté Dieu, enfoncent l'armée des Infidèles avec une merveilleuse vigueur, passent et repassent à travers leurs rangs, renversent et tuent tout ce qu'ils trouvent devant eux. Les Sarrasins, qui se voient écrasés dans cette lutte plus cruellement que jamais, perdent, par la volonté du Très-Haut, toute leur audace, et cessent de combattre. Les nôtres le remarquent, les pressent alors plus vivement encore, contraignent à fuir ces Païens devant qui eux-mêmes s'étaient crus réduits à fuir, en tuent un grand nombre et s'emparent de beaucoup de leurs chevaux. Dans cette action nous ne perdîmes que trois des nôtres; les valets de l'ennemi emmenèrent, il est vrai, quelques-unes de nos bêtes de somme; mais bien plus des leurs tombèrent aux mains de nos gens, qui prirent ainsi leur revanche au double.

Cette même année, Boémond, après être revenu des Gaules, et avoir réuni le plus de troupes qu'il put, prépara sa flotte dans le port de Brindes, sur les côtes de la Pouille, et attendit un temps favorable pour passer la mer. Le neuvième jour d'octobre, lui et les siens montèrent sur leurs vaisseaux, firent voile vers la Bulgarie, et débarquèrent au port d'Avalon; cette ville se rendit très-promptement, et le 3 des ides de novembre ils mirent le siége devant Durazzo. Mais cette cité défendue par une forte garnison, et bien approvisionnée, fatigua long-temps les assiégeans. Boémond avait cependant avec lui cinq mille hommes d'armes, et soixante mille fantassins; quant aux femmes, il ne souffrit pas qu'aucune passât la mer à sa suite, de peur qu'elles ne fussent une charge et un embarras pour les combattans. L'empereur de Constantinople se montrait alors très-contraire à nos gens, et, soit à l'aide de ruses cachées, soit avec une violence manifeste, gênait et tyrannisait les pélerins qui se rendaient à Jérusalem tant par terre que par mer: c'est ce qui décida Boémond, quand il eut rassemblé une armée, à entrer, comme on vient de le dire, sur les terres de ce prince, et à tâcher de lui prendre des villes et des places fortes.

CHAPITRE XXXV.

Dans l'année 1108, Boémond, après avoir passé plus d'un an devant Durazzo, ne réussit en rien contre cette place. Pendant ce temps-là, l'empereur et lui s'étaient tendu l'un à l'autre force piéges, et fait réciproquement du mal de mille manières. On traita enfin de la paix par l'entremise de députés, et lorsque l'empereur se fut rapproché de Boémond avec son armée, tous deux firent réciproquement amitié à certaines conditions convenues. Ce prince en effet jura sur les plus précieuses reliques à Boémond qu'à partir de ce jour il laisserait passer sains et saufs et traiterait honorablement, dans toute l'étendue de son empire, les pélerins qui, comme je l'ai dit souvent, arrivaient soit par terre soit par mer, et empêcherait qu'aucun d'eux ne fût pillé ou maltraité. Boémond, de son côté, promit sous serment à l'empereur de vivre en paix avec lui, et de lui garder fidélité en toutes choses. Peu après, et dès qu'il en trouva l'occasion, Boémond retourna dans la Pouille, ramenant avec lui la plus petite partie de son armée; le reste, beaucoup plus nombreux, se rendit par mer à Jérusalem, comme tous en avaient fait le vœu.

Cette même année mourut Philippe, roi de France.

CHAPITRE XXXVI.

L'ANNÉE 1109 à dater de l'Incarnation du Sauveur, et la onzième depuis la prise de Jérusalem, Bertrand, fils du comte Raimond, partit de la province qu'on nomme de Saint-Gilles, et prit avec lui les Génois et leur flotte, composée de soixante-dix navires à éperons, sans compter vingt autres bâtimens. Tous ensuite abordèrent à la ville appelée Tripoli, à laquelle se rendait ce même Bertrand, dans l'intention de s'en emparer de vive force et de la posséder en propre et à titre d'héritage de son père. A peine en eut-il formé le siége, qu'une querelle s'éleva entre lui et Guillaume Jourdain son cousin, qui n'avait cessé de guerroyer contre cette cité depuis la mort du comte Raimond, et demeurait dans un château-fort tout voisin, appelé le Mont-des-Pélerins : les assiégeans avancèrent donc peu d'abord dans leur entreprise. Cette querelle naquit de ce que l'un prétendait devoir posséder cette seigneurie comme un bien venant de son père, qui, dans l'origine, s'en était rendu maître, et de ce que l'autre soutenait qu'il y avait un plus juste droit, comme l'ayant défendue courageusement les armes à la main, et beaucoup augmentée. Mais il n'est que trop vrai que les plus grandes puissances déchoient justement par la discorde, tandis que les plus petites prospèrent par la concorde. Guillaume, par mécontentement, ne prit que peu de part à l'entreprise contre Tripoli; Bertrand, au contraire, pressa vivement cette ville avec les siens. Le premier ne voulait pas que celui-ci avançât en rien dans son projet; le second ne pouvait souffrir que celui-là vécût plus long-temps. Tous deux se disputaient des biens incertains, et rendaient incertaines des choses certaines; tous deux étaient en discord pour des jouissances d'un moment, et aucun d'eux ne songeait à travailler pour l'éternité; ils couraient pour ne rien attraper, et le prix de la course demeurait suspendu dans le chemin. « Cela ne dépend ni « de celui qui veut ni de celui qui court, mais de « Dieu qui fait miséricorde¹. » Ils n'avaient pas encore pris la ville, et déjà ils contestaient sur la possession de cette proie. Mais le temps s'envole, et les vains projets des hommes s'écroulent suivant le bon plaisir du Seigneur. On tarda peu à en avoir la preuve. Baudouin, roi de Jérusalem, vint en effet au siége de Tripoli pour solliciter les Génois de l'aider à prendre, cette même année, Ascalon, Béryte et Sidon; il travailla en même temps à rétablir la bonne harmonie

¹ Épit. de saint Paul aux Rom., chap. IX, v. 16.

entre les deux comtes dont il a été parlé; mais tout à coup, et je ne sais par quel malheureux accident, une certaine nuit que Guillaume Jourdain se promenait à cheval, il fut frappé d'une petite flèche furtivement lancée, et mourut sur-le-champ. Tous s'étonnent et ignorent qui a fait un tel coup; tous le demandent et ne peuvent l'apprendre; ceux-ci s'affligent, ceux-là se réjouissent; les uns pleurent un ami, les autres se félicitent du trépas d'un ennemi. Jamais, en effet, les deux comtes, qui ambitionnaient également la principauté de Tripoli, n'auraient pu s'aimer. Je n'ai, du reste, rien à dire de plus sur cette mort. Quant à Bertrand, il se montra constamment par ses actions l'homme fidèle du roi Baudouin. De ce moment, on pressa vivement la ville de tous côtés; au dehors, les assiégeans ne s'épargnaient aucune fatigue; au dedans, les assiégés souffraient mille maux. Les Sarrasins se voyant resserrés fortement, et sans aucun espoir de pouvoir s'échapper, capitulèrent, à la condition, jurée sous la foi du serment et sanctionnée par le roi, qu'ils auraient la vie sauve, et pourraient se retirer où ils voudraient sans nulle lésion de leurs corps; une fois ce traité conclu et juré, ils permirent aux principaux d'entre les nôtres d'occuper une partie de la ville. Pendant que tout s'arrangeait ainsi, un tumulte soudain s'éleva, je ne sais par quel événement, parmi la soldatesque des Génois, qui montaient sur les murailles à l'aide de cordes et d'échelles, et s'introduisaient ainsi dans Tripoli. Tout Sarrasin qui tombait sous leur main n'éprouvait pas de pire malheur que de perdre sa tête; quoique tout cela se fît à l'insu de nos chefs, toutes ces têtes ainsi perdues ne purent être rendues dans la suite. Quant à ceux des Infidèles qui se trouvaient dans le quartier du roi, tous furent renvoyés libres, conformément à la capitulation. Déjà le soleil avait répandu trente fois sa lumière sur le Cancer, si pourtant on retranche trois de ce nombre, lorsque notre nation belliqueuse prit de vive force la cité de Tripoli.

CHAPITRE XXXVII.

En l'année 1110 depuis l'Incarnation du Sauveur, et lorsque le mois de février inondait encore la terre des pluies de l'hiver, le roi Baudouin partit pour faire le siége de la cité de Béryte; Bertrand, comte de Tripoli, aida ce prince dans cette entreprise; et leur armée vint camper à la première borne qui se trouve en dehors de la ville. Après qu'on eut, pendant soixante-quinze jours, ce me semble, tenu cette ville resserrée de toutes parts, et que nos vaisseaux furent parvenus à enfermer dans le port les navires arrivés au secours des Infidèles, on approcha des murs les tours de bois; nos Francs, l'épée nue, s'élancent de ces machines sur le rempart avec grande audace, et descendent dans la ville; beaucoup d'autres aussi entrent en même temps par les portes; tous alors pressent vivement l'ennemi fuyant devant eux, l'exterminent, et, vainqueurs, s'emparent de toutes ses richesses. L'année onze cent dix, la valeur des nôtres, puissans par les armes, prit ainsi la cité de Béryte. Le soleil s'était déjà levé vingt fois sous le signe du Taureau, et l'on comptait le trois du quatrième mois de l'année quand arriva ce mémorable événement. Cette expédition terminée, le roi revint à Jérusalem pour payer un juste tribut de louanges au Seigneur, qui lui avait accordé le glorieux succès dont on vient de parler. Ce devoir rempli, Baudouin se prépara sur-le-champ à marcher contre les Turcs qui assiégeaient Edesse, ville de la Mésopotamie, et emmena avec lui le seigneur Gibelin, patriarche. Dans ce temps-là nous vîmes, durant quelques nuits, une comète dont les rayons s'étendaient du nord au midi. Alors aussi Tancrède rassembla ce qu'il put tirer de troupes de sa ville d'Antioche et de toutes les terres qu'il possédait; il attendit le roi pendant quelques jours, et bientôt leurs armées se trouvèrent réunies sur les bords de l'Euphrate. Ils traversèrent ensuite ce fleuve, et rencontrèrent promptement les Turcs, qu'ils venaient chercher, et qui, courant par bandes dans tout le pays, attendaient l'arrivée des Francs. Les Infidèles, connaissant ces deux chevaliers pour des guerriers d'une valeur à toute épreuve, et d'une habileté merveilleuse à porter de grands coups de lance, n'osaient engager avec eux le combat; mais les évitant sans cesse par une fuite adroite, ils n'étaient pas si hardis que d'en venir aux mains, et en même temps ils ne voulaient point quitter la contrée ni se retirer sur leur propre territoire. Comme il y avait déjà plusieurs jours qu'ils refusaient ainsi la bataille, et mettaient tout leur art à fatiguer nos gens par de fastidieux artifices, le roi, prenant conseil de son propre avantage et de la nécessité, approvisionna Edesse de vivres, dont les habitans éprouvaient un besoin d'autant plus grand, que les Turcs avaient dévasté tout le pays d'alentour, pris tous les châteaux, et enlevé tous les laboureurs à l'aide desquels cette ville se nourrissait dans les temps ordinaires. Cela fait, les nôtres, sans s'arrêter davantage, revinrent vers le susdit fleuve de l'Euphrate. Les barques étaient peu nombreuses et fort petites ; notre armée ne put donc traverser le fleuve que peu à peu. Les Turcs, toujours rapaces et rusés, profitèrent de cette circonstance pour accourir sur nos derrières, et prendre grand nombre de nos gens de pied, qu'ils emmenèrent en Perse : la plupart étaient de pauvres Arméniens, que ces Turcs avaient entièrement ruinés par leurs lois impies. Repasser l'Euphrate pour marcher contre ces mécréans était impossible; les nôtres poursuivirent donc leur chemin ; ensuite Tancrède rentra dans Antioche, et le roi regagna Jérusalem.

Pendant ce temps-là, des hommes d'un certain pays qu'on nomme la Norwège, et que le Seigneur avait appelés à lui du fond de la mer d'occident, avaient débarqué à Joppé dans le dessein de visiter Jérusalem. Leur flotte se composait de soixante vaisseaux, et ils avaient pour chef un jeune homme d'une très-grande beauté, frère du roi de cette contrée. A son retour à Jérusalem, le roi Baudouin, charmé de l'arrivée de ces gens, leur adressa force paroles affables, les pressant et les priant même de s'arrêter quelque peu dans cette terre sainte, où ils étaient venus, afin de l'aider à y étendre la gloire du nom chrétien, et de pouvoir, quand une fois ils auraient ainsi fait quelque chose pour le Christ, en rendre à Dieu de magnifiques actions de grâces à leur retour dans leur patrie. Eux accueillirent bien cette demande, répondirent qu'ils ne venaient pas pour autre motif dans la Terre-Sainte, et s'engagèrent volontiers à se rendre par mer partout où le roi voudrait aller avec son armée, à la seule condition qu'il leur fournirait les vivres nécessaires. La chose fut ainsi consentie d'une part, et acceptée de l'autre. On fit d'abord toutes les dispositions pour marcher sur Ascalon; mais ensuite, s'arrêtant à un projet plus glorieux, on se détermina à faire le siége de Sidon. Le roi fit donc partir son armée de Ptolémaïs, qu'on appelle plus fréquemment Accon, et les Norwégiens sortirent en bon ordre du port de Joppé. La flotte de l'émir de Babylone se tenait alors cachée dans le port de Tyr; souvent, en effet, les Sarrasins, à la manière des pirates, couraient sus à nos Chrétiens qui venaient en pèlerinage, et munissaient de bonnes garnisons, ou fortifiaient de toutes manières les places maritimes que possédait encore le roi de Babylone. Ayant cependant ouï murmurer quelque chose de la marche des Norwégiens, ils n'eurent point alors tant de présomption que de sortir du port de Tyr, et de se hasarder à les combattre. Lors donc que le roi fut arrivé à Sidon, il l'assiégea par terre, et les Norwégiens la bloquèrent par mer. A la vue des machines que les nôtres construisirent, les ennemis, renfermés dans les murs, se sentirent frappés d'une telle terreur, que les soldats mercenaires de la garnison demandèrent au roi de leur permettre de sortir sains et saufs, et, si pourtant il le jugeait convenable, de retenir dans la ville les laboureurs, en raison de leur utilité pour la culture de la terre. Voilà ce qu'ils sollicitèrent et obtinrent. Les mercenaires s'en allèrent donc sans qu'on leur fît aucune largesse, et les laboureurs restèrent tranquillement sous la condition susdite. Déjà le soleil avait dix-neuf fois régné dans le signe du Sagittaire, quand, au mois de décembre, les Sidoniens rendirent leur cité.

CHAPITRE XXXVIII.

L'année 1111, une immense multitude de Turcs se précipita, comme un torrent bouillonnant, du fond de la Perse, traversa la Mésopotamie, passa le fleuve de l'Euphrate, forma le siége du château que nous nommons Turbessel. Après avoir demeuré près d'un mois devant cette place, et voyant que la force de sa situation ne leur permettait pas de l'emporter promptement, les Infidèles, fatigués et ennuyés de la longueur de ce siége, l'abandonnèrent, et se retirèrent du côté de la ville d'Alep. En cela ils agissaient avec leur artifice ordinaire; et n'avaient d'autre but que d'irriter Tancrède, et de l'engager à sortir d'Antioche pour le combattre. Ils espéraient qu'une fois qu'il serait un peu éloigné de cette ville, ils pourraient couper le chemin à lui ainsi qu'à sa petite troupe, et l'exterminer entièrement. Mais Tancrède, opposant la ruse à la ruse, se garda bien d'exposer, par une folle audace, sa valeur à un échec, et envoya vers Baudouin, roi de Jérusalem, des députés chargés de le prier humblement d'accourir en toute hâte au secours des Chrétiens. A peine ce prince eut-il entendu cette requête, qu'il promit l'appui qu'on lui demandait, laissa quelques garnisons dans ses propres terres et marcha rapidement à cette nouvelle guerre, emmenant avec lui Bertrand, comte de Tripoli. Lorsque tous deux furent parvenus au château ou domaine qu'on appelle Rugia, distant de quatre milles environ d'un autre bourg nommé Rusa, ils furent joints par Tancrède, qui avec les siens attendait l'arrivée du roi depuis déjà cinq jours, et l'accueillit avec grande joie. Le roi planta ses tentes sur le bord du fleuve Fer, et ceux de Jérusalem s'y logèrent avec ceux d'Antioche. Tous ensuite continuèrent leur route sans retard jusqu'à la ville d'Apamie, prise l'année précédente par Tancrède, et qui déjà reconnaissait loyalement ses lois. De là les nôtres s'avancèrent contre les Turcs campés alors devant la ville qu'ils appellent Silara : je ne sais comment désigner grammaticalement en latin cette cité, mais les habitans du pays la nomment vulgairement Chezat, et elle est à six milles d'Apamie. Les Infidèles, instruits déjà que les Francs marchaient contre eux, s'étaient postés dans les broussailles et les enclos dépendans de ladite ville, afin de pouvoir se défendre plus facilement si par hasard ils se sentaient trop vivement pressés par l'impétuosité des Chrétiens. Cependant, dès qu'ils virent approcher nos hommes d'armes, ils sortirent tout à coup de cette espèce de retranchement, et se montrèrent à nos gens, mais sans avoir l'audace de combattre, ni la volonté de fuir. De leur côté, nos hommes d'armes, rangés régulièrement en divers corps, reconnaissant que les Turcs se débandaient de tous côtés à travers les vastes plaines, et, dans la crainte d'une défaite, ne se disposaient pas à en venir aux mains, comme nous le souhaitions, s'abstinrent de courir sur eux. Ainsi donc les Païens, s'abandonnant tout à la fois à la frayeur et à leur esprit de ruse, demeurèrent dans cette contrée, et les nôtres s'en retournèrent en reprenant la route qu'ils avaient déjà suivie. Les approvisionnemens commençaient à manquer tant pour eux que pour leurs bêtes de somme, et force était de ne pas rester plus longtemps dans ce lieu ; le roi revint à Jérusalem, et Tancrède rentra dans Antioche. Sans se donner le temps de prendre quelque repos, Baudouin hâta tous ses préparatifs, marcha sur la cité de Tyr, appelée Sor en hébreu, et en forma le siége. Après avoir, pendant plus de quatre mois, fait beaucoup de mal à cette ville, rebuté de la fatigue et de l'ennui de cette expédition, il se retira tristement avec les siens. Déjà il avait fait construire et pousser près des murs deux tours de bois fabriquées avec art et plus hautes que le rempart, à l'aide desquelles il s'efforçait de prendre la ville ; mais Dieu ne permit pas qu'il y réussît. Les Sarrasins, en effet, sentant que la mort la plus prochaine les menaçait si, à force d'art, ils ne rendaient inutile l'art des assiégeans, opposèrent invention à invention, et par leur valeur trompèrent celle des nôtres. En effet, se voyant dominés par l'excessive élévation de nos tours, et pressés par le besoin d'un prompt remède à ce mal, ils profitèrent de la nuit pour exhausser si prodigieusement deux tours bâties sur leurs murs, que du haut de leurs plateformes ils se défendirent vaillamment, lancèrent des flammes sur nos tours [1] beaucoup plus bassés et les brûlèrent. Le roi Baudouin, reconnaissant que ce malheur accablait les siens, les navrait de désespoir, et rompait le fil de toutes ses espérances, revint dans sa cité d'Accon. Rien, au reste, de plus vrai que ce proverbe populaire; « vous avez la bouche ouverte « et la cuiller vous manque. » Déjà, en effet, nos gens se partageaient entre eux le butin qu'ils croyaient faire sur les habitans de Tyr ; déjà ils s'enviaient les uns aux autres leur part dans cette proie si peu assurée ; déjà ils calculaient comme certain le jour très-incertain de la prise de cette cité. Cependant, comme Salomon le dit, « on prépare un cheval pour le jour « du combat, mais c'est le Seigneur qui sauve [2]. » Les hommes se confient en leur force et en leurs richesses, et leur cœur s'éloigne du Seigneur. Ils l'invoquent souvent de bouche, et le renient par leurs actions; si même dans les occasions où ils en agissent ainsi, Dieu permettait que leurs souhaits fussent accomplis, c'est leur propre valeur qu'ils loueraient du succès bien plus qu'ils n'en glorifieraient la miséricorde divine.

[1] Le texte porte *terras*, il faut *turres*.
[2] Prov., chap. XXI, v. 31.

CHAPITRE XXXIX.

Dans l'année 1112 à dater de l'Incarnation du Sauveur, Tancrède, qui gouvernait la principauté d'Antioche, paya sa dette à la mort. Déjà le soleil avait visité vingt-six fois le signe du Sagittaire, quand ce héros quitta tout ce qui était, pour aller lui-même rejoindre ce qui avait été. Cette année se passa pour nous sans guerres. Tancrède eut Roger pour successeur.

CHAPITRE XL.

L'année 1113 à dater de l'Incarnation du Sauveur, dans le mois de mars, et lorsque nous étions dans le vingt-huitième jour de la lune, nous vîmes, depuis le matin jusqu'à la première heure et plus, le soleil diminuer, et perdre en quelque sorte une portion de lui-même. Bientôt cette portion, qui d'abord avait commencé à noircir vers la partie supérieure de cet astre, tournant pour ainsi dire sur elle-même, tendit à en gagner la partie inférieure. Le soleil toutefois ne fut pas privé de sa lumière; mais il diminua, suivant mon opinion, de la cinquième portion de sa grandeur ordinaire, et demeura ainsi un peu écorné. Ce qui faisait que le soleil nous manquait ainsi, c'était une éclipse.

CHAPITRE XLI.

Dans l'été suivant, les Turcs s'assemblèrent, et passèrent le fleuve de l'Euphrate, pour marcher sur Jérusalem, et, comme ils s'en flattaient, nous exterminer nous autres Chrétiens. Laissant donc sur leur droite le pays d'Antioche, traversant la Syrie, non loin de la ville d'Apamie, laissant Damas à gauche, et cheminant dans les régions Phéniciennes, entre Tyr et Césarée de Philippe, qu'on appelle Paneas, ils formaient le projet de venir surprendre le roi Baudouin. Instruit de leur arrivée, ce prince avait mis son armée en mouvement, et était sorti de Ptolémaïs, autrement Accon, pour aller à leur rencontre : les Infidèles alors virent en gens avisés ce qui leur était le plus avantageux. Tandis donc que les nôtres ignorent encore quel parti prendront les Païens, ceux-ci tournent la mer de Galilée à travers le territoire de Nephtali et de Zabulon, ne s'arrêtent qu'à l'extrémité méridionale de ladite mer, et s'enferment entre deux fleuves. L'île où ils se portent ainsi communique à la terre par deux ponts, et est tellement bien défendue par sa position, que les Turcs ne pouvaient y être attaqués, en raison de l'étroit passage que laissaient les deux ponts susdits. Après avoir tendu leurs tentes dans cette île, les Infidèles envoient deux mille de leurs gens au-delà d'un de ces ponts, pour dresser une embuscade aux nôtres, qu'ils ne doutaient pas de voir arriver bientôt de ce côté. Tandis donc que le roi se dirige vers ce lieu dans l'intention de dresser son camp près du pont dont il vient d'être parlé, et qui conduit à Tibériade, on voit tout à coup cinq cents Turcs environ sortir de la retraite où ils étaient embusqués, et faire mine de venir nous attaquer; quelques-uns des nôtres fondent imprudemment sur eux, en tuent plusieurs, et poursuivent le reste jusqu'à l'instant où les deux mille Infidèles s'élancent à la fois hors de leur retraite : ceux-ci alors se jettent vivement sur les nôtres, les repoussent, leur tuent trois fois plus de monde qu'ils n'en ont perdu, les mettent en fuite et les dispersent. O douleur! quelle grande honte nos grands péchés firent tomber sur nous en ce jour! Le roi lui-même s'enfuit, perdit sa bannière, sa tente magnifique, ainsi qu'une foule de richesses et de vases d'argent : il en arriva de même au patriarche qui se trouvait présent à cette affaire. Elle nous coûta environ trente de nos meilleurs chevaliers et douze cents hommes de pied. Le soleil s'était levé pour la douzième fois sous le signe du Cancer, quand la race perfide des Turcs dissipa cruellement les Francs imprudens. En effet, toute l'armée du roi ne se trouvait pas encore entièrement rassemblée dans cet endroit; le prince d'Antioche, Roger fils de Richard, qui, sur la demande de Baudouin, accourait prendre part à cette guerre par amour pour Dieu et affection pour le roi, n'était pas arrivé; et une partie seulement des gens de Tripoli avait pu se joindre à l'armée royale : aussi tous furent-ils vivement affligés, et blâmèrent-ils hautement l'orgueil du roi, qui, sans prendre conseil d'aucun d'eux, avait couru contre l'ennemi avec des troupes peu nombreuses et en désordre; et cependant ce prince avait défendu aux siens d'attaquer les Turcs imprudemment. Les nôtres ne pouvant donc pour le moment faire aucun mal aux Infidèles, campèrent si près d'eux, que des deux parts les deux armées purent s'observer pendant tout ce jour-là. Le chef des ennemis s'appelait Malduk, et avait sommé le roi de Damas, nommé Taldequin [1], de venir à son secours. Ce dernier amena donc avec lui de nombreuses troupes, et de son côté Malduk en tira beaucoup de la Syrie, où il commandait. Les Turcs occupaient une vallée, et les Francs campaient sur une hauteur; les premiers n'osaient sortir de leur île, et les seconds ne pouvaient aller les y attaquer; les uns rusaient, les autres craignaient; ceux-là étaient adroits, ceux-ci se montraient prudens. Les uns et les autres se sentaient brûlés de tous les feux de l'été, et ne pouvaient cependant mettre fin à de si cruelles souffrances. Ceux qui ne se trouvaient pas à cette expédition s'étonnaient que ceux qui en faisaient partie tardassent si long-temps à revenir. Les Sarrasins que nous avions soumis se séparèrent alors de nous comme s'ils nous étaient ennemis, et nous tinrent pour ainsi dire enfermés de toutes parts. Bien plus, les Turcs sortant par bandes de leur camp, se mirent à ravager toutes les terres dont nous nous étions rendus maîtres, et tous les vivres qu'ils en enlevaient, ils les faisaient passer à leur armée par les Sarrasins nos sujets. Ils prirent même et détruisirent, avec l'aide des Sarrasins, sur qui nous dominions dans les montagnes, la ville de Sichem ou Siccina, que nous appelons Neapoli. Dans ce temps-là, les Ascalonites, les Arabes, et les

[1] Togteghin.

Sarrasins, mais toutefois en petit nombre, marchèrent un certain jour sur Jérusalem, s'avancèrent jusqu'à la partie de la ville qui se trouve en dehors des murs, brûlèrent les moissons déjà rentrées, et blessèrent même de leurs flèches, sur les remparts, quelques-uns des nôtres. Ceux-ci de leur côté portèrent également des coups mortels à plusieurs de ces Infidèles. Quelques-uns de nos gens de pied, mais en petit nombre, sortirent des murs pour attaquer l'ennemi. Il était en effet ordonné de tenir les portes fermées, de peur que, si les habitans s'éloignaient de la ville, il ne leur arrivât quelque malheur ; car les hommes d'armes avaient tous marché contre les Turcs, et aucun n'était resté dans la Cité sainte. La nuit suivante, au lever de la lune, les ennemis se retirèrent à la grande joie des nôtres, qui dans le premier moment craignaient de se voir assiégés par eux durant tout ce temps. Les embûches dressées par les Infidèles ne permettaient à aucun ou à presque aucun message de parvenir, soit de nos cités au roi, soit du roi à nos cités ; ainsi donc on ignorait dans les villes ce qui se faisait au camp, et dans le camp ce qui arrivait aux villes. Dans une foule de champs, la moisson déjà mûre se flétrissait sur pied, et il n'y avait personne pour la recueillir. Cette année cependant la récolte était abondante en toute espèce de productions; mais quoi ! quand les tempêtes troublent la mer, les hommes ne se hasardent pas à pêcher. Sur toutes choses tous les esprits étaient en suspens ; on attendait généralement pour voir à qui Dieu accorderait le triomphe. Les Chrétiens cessaient toutes affaires et tous travaux, à l'exception de ceux qui étaient nécessaires pour ré-

parer les brèches faites aux villes et aux fortifications. Pendant que ces choses se passaient, nous ressentîmes le 18 juillet et le 9 août deux secousses de tremblement de terre, la première au milieu de la nuit, la seconde vers la troisième heure du jour. Cependant les Turcs après avoir attendu deux mois l'occasion d'exterminer, ou du moins de vaincre les nôtres, reconnurent qu'ils ne pourraient y réussir; d'une part, en effet, notre armée s'était journellement renforcée, dans cet intervalle, de pélerins qui arrivaient comme d'ordinaire en cette saison; de l'autre les gens d'Antioche ne montraient aucune intention de nous quitter. Les Infidèles prirent donc le parti de se retirer sur le territoire de Damas. Alors le roi Baudouin retourna sur-le-champ avec les siens à Ptolémaïs; il y trouva la comtesse de Sicile, qui en premières noces avait épousé le comte Roger, frère de Robert Guiscard, et venait maintenant se marier au roi Baudouin. Très-peu après, Malduk fut tué audacieusement dans Damas par un certain Sarrasin, qui cacha sous son habit un poignard, le lui plongea trois fois dans le ventre, et se rendit ainsi coupable de deux homicides à la fois; car à peine Malduk fut-il assassiné, que les assistans massacrèrent son meurtrier. Cruelle victoire que celle où le vainqueur est lui-même aussitôt vaincu! Il a parlé avec une véritable sagesse ce philosophe qui a dit : « La fortune est de verre; au mo-
« ment même où elle brille, elle se brise. » Ce Malduk était certes fort riche, très-puissant, grandement renommé parmi les Turcs, et d'une extrême adresse; mais il ne put résister à la volonté du Seigneur : ce même Dieu en effet, qui, pendant quelque

temps permit que cet Infidèle ne fût point puni, voulut ensuite le faire périr d'une mort vile, et tomber sous une main faible.

CHAPITRE XLII.

En l'année 1114 depuis l'Incarnation du Sauveur, une multitude infinie de sauterelles sortit de l'Arabie, vint fondre dans son vol sur la terre de Jérusalem, et dévasta horriblement nos récoltes pendant plusieurs jours, dans les mois d'avril et de mai. De plus, le jour de la fête du saint martyr Laurent, se fit sentir un grand tremblement de terre. Quelque temps après, et le jour des ides de novembre, un autre tremblement de terre non moins violent eut lieu à Mamistra, et renversa une partie des fortifications de cette ville. Un tremblement de terre plus terrible encore, et tel qu'on n'en avait pas entendu citer de pareil, ébranla si fortement divers endroits de la contrée d'Antioche, qu'il détruisit de fond en comble, soit en totalité, soit à moitié, les maisons ainsi que les murailles de plusieurs places fortes, et qu'une partie même de la population mourut écrasée sous ces ruines. On cite, entre autres, Marésie, place excellente, située, je crois, à soixante milles environ d'Antioche, vers le nord; ce tremblement de terre l'anéantit si complétement que les édifices et les murs s'écroulèrent en entier, et que, ô douleur! tout le peuple qui l'habitait périt misérablement. Ce fléau ne ruina pas moins cruellement un autre château bâti sur le fleuve de l'Euphrate, et que l'on appelle Trialeth.

CHAPITRE XLIII.

L'année 1115 de l'Incarnation du Sauveur, les Turcs reprenant leur ardeur et leur audace accoutumées, se mirent en marche assez secrètement vers le mois de juin, traversèrent l'Euphrate, entrèrent en Syrie, et vinrent camper entre Damas et Antioche, devant la ville de Chezar, sous les murs de laquelle ils s'étaient de même portés quatre ans auparavant, comme on l'a rapporté plus haut. Mais le roi de Damas savait, à n'en pouvoir douter, que ces Turcs ne le haïssaient pas moins que nous autres Chrétiens, pour avoir traîtreusement consenti à ce que Malduk, satrape et chef de leur milice, fût assassiné, dans l'une des années précédentes, comme on l'a vu ci-dessus; il fit donc sa paix avec Baudouin et Roger, prince d'Antioche, dans l'espoir que, s'unissant lui troisième avec eux deux, ils formeraient ainsi un triple lien que les Turcs ne pourraient ensuite rompre facilement : il craignait, en effet, s'il demeurait seul et isolé, d'être promptement détruit avec tout son royaume. Le roi Baudouin, cédant à l'urgence de la nécessité et aux avis que lui adressaient les gens d'Antioche, partit donc pour prendre part à la bataille qu'on regardait comme inévitable. Cependant aussitôt que les Turcs eurent appris que ce prince, attendu depuis près de trois mois par ceux de Damas et d'Antioche, s'approchait d'eux, ils craignirent de s'exposer au péril d'une mort certaine, s'ils engageaient le combat contre des forces si considérables, quoiqu'eux-mêmes fussent plus nombreux encore; ils se retirèrent sans bruit, et se cachèrent dans certaines cavernes, mais sans trop s'éloigner. Quand ils eurent ainsi disparu, le roi et les autres se persuadèrent que ces Païens avaient entièrement quitté les régions que nous occupions, et le roi retourna sur ses pas jusqu'à Tripoli. Pendant que ces choses se passaient, les Ascalonites, sachant que le territoire de Jérusalem se trouvait dépourvu d'hommes d'armes, se portèrent en hâte sur Joppé, ville qui nous appartenait, et l'assiégèrent tant par mer que par terre. Là vint aussi la flotte de Babylone, forte d'environ soixante-dix navires, dont les uns, armés d'éperons, et à trois rangs de rames, étaient préparés pour le combat, et dont les autres servaient au transport des approvisionnemens fournis par le commerce. Ces Infidèles, les uns sortis de leurs vaisseaux, et les autres réunis en corps sur terre, donnèrent l'assaut à la ville, et s'efforcèrent, à l'aide d'échelles qu'ils avaient apportées avec eux, de monter sur les murailles; mais ils furent vivement repoussés par les habitans, quoique peu nombreux et affaiblis par les maladies. Les Païens voyant qu'ils ne pouvaient emporter cette place, comme ils s'en étaient flattés, et que tout leur succès se bornait à avoir brûlé les portes, craignirent que ceux de Jérusalem, à qui l'on avait porté la nouvelle de leur entreprise, n'accourussent au secours des gens de Joppé; ceux donc qui étaient venus par terre regagnèrent Ascalon, et ceux qui étaient arrivés par mer firent voile pour Tyr. Quelques jours après, cependant, les Ascalonites revinrent devant Joppé, croyant que, bien préparés, ils surprendraient les nôtres sans qu'ils fussent sur leurs gardes, et jeteraient le désordre parmi eux, en les assaillant à l'improviste. Mais le Dieu tout-puissant protégea et sauva les nôtres une seconde fois, comme il l'avait fait une première. Tout en se défendant, ils tuèrent quelques hommes à l'ennemi, et en firent prisonniers un plus grand nombre. Les Sarrasins se mirent alors à lancer sur la ville une grêle de pierres, après s'être efforcés d'abord de s'introduire au moyen d'échelles qu'ils avaient transportées sur six petits navires, et appliquées aux murs; mais quand ils se furent fatigués sans succès autour des remparts, pendant six heures du jour, ils se retirèrent tristement, et emportèrent leurs morts. Quant aux Turcs dont il a été parlé plus haut, lorsqu'ils apprirent que notre armée était rentrée dans ses foyers, ils retournèrent à leur premier poste, coururent toute la Syrie, s'emparèrent d'autant de châteaux et de métairies qu'ils purent, ravagèrent tout le pays par le pillage, et emmenèrent avec eux une foule de captifs et de captives. Mais aussitôt que la nouvelle en fut portée aux gens d'Antioche, qui déjà s'étaient retirés, ils revinrent sur leurs pas, et marchèrent contre les Turcs. Déjà ils approchaient de l'ennemi, et apercevaient de loin ses tentes plus près qu'ils ne l'avaient cru d'abord; rangeant donc sur-le-champ leurs troupes en bataille, ils descendent dans la plaine, enseignes déployées, et vont droit aux Turcs, près du fort de Sarmith. Dès que ceux-ci virent ce mouvement, tous ceux des leurs qui étaient armés d'arcs tâchèrent de tenir ferme ; mais les Francs, poussés par une violente colère, et aimant mieux vaincre si Dieu le permet, ou succomber si le Seigneur l'ordonne, que d'être ainsi, chaque année, tourmentés par ces mécréans, se précipitèrent avec une merveilleuse impétuosité sur le point où ils voyaient la foule des Infidèles plus épaisse ; les Turcs résistèrent d'abord quelque temps, et bientôt après se hâtèrent de tourner le dos à un ennemi qui les frappait et les égorgeait sans pitié. On porte à trois mille le nombre des Païens tués dans ce combat; beaucoup furent faits prisonniers, et ceux qui voulurent éviter la mort n'y échappèrent que par la fuite. Les nôtres demeurèrent en possession des tentes de l'ennemi, et y trouvèrent une grande quantité d'ustensiles et d'argent, dont on évalue la somme à trois cent mille byzantins. Les Turcs abandonnèrent en outre, sur le champ de bataille, ceux des nôtres qu'ils avaient pris, tant Francs que Syriens, leurs propres femmes, leurs servantes, beaucoup de chameaux, et, suivant le recensement qu'on en fit, plusieurs milliers de mulets et de chevaux. Le Seigneur est véritablement admirable dans toutes les merveilles qu'il opère. Lorsque ceux de Jérusalem, d'Antioche et de Damas se réunirent pour le combat, tous ces grands préparatifs n'aboutirent à rien. Est-ce donc en effet la multitude des soldats qui assure la victoire dans la guerre? Rappelons-nous les Macchabées, Gédéon et plusieurs autres, qui, se confiant, non dans leur propre force, mais dans celle de Dieu, ont avec quelques hommes détruit plusieurs milliers de combattans. Les détails que je viens de rapporter feront connaître aux races futures, cette mémorable bataille. Trois nuits étaient passées depuis, que l'astre de la Vierge avait disparu du ciel, lorsque la trompeuse fortune trahit cruellement les Turcs. Leur défaite montra assez clairement à tous combien, avant l'événement, on doit se garder de croire assuré le succès de quelque entreprise que ce soit; car l'issue de ce combat fut tout autre que ne l'espéraient les deux partis. Cette année, un tremblement de terre renversa de nouveau la ville de Mamistra, dont la citadelle s'était, comme on l'a dit, écroulée en grande partie l'année précédente, par l'effet d'un semblable fléau; d'autres lieux du pays d'Antioche n'éprouvèrent pas de moindres malheurs.

Cette même année vint à Jérusalem un certain Béranger, évêque de la cité d'Orange : Pascal, qui alors commandait dans Rome en qualité de pape, envoyait ce prélat avec les pouvoirs de légat pour destituer Arnoul, patriarche de Jérusalem. La renommée, toujours prête à semer les troubles, avait peint celui-ci au pontife romain comme illégalement élu et entaché de plusieurs défauts, et indigne d'occuper le siége d'une si importante Eglise. Tels étaient les griefs contre ce patriarche, et de là les bruits répandus sur lui. Le légat convoqua donc un concile, dans lequel il le déposa. Celui-ci se rendit alors à Rome, fut remis en possession du patriarchat, et revint revêtu du pallium.

Cette année encore le roi alla en Arabie, et y éleva un château sur un certain monticule qu'il reconnut être placé, de toute antiquité, dans une forte situation, non loin de la mer Rouge, à trois jours environ de chemin de cette mer, et à quatre de Jérusalem. Baudouin mit dans ce château une bonne garnison, destinée à dominer sur toute la contrée d'alentour pour l'avantage des Chrétiens; et il ordonna qu'il s'appellerait Mont-Réal, par honneur pour lui-même qui avait construit ce fort, en peu de temps, à l'aide de peu de monde, mais avec grande audace.

CHAPITRE XLIV.

Dans l'année 1116, le roi partit de Jérusalem avec environ deux cents hommes d'armes pour aller visiter ce château, et poussa jusques à la mer Rouge pour reconnaître un pays qu'il n'avait pas encore vu, et chercher si par hasard il n'y trouverait pas quelques-unes des choses dont nous manquions. Sur le bord de cette mer il rencontra la ville d'Hélis, où, suivant ce que nous lisons dans l'Ecriture, s'arrêta le peuple d'Israël, après le passage de la mer Rouge. Cette cité est à sept jours de marche de Jérusalem pour des hommes à cheval. Les pêcheurs qui l'habitaient n'eurent pas plus tôt appris l'arrivée du roi, qu'ils quittèrent leurs demeures, se jetèrent dans leurs barques et se lancèrent, saisis d'effroi, sur cette mer. Cependant, lorsque le roi et ceux qui l'accompagnaient eurent examiné ces lieux aussi long-temps qu'il leur plut, ils retournèrent au Mont-Réal, d'où ils étaient venus jusqu'en cet endroit, et revinrent ensuite à Jérusalem. Quand ils nous racontèrent la course qu'ils venaient de faire, nous fûmes charmés tant de leur récit que des coquilles marines et de certaines pierres d'une espèce très-précieuse qu'ils avaient apportées, et nous montraient. Pour moi, je m'informais d'eux en détail, et avec avidité, de la nature de cette mer : jusqu'alors, en effet, j'ignorais si elle était douce ou salée, formait un étang ou un lac, avait une entrée et une sortie comme la mer de Galilée, ou si enfin elle était terminée et fermée à son extrémité ainsi que la mer Morte, qui reçoit le Jourdain, mais ne lui donne plus passage, et finit au midi à Ségor, la ville de Loth. Cette mer Rouge est ainsi nommée parce que son lit est couvert de sable et de petites pierres rougeâtres, qui, quand on regarde au fond de ses eaux, les font paraître rouges; et cependant ces mêmes eaux, si l'on en puise dans un vase quelconque, on les trouve limpides et blanches comme celles de toute autre mer. Celle-ci vient de la grande mer appelée vulgairement Océan, qui, au sud, pénétrant par un détroit dans l'intérieur des terres, s'étend vers le nord jusqu'à la ville d'Hélis, dont il a été parlé plus haut, et finit non loin du mont Sinaï, dont elle est cependant distante de tout le chemin qu'un homme à cheval peut faire en un jour. De cette mer Rouge, ou de la ville d'Hélis, citée plus haut, jusqu'à la grande mer Méditerranée, par laquelle on va de Joppé, Ascalon, ou Gaza, à Damiette, on compte quatre ou cinq journées de marche à cheval. Entre les sinuosités que forment ces deux mers, sont comprises l'Egypte, toute la Numidie et l'Ethiopie, qu'entoure le Géon ou Nil, fleuve du Paradis, comme on le lit dans la Bibliothèque de Solin. Je puis bien admirer, mais je ne saurais nullement m'expliquer comment et pourquoi ce fleuve, qui, comme on le voit dans les saintes

Ecritures, sort du Paradis terrestre avec les trois autres, paraît cependant jaillir une seconde fois d'une source nouvelle, puisqu'il coule ainsi entre la mer Rouge, à l'orient, et la grande mer Méditerranée, où il va se perdre, au couchant. En effet, la mer Rouge, par sa position, le sépare de l'orient, où nous savons que se trouve le Paradis terrestre dont il sort. De quelle manière donc il reprend sa source en deçà de cette mer Rouge, soit qu'il la traverse ou ne la traverse pas, c'est ce qui me confond.

On nous apprend la même chose de l'Euphrate, qui prend sa source dans l'Arménie, traverse la Mésopotamie, et passe à vingt-quatre milles tout au plus, ce me semble, de la ville d'Edesse. Recherche qui voudra la cause de ces phénomènes, et l'explique qui pourra; quant à moi, je me suis bien souvent efforcé, en questionnant une foule de gens, d'obtenir à cet égard quelque éclaircissement; mais je n'ai jamais rencontré personne qui pût me rien dire de satisfaisant. J'abandonne donc toute explication sur ce point à celui qui a placé miraculeusement les eaux au dessus des cieux, les a fait ensuite pomper par les montagnes, les collines et les creuses vallées; puis, les dirigeant à travers des routes cachées, leur a ouvert des chemins souvent interrompus jusqu'aux flots de l'Océan, et les a enfin fait entrer et perdre miraculeusement dans la mer. Revenons donc maintenant à notre histoire.

Aux approches de la fin de l'année, le roi, attaqué d'une douloureuse maladie corporelle, craignit d'en mourir, et renvoya sa seconde femme, dont il a été parlé plus haut; la comtesse de Sicile, nommée Adélaïde. Son mariage avec elle était en effet d'autant plus coupable que la première femme qu'il avait épousée solennellement et loyalement à Edesse vivait encore. Dans cette même année, plusieurs parties de l'Italie souffrirent beaucoup de tremblemens de terre.

CHAPITRE XLV.

L'année suivante 1117, à dater de l'Incarnation du Sauveur, ladite reine sortit du port de la ville de Ptolémaïs le jour même où, conformément aux règles ecclésiastiques, se chantent les grandes litanies [1], et retourna par mer dans son comté de Sicile. Ensuite, et dans le mois de mai suivant, une multitude innombrable de sauterelles inonda le territoire de Jérusalem, et dévora plus complétement encore que d'ordinaire les vignes, les moissons et les arbres de tout genre; on les voyait, à la manière d'armées composées d'hommes, se concerter pour ainsi dire soigneusement et à l'avance dans une sorte de conseil, marcher ensuite en bon ordre par les chemins, exécuter, les unes en marchant, les autres en volant, l'expédition arrêtée pour chaque jour, et enfin se choisir pour la nuit un même asyle. Lorsqu'une fois elles eurent mangé les blés déjà verts, et rongé les écorces des arbres avec leur sève, ces sauterelles, tant les rongeuses que les ordinaires, quittèrent le pays. O méchanceté des mortels, qui sans cesse persistent dans leur malicieuse perversité! Notre Créateur et notre maître nous atteint, et nous avertit, par de

[1] Le jour de saint Marc.

grandes et nombreuses preuves, de sa colère, nous effraie par des prodiges, nous gourmande par ses menaces, nous instruit par ses leçons, nous frappe même de sa verge ; et nous, persévérant toujours dans nos iniquités, nous méprisons ses avertissemens, et violons orgueilleusement ses préceptes. Faut-il donc s'étonner que des Sarrasins, ou d'autres maîtres iniques, nous prennent nos terres, lorsque nous-mêmes étendons une main rapace sur les champs de nos plus proches parens, lorsque nous y promenons frauduleusement le soc de la charrue, les enlevons, comme des filoux, par les chicanes d'une mauvaise foi cupide, et en accroissons méchamment nos propres domaines? Faut-il s'étonner si Dieu permet que les rats dévastent nos récoltes au moment où déjà elles commencent à germer et à prendre racine dans la terre, que les sauterelles les dévorent lorsque déjà dans leur force elles montent en épis, qu'enfin des insectes de toute espèce ou une brûlante chaleur les gâtent dans nos greniers, puisque nous-mêmes nous trompons en acquittant les dîmes dues au Seigneur, ou même poussons le sacrilége jusqu'à les retenir entièrement? Le mois suivant, qui était celui de juin, et après l'heure du chant du coq, la lune apparut d'abord complétement rouge à ceux de nous qui la considéraient dans le ciel; puis, cette couleur rouge se changeant en un noir foncé, cet astre perdit toute la force de sa lumière pendant deux heures. Ce phénomène arriva dans la nuit qui, avec la journée suivante, formait, comme on le lisait dans les calculs du calendrier, le treizième jour de la lune. Si cet événement singulier avait eu lieu le quatorzième jour de la lune, nous aurions compris que c'était une éclipse de cet astre; mais à la manière dont ce fait se passa, nous le regardâmes comme un pronostic. Quelques-uns de nous, cherchant à l'interpréter, prétendaient que la rougeur de la lune annonçait le sang prêt à couler dans les combats, et expliquaient la couleur noire de cet astre comme le présage d'une famine future. Quant à nous, voyant toutes ces choses d'un œil plus sage, nous les abandonnions à la prudence et à la volonté de Dieu, qui a prédit avec vérité à ses disciples que peu de temps avant la fin du monde il y aurait des signes dans le soleil et dans la lune, et qui, quand il lui plaît, fait trembler la terre, et la rend ensuite immobile. Ce qui suit arriva dans le même mois, et pendant le silence de la nuit, le vingt-sixième jour de juin. Le roi éleva près de la ville de Tyr, et au delà de la cinquième pierre milliaire placée en dehors de cette cité, un petit-château nommé Scandaléon, mot qui peut s'exprimer par *Champ du Lion*, en fit mettre toutes les brèches en bon état, et y plaça une garnison pour resserrer ladite ville. Cette même année, dans le mois de décembre, la cinquième nuit après l'éclipse de lune arrivée quand on comptait le treizième jour de la lune, et au commencement de cette même nuit, le ciel nous parut à tous briller, du côté du nord, d'une lueur de la couleur du feu, ou plutôt du sang. A l'aspect de ce prodige, qui renfermait en lui-même une foule de signes merveilleux, nous fûmes frappés d'une vive admiration. Dans le milieu de cette lueur rouge, qui d'abord avait commencé à s'étendre peu à peu, nous vîmes en effet des rayons de couleur blanche s'élever en grand nombre de bas en haut, tantôt en avant, tantôt en arrière, tantôt au centre même de la lueur rougeâtre; mais en même temps le ciel semblait, dans sa partie inférieure, totalement blanc, comme il est au moment où paraît l'aurore qui d'ordinaire brille un peu avant le jour, et quand le soleil va se lever : de plus enfin, sur le devant de ce même météore, et dans la même partie du ciel, nous apercevions une certaine lumière blanchâtre, semblable à celle qu'on voit quand la lune est sur le point de se lever, et qui donnait une teinte blanche parfaitement claire tant à la terre qui nous environnait de tous côtés, qu'aux autres objets placés près de nous. Si ce phénomène se fût manifesté le matin, nous aurions certes tous dit que c'était le jour qui paraissait. Nous conjecturâmes donc que ce signe annonçait que beaucoup de sang coulerait dans la guerre, ou présageait quelque autre événement non moins menaçant : au surplus, tout incertains sur ce que pourrait être cet événement, nous l'abandonnions unanimement, et en toute humilité, à la volonté du Seigneur notre Dieu. Quelques-uns, toutefois, expliquèrent ce prodige comme le pronostic du trépas de grands personnages qui décédèrent cette même année. On vit en effet mourir dans la suite le pape Pascal, au mois de janvier; Baudouin, roi de Jérusalem, en avril; sa seconde femme qu'il avait abandonnée, et renvoyée en Sicile; Arnoul, patriarche de Jérusalem; Alexis, empereur de Constantinople, et beaucoup d'autres grands de la terre.

CHAPITRE XLVI.

L'année 1118 depuis l'enfantement de la Vierge, et à la fin du mois de mars, le roi Baudouin attaqua de vive force, prit et ravagea la ville appelée Pharamie. Après cette expédition ce prince, se promenant un certain jour avec les siens, arriva, plein de gaîté, jusqu'au fleuve que les Grecs nomment Nil, et les Hébreux Géon, voisin de la place dont il vient d'être parlé. Là, des cavaliers percèrent adroitement de leurs lances quelques jeunes poissons, les portèrent à leur logement dans la susdite ville, et se mirent à les manger; tout à coup le roi sentit au dedans de soi qu'il se trouvait mal, par suite des douleurs d'une ancienne blessure, qui se renouvelèrent avec grande violence. Cette nouvelle fut aussitôt communiquée aux siens; ils eurent à peine appris sa maladie, que, saisis tous d'une pieuse compassion, ils se troublèrent et s'attristèrent grandement. On arrêta de revenir à Jérusalem; mais le roi ne pouvant monter à cheval, les siens lui préparèrent, avec les pieux des tentes, une litière, et l'y placèrent; puis, au premier signal que le héraut fit entendre avec son cor, on ordonna de se mettre en route pour retourner à la Cité sainte. Lorsqu'on fut parvenu à la ville qu'on nomme Laris, Baudouin, que son mal toujours croissant avait entièrement consumé, rendit le dernier soupir. Les siens lavèrent alors et salèrent ses entrailles, puis placèrent son corps dans une bière, et le rapportant avec eux, ils arrivèrent à Jérusalem. Par l'ordre exprès de Dieu, et un hasard inconcevable, le jour même où, selon les règles de l'Église, on a coutume de porter processionnellement des rameaux de palmier, cette troupe lugubre et chargée des tristes dépouilles du roi, se rencontra avec la procession, au moment où celle-ci descendait du mont des Oliviers vers la vallée de Josaphat. A cette vue, et dès que l'événement fut connu, tous les assistans, au lieu de chants de triomphe et de joie, poussèrent des gémissemens ; les Francs pleuraient, les Syriens versaient des larmes, les Sarrasins même, témoins de ce spectacle, faisaient de même : qui aurait pu en effet se défendre de se livrer à une pieuse douleur ? Peuple et clergé, tous rentrant alors dans la ville, firent ce que commandaient le chagrin et l'usage, et ensevelirent Baudouin dans Golgotha, près de son frère le duc Godefroi. Quand ce roi tomba, il fut pleuré de la pieuse nation des Francs, dont il était le bouclier, la force et l'appui. Semblable à Josué, ce vaillant chef du royaume fut en effet l'arme des siens, la terreur des ennemis et leur plus redoutable adversaire. Il enleva Césarée, Accon, Béryte et Sidon aux indignes et cruels ennemis. Ensuite il joignit au royaume, et soumit au joug les terres des Arabes, ou au moins celles qui touchent à la mer Rouge. Il prit Tripoli, et emporta Arsuth avec non moins de vigueur, fit en outre beaucoup d'autres choses honorables, et occupa le trône dix-huit ans et trois mois. Le soleil avait visité seize fois le signe du Belier, quand mourut le grand roi Baudouin. Comptez dix-huit fois douze mois, et vous aurez le nombre des années pendant lesquelles ce prince gouverna glorieusement la patrie.

On tint promptement un grand conseil ; et pour que les ennemis ne nous crussent pas trop faibles, par cela seul que nous n'avions plus de monarque à notre tête, on créa roi Baudouin comte d'Edesse, cousin du prince défunt : ayant traversé le fleuve de l'Euphrate, il venait d'arriver par hasard à Jérusalem, pour conférer avec son prédécesseur [1]. Elu à l'unanimité, on le sacra le jour de Pâques. Cette même année, quand l'été fut venu, les Babyloniens se flattant de pouvoir détruire entièrement par la guerre les Chrétiens de Jérusalem, rassemblèrent une immense armée, qu'on évaluait à quinze mille cavaliers, et vingt mille hommes de pied. Lorsqu'ils furent arrivés à Ascalon, Toldequin, roi de Damas, traversa le Jourdain, et vint se joindre à eux avec les siens ; de plus une flotte qui n'était pas peu nombreuse, et destinée à nous nuire par mer, arriva jusqu'à la même hauteur. De là les navires, tant ceux de guerre que ceux qui étaient chargés d'approvisionnemens, allèrent à Tyr ; quant aux Grecs arrivés par terre, ils demeurèrent devant Ascalon à attendre le combat. Notre roi Baudouin partit alors avec ceux d'Antioche et de Tripoli, auxquels il avait mandé par des messagers de venir prendre part à cette guerre, et marcha en toute hâte pour livrer bataille à l'armée ennemie. Une fois qu'il eut passé Azot, ancienne cité des Philistins, il ordonna de décharger les tentes de dessus les bêtes de somme, et de les planter non loin

[1] Le texte porte *cum de predecessore loquuturus. De* semble de trop pour le sens.

des Babyloniens. Les deux armées se trouvaient ainsi tellement près, qu'elles pouvaient chaque jour se voir et s'observer mutuellement; mais les uns et les autres craignaient d'attaquer, et aimaient mieux vivre que mourir. Quand donc les deux partis eurent ainsi passé environ trois mois à ruser et à différer, par suite de cette crainte, d'en venir aux mains, les Sarrasins fatigués d'une si longue attente, refusèrent de continuer la guerre, et se retirèrent. De leur côté, ceux d'Antioche retournèrent alors chez eux, laissant au roi trois cents de leurs hommes d'armes, pour l'aider, en cas de besoin, à combattre, si les Égyptiens tentaient de renouveler une seconde fois la querelle.

CHAPITRE XLVII.

L'an de l'Incarnation du Sauveur 1119, le pape Gélase, successeur de Pascal, mourut le vingt-neuvième jour de janvier, fut enterré à Cluni, et eut pour successeur Calixte qui avait été archevêque de Vienne. Nous ennuierions par la prolixité de cette histoire, si nous voulions raconter en détail tous les malheureux événemens qui arrivèrent cette année dans le pays d'Antioche; comment Roger, prince de cette cité, en sortit avec ses grands et son peuple pour combattre les Turcs, et tomba massacré près du fort d'Artasie, où périrent aussi sept mille de ceux d'Antioche, tandis que les Infidèles ne perdirent pas même vingt hommes. Il ne faut pas, au reste, s'étonner si Dieu permit que Roger et les siens fussent ainsi confondus; vivant en effet dans une grande abondance de richesses de tout genre, ils ne redoutaient pas le Seigneur, et ne craignaient pas davantage d'outrager les hommes par leurs péchés. Roger lui-même se livrait à l'adultère avec plusieurs femmes, jusque sous les yeux de sa propre épouse, et privait de son héritage son véritable seigneur, le fils de Boémond[1], qui demeurait avec sa mère dans la Pouille; lui et ses grands, s'abandonnant à la superbe et à la luxure, commettaient encore beaucoup d'autres crimes; aussi est-ce à eux que s'applique ce verset d'un psaume de David : « Leur iniquité est venue de trop d'embonpoint. » A peine, en effet, le monde pourra-t-il se conserver au milieu des délices qui y abondent de toutes parts.

CHAPITRE XLVIII.

Ce massacre des gens d'Antioche fut suivi d'une assez grande victoire, que le Seigneur dans sa bonté accorda miraculeusement à ceux de Jérusalem. Le susdit Roger avait, en effet, envoyé des députés presser le roi de Jérusalem de venir en toute hâte à son aide contre les Turcs qui l'attaquaient avec des forces nombreuses. Celui-ci, accompagné du patriarche qui portait la croix faite du bois de celle du Sauveur, était allé avec les siens, non loin du Jourdain, attaquer les gens de Damas. Se contentant de les avoir chassés courageusement des terres de ses

[1] Le texte porte *alium Bauemondi*; il faut *filium*. Roger, était neveu de Boémond, et n'avait comme Tancrède que la régence.

Etats, il abandonna cette expédition, et courut au secours de ceux d'Antioche; il se fit suivre de l'évêque de Césarée, qui porta bravement contre l'ennemi, au milieu même de la bataille, la susdite sainte croix, et emmena avec lui le comte de Tripoli. Ses forces réunies montaient à deux cent cinquante chevaliers. Quand on fut parvenu à Antioche, le roi envoya des messagers ordonner en son nom à ceux d'Edesse de venir, à marches forcées, prendre part au combat qu'on se préparait à livrer contre les Turcs. Dès que ceux-ci se furent joints au roi, et à ceux des gens d'Antioche qui avaient fui de la précédente bataille, ou échappé à la mort par un hasard quelconque, on en vint aux mains avec les Païens, près du fort qu'on appelle Sardanium, distant d'Antioche de vingt-quatre milles. Cette bataille se donna le quatorzième jour d'août. Nos troupes se montaient en tout à sept cents hommes d'armes; les Turcs en comptaient vingt mille, et Ghazi était le nom de leur chef. Je ne crois pas devoir omettre de rapporter qu'un certain turc, s'apercevant que l'un des nôtres connaissait la langue persane, lui parla en ces termes : « Je te le dis, Franc, pourquoi prendre
« plaisir à vous abuser? pourquoi vous fatiguer en
« vain? Vous n'êtes, certes, nullement de force à
« vous mesurer avec nous; vous êtes peu, et nous
« sommes beaucoup; de plus, votre Dieu vous aban-
« donne, parce qu'il voit que vous ne vous montrez
« plus, ainsi que vous aviez coutume de le faire,
« exacts à garder votre loi, et à observer entre vous-
« mêmes les règles de la foi et de la vérité. Cela nous
« le savons; on nous l'a raconté; nous le voyons de

« nos propres yeux. Demain, sans aucun doute, nous
« vous vaincrons, nous vous écraserons, nous vous
« anéantirons. » O quelle honte pour des Chrétiens
que des Infidèles nous reprennent sur notre manque
de foi ! Certes, nous devrions en rougir grandement,
et songer à pleurer sur nos péchés, et à nous en corriger radicalement. Le jour suivant s'engagea donc,
comme on l'a dit plus haut, ce terrible combat. Longtemps la victoire flotta incertaine entre les deux partis ; mais enfin le Tout-Puissant contraignit les Turcs
à fuir, et prêta contre eux aux Chrétiens une force
vraiment miraculeuse. Ceux-ci dispersèrent si bien en
petits corps séparés les Infidèles, qui les avaient attaqués, et les poursuivirent si vivement jusque sous les
murs d'Antioche, que les Turcs ne purent se réunir
à leurs compagnons. Mais plutôt ce fut Dieu qui dissipa ainsi ces mécréans, dont les uns regagnèrent, en
fuyant, la Perse leur patrie, et dont les autres se
jetèrent dans la ville d'Alep pour sauver leur vie. Le
roi de Jérusalem et le comte de Tripoli, qui, avec
leurs gens, s'étaient montrés de vrais enfans de la
croix, l'avaient apportée à cette guerre avec tout le
respect de serviteurs pour leur maîtresse, et avaient
toujours combattu autour d'elle en gens d'honneur,
et sans jamais l'abandonner, demeurèrent courageusement sur le champ de bataille. Le Seigneur toutpuissant les arracha miraculeusement, par la vertu de
cette même croix, des mains de la race criminelle
des Turcs, et les réserva pour accomplir encore dans
l'avenir d'autres travaux en l'honneur de son nom.
Après donc que le roi Baudouin eut gardé deux jours
entiers ce champ de bataille, sans voir aucun des

Infidèles y revenir pour recommencer le combat, il prit avec lui la croix du Sauveur, dont il a été parlé ci-dessus, et se mit en route pour Antioche. Le patriarche de cette cité vint au devant de cette sainte croix, ainsi que du roi et de l'archevêque qui la portaient. Tous ensuite rendirent des actions de grâces, et payèrent un juste tribut de douces louanges au Dieu maître de toutes choses, qui par la puissance de sa glorieuse croix avait donné la victoire aux Chrétiens, et permis qu'ils retrouvassent intacte cette précieuse croix. Tous versaient de pieuses larmes, chantaient des hymnes de joie, s'inclinaient avec des génuflexions sans cesse répétées devant cette croix pour l'adorer; puis, se relevant la tête haute, et d'un air de triomphe, ils rendaient grâces au Seigneur. Deux fois le soleil avait éclairé de sa lumière le signe de la Vierge, lorsque se donna ce combat dans lequel les Turcs furent si complétement défaits ; alors aussi brillait le croissant de la lune, dont on comptait le dixième jour. Après qu'on eut goûté quelques instans de repos dans Antioche, il fut arrêté qu'on retournerait à Jérusalem, en remportant avec le respect convenable la sainte croix. Le roi la renvoya donc dans cette ville, en la faisant accompagner du nombre d'hommes d'armes nécessaires pour la protéger dans sa route. Le jour même où se célébrait la fête de son exaltation, ceux-ci entrèrent dans la Cité sainte, avec autant de joie qu'on en vit au victorieux empereur Héraclius, lorsqu'il reprit cette même croix sur la Perse; et tous ceux qui étaient dans la ville les accueillirent avec un plaisir ineffable. Quant à Baudouin il prolongea son séjour à Antioche, comme l'exigeait la nécessité, jusqu'à ce qu'il eût placé utilement les terres de ceux des grands qui étaient morts, en les donnant à des vivans¹ moyennant un prix convenu, uni avec un soin pieux à de nouveaux maris les veuves qu'il trouva dans cette ville en grand nombre, et réformé beaucoup d'autres maux en rétablissant les choses comme elles devaient être. Jusqu'alors il avait été simplement roi de Jérusalem; mais le comte Roger étant mort, Baudouin fut également roi d'Antioche, et vit un nouveau royaume ajouté à celui qu'il possédait déjà. Je recommande à ce prince, et je le supplie d'aimer Dieu de tout son cœur, de toute son ame, de toutes ses forces, de lui être entièrement soumis, comme un serviteur fidèle, de lui rendre des actions de grâces, et de se reconnaître l'humble esclave de ce maître qu'il a trouvé si plein de bontés. Quel est, en effet, celui de ses prédécesseurs que le Seigneur ait élevé aussi haut que lui? Aux autres, il n'a donné qu'un royaume; lui, il l'a rendu possesseur de deux; et ces deux royaumes il les a obtenus paisiblement, sans fraude, sans effusion de sang, sans même avoir à éprouver le chagrin de la moindre contestation, par la seule volonté divine. Le Seigneur, en effet, lui a concédé toute la terre comprise, tant en longueur qu'en largeur, depuis l'Egypte jusqu'à la Mésopotamie. Dieu a eu pour lui la main largement ouverte; qu'il prenne donc garde de l'avoir trop serrée envers celui qui donne abondamment, et ne reproche jamais ses dons. S'il veut être vraiment roi, qu'il s'étudie à gouverner

---

¹ Le texte porte *vinis sub ratiocinio daturus*; c'est *vivis* qu'il faut, ce semble, pour le sens. Guillaume de Tyr justifie cette correction.

justement. Après que ce prince eut ainsi terminé une foule d'affaires, et fut revenu à Jérusalem, on le ceignit ainsi que son épouse du bandeau royal, dans Bethléem, le jour même de la nativité du Sauveur.

CHAPITRE XLIX.

En l'année 1120, depuis l'Incarnation de Jésus-Christ, le roi Baudouin II exempta de toutes gênes ceux qui voudraient faire entrer par les portes de Jérusalem du froment, de l'orge ou des légumes; et ordonna que, Chrétiens ou Sarrasins, ils auraient la libre faculté d'entrer et de sortir, de vendre leurs denrées où et à qui il leur plairait, sans être molestés, et leur fit en outre remise du droit d'un boisseau qu'ils étaient d'ordinaire tenus de payer. Après que nous eûmes passé dans Jérusalem les six premiers mois de cette année, des messagers arrivèrent d'Antioche, et annoncèrent, tant au roi qu'à tous ceux de nous qui se trouvaient présens, que les Turcs avaient passé l'Euphrate et étaient entrés en Syrie pour nuire aux Chrétiens, comme ils l'avaient déjà fait par le passé. Le roi ayant donc pris conseil, comme l'exigeait l'urgente nécessité des circonstances, demanda en toute humilité au patriarche et au clergé de lui confier, pour l'emporter avec lui, la croix du Sauveur; et il disait que les siens avaient d'autant plus besoin d'être fortifiés par ce signe du salut dans les combats qu'ils auraient à livrer, qu'il était persuadé qu'on ne pourrait pas, à moins de braver de graves dangers, chasser lesdits Turcs de notre territoire, que déjà ils dévastaient; qu'il ne se confiait ni dans sa valeur, ni dans le grand nombre de ses troupes, et préférait à beaucoup de milliers d'hommes cette croix, qui lui assurerait le puissant secours et la faveur de Dieu ; qu'enfin sans cette croix, ni lui-même ni les autres n'oseraient partir pour cette guerre. Alors s'éleva entre ceux qui allaient partir pour cette expédition et ceux qui devaient rester dans Jérusalem une discussion, certes bien convenable dans cette occasion, pour savoir si, dans une crise si importante pour la Chrétienté, il fallait porter la sainte croix à Antioche, ou si l'église de Jérusalem devait ne pas se priver d'un si précieux trésor. « Hélas! malheureux, disions-nous, que deviendrions-nous si Dieu permettait que nous perdissions sa croix dans cette guerre, comme autrefois les Israélites ont perdu l'arche d'alliance! » Mais pourquoi m'étendrais-je davantage sur ces détails? Ce que nous ne voulions pas, nous finîmes par le vouloir malgré notre propre volonté ; la nécessité commandait, la raison parlait, nous fîmes ce qui était demandé; le roi, le patriarche, tout le peuple accompagnèrent la sainte croix hors de la ville, nu-pieds, en versant sur cette relique un torrent de pieuses larmes, et en chantant en son honneur des cantiques de louanges; le monarque partit avec elle en pleurant, et le peuple rentra sans elle, en pleurant, dans la Cité sainte. On était alors dans le mois de juin. Les nôtres marchèrent droit à Antioche, que déjà les Turcs serraient de si près qu'à peine les habitans osaient-ils s'avancer à un mille hors de l'enceinte du mont. Mais les Infidèles ayant appris que le roi arrivait, se retirèrent sur-le-champ de devant cette ville, et se dirigèrent sur Alep, où ils croyaient pouvoir être plus en sûreté, et où trois mille soldats de Damas se réunirent à eux. Cependant Baudouin, par une marche pleine d'audace, approcha l'ennemi de plus près, dans le dessein de livrer bataille. Déjà les flèches volaient de part et d'autre, et quelques hommes étaient tombés ou blessés ou morts ; mais les Turcs refusaient toujours le combat. Après trois jours passés à se harceler ainsi, sans que cette lutte se terminât d'une manière positive, les nôtres regagnèrent Antioche, et les Infidèles, pour la plus grande partie, retournèrent dans la Perse leur patrie. Au surplus, le roi renvoya honorablement escortée la sainte croix à Jérusalem, et resta dans la contrée d'Antioche, afin de pourvoir à la sûreté de ce pays. Le vingtième jour d'octobre, nous reçûmes avec grande joie dans la Cité sainte la très-glorieuse croix du Sauveur.

CHAPITRE L.

L'année 1121 de l'Incarnation du Seigneur, le roi réunit tout ce qu'il avait de troupes depuis Sidon jusqu'à Joppé ; il traversa le Jourdain le 5 du mois de juillet, et marcha contre le roi de Damas. Ce prince avec les Arabes ses alliés, qui étaient venus le joindre en foule, ravageait, sans rencontrer la moindre résistance, la partie de notre territoire la plus voisine de Tibériade ; mais aussitôt qu'il soupçonna que notre roi s'avançait avec son armée contre lui, rassemblant ses tentes, et évitant le combat, il se retira en fugitif dans son pays. Baudouin l'ayant poursuivi pendant deux jours, sans que cette race ennemie osât accepter la bataille, tourna ses pas vers un certain château, que Toldequin, roi de Damas, avait fait construire l'année précédente pour nous nuire, et que nous estimons être éloigné du Jourdain d'environ seize milles. Le roi y mit le siége, le pressa vivement à l'aide de machines, l'attaqua de vive force, le contraignit de se rendre, et le prit. Il permit à quarante Turcs qui en formaient la garnison, et le défendaient, de se retirer la vie sauve, puis détruisit, et rasa le château. Les habitans du pays nommaient Jarras cette forteresse construite de grandes pierres carrées, au centre même d'une glorieuse cité bâtie très-anciennement dans une situation aussi forte qu'admirable. Baudouin reconnaissant qu'on ne pourrait occuper ce fort sans une grande dépense, et qu'il serait difficile d'y maintenir constamment autant d'hommes et d'approvisionnemens qu'il le faudrait, il commanda qu'on le détruisît, et que tous [1] ensuite retournassent chez eux. La ville dont il s'agit ici, nommée Gérasa, qui touchait au mont Galaad, et faisait partie du territoire de la tribu de Manassé, était autrefois célèbre dans l'Arabie. Ici se termine ce que nous avions à dire de cette année prospère presqu'en toutes choses, heureuse par la paix et abondante en productions de tout genre.

---

[1] Le texte porte *omnia ad sua regredi*; il faut, ce semble, *omnes*. Ce qui est dit plus haut, que Baudouin rassembla tout ce qu'il avait d'hommes de Sidon à Joppé, explique et justifie cette correction.

CHAPITRE LI.

L'an 1122, à dater de l'Incarnation du Sauveur, l'archevêque de l'église de Tyr, appelé Odon, fut élevé au siége de Jérusalem : ce fut le premier de race latine qui obtint ce patriarchat ; mais il mourut dans la même année, et fut enterré à Ptolémaïs. Ensuite le roi se rendit dans cette dernière ville, et y rassembla toutes ses troupes, tant gens de pied que chevaliers ; puis faisant connaître à son armée le but de son expédition, et portant avec lui la sainte croix du Seigneur, il marcha sur Tripoli, pour venger l'injure et l'acte de mépris dont s'était rendu coupable envers lui le comte de cette ville. Celui-ci, nommé Pons, refusait en effet d'obéir au roi comme l'avait fait Bertrand son père ; mais par la volonté de Dieu, et à la louange des grands des deux partis, le comte entendit raison, et le roi et lui redevinrent mutuellement amis. La paix venait d'être rétablie entre eux, quand arriva dans ce lieu un certain archevêque, envoyé par les gens d'Antioche, avec mission de presser le roi de venir en toute hâte secourir cette ville contre les Turcs. Déjà ces Infidèles ravageaient le pays, sans qu'il se trouvât aucun chef pour leur résister. A cette nouvelle Baudouin marcha sur-le-champ contre eux, n'ayant avec lui que trois cents hommes d'armes bien choisis, et quatre cents hommes de pied d'un courage éprouvé, qu'il avait pris à sa solde ; quant aux autres troupes elles retournèrent ou à Jérusalem ou chez elles. Lorsque le roi fut parvenu près de l'endroit où les Turcs étaient rassemblés, autour d'un certain château nommé Sardanium, qu'ils assiégeaient et serraient vivement, ceux-ci, n'osant pas l'attendre, s'éloignèrent de cette place. Baudouin l'ayant appris, se retira de son côté dans Antioche; les Turcs alors vinrent de nouveau reprendre le siége qu'ils avaient commencé. Dès que le roi en fut instruit, il monta à cheval, et courut à eux; mais cette race, vraiment Parthe par sa manière de se préparer à la guerre et de la faire, ne sait jamais demeurer un seul instant[1] dans la même position; plus prompte que la pensée, elle tourne tantôt le visage, tantôt le dos, à ceux qui l'attaquent, s'éloigne par une fuite simulée au moment où on l'espère le moins, et revient tout à coup fondre sur vous à toute course. Dans cette occasion, ces Infidèles refusèrent tout-à-fait d'en venir aux mains, et s'en allèrent comme gens complétement vaincus. C'est ainsi que l'étendard béni de la très-sainte croix du Seigneur, ce secours toujours et partout présent à tous les orthodoxes, qui protége, console et fortifie les fidèles, permit à nos Chrétiens de retourner chez eux sans avoir éprouvé le moindre échec. On estimait en effet la force des Turcs à dix mille hommes d'armes, tandis que nous n'en avions que douze cents, sans compter le corps des gens de pied. Le roi revint jusqu'à Tripoli avec la sainte croix du Sauveur; puis, accompagné seulement de quelques hommes, reprit la route d'Antioche. La croix du Seigneur fut alors rapportée avec grande joie à Jérusalem, et remise

---

[1] Le texte porte *moraliter*: l'auteur paraît faire venir ce mot de *mora*, retard; autrement il n'aurait aucun sens.

honorablement à sa place accoutumée, le 20 septembre. Pendant que ces choses se passaient, Josselin, comte d'Edesse, tomba dans une embuscade que lui avait dressée un certain émir Balak, renommé par ses ruses; il y perdit non moins de cent des siens, qui y laissèrent la vie, et fut fait prisonnier avec son cousin Galeran. Cette année ne fut pas moins riche que la précédente en toutes sortes de fruits de la terre; on récolta dans les champs des productions de tout genre, et le boisseau de froment se vendait une pièce d'argent, ou quarante pièces de petite monnaie, si l'on veut calculer par le poids. Alors ni les Parthes, ni les Babyloniens ne songeaient à entreprendre de nouvelles guerres.

CHAPITRE LII.

L'Année 1123, depuis la naissance du Sauveur, Henri, roi d'Allemagne, fit la paix avec le pape Calixte. Grâces en soient rendues au Seigneur, qui voulut ainsi réunir par les liens de l'amitié le trône et le sacerdoce. Cette même année, les Vénitiens se déterminèrent à naviguer vers la Syrie avec une grande flotte, afin d'étendre, avec le secours de Dieu, pour l'avantage et la plus grande gloire de la foi chrétienne, l'empire et le territoire de Jérusalem. Partis de leur pays l'année précédente, ils passèrent l'hiver dans une île qu'on appelle Chypre, et y attendirent la saison favorable pour se remettre en mer. Leur flotte se composait de cent vingt navires, sans compter les canots et les barques ; ces vaisseaux étaient les uns garnis d'éperons, les autres des bâtimens de transports, et d'autres enfin à trois rangs de rames. Ces derniers, construits à trois étages, renfermaient beaucoup de matériaux d'une grande longueur, dont d'habiles ouvriers construisaient des machines, à l'aide desquelles on pouvait prendre ou brûler les plus hautes murailles des places fortes. Aussitôt donc que le printemps ouvrit aux vaisseaux le chemin des mers, les Vénitiens ne différèrent pas d'accomplir le vœu qu'ils avaient fait à Dieu depuis long-temps. Après avoir réuni en abondance les vivres nécessaires pour la traversée, ils mirent le feu aux baraques dans lesquelles ils s'étaient reposés pendant l'hiver, invoquèrent le secours du Seigneur, dressèrent et déployèrent leurs voiles au son d'un grand nombre de clairons. Les vaisseaux peints à l'avance de diverses couleurs réjouissaient, par leur doux éclat, les yeux de ceux qui les voyaient de loin. Ils étaient montés par quinze mille hommes armés, tant Vénitiens que pèlerins d'autres pays, qui s'étaient joints à cette entreprise, et portaient en outre trois cents chevaux ; un vent léger seconde leur marche ; ils fendent en bon ordre le sein des ondes, et dirigent leur course d'abord vers Modon, ensuite sur Rhodes. Comme il importe que tous marchent ensemble et de conserve, et point séparément, même lorsque parfois les vents viennent à changer, les uns modèrent leur course pour ne pas se trouver souvent éloignés des autres ; dans ce but encore, ils marchent à petites journées, ne font voile que le jour et point la nuit, entrent fréquemment dans les ports qu'ils trouvent sur leur route, et pourvoient chaque jour aux besoins indispensables, de peur que le manque d'eau fraîche ne fasse souffrir de la soif et les hommes et les chevaux. Dans ce même temps, il arriva que Baudouin roi de Jérusalem fut fait prisonnier. Ce Balak, en effet, qui, quelque temps auparavant, avait pris Josselin comte d'Edesse et Galeran, réussit encore à s'emparer de Baudouin, qui dans cette occasion, faute d'assez de prévoyance, fut contraint de se rendre [1]. Rien assurément ne pouvait être plus agréable aux Païens, et plus horrible pour les Chrétiens. Aussitôt que le bruit de ce malheur fut parvenu jusqu'à nous, et répandu dans Jérusalem, tous s'empressèrent de se réunir en assemblée générale dans la cité de Ptolémaïs, et de tenir conseil pour aviser à ce qu'il fallait faire. On élut et l'on établit gardien et gouverneur du royaume un certain Eustache, homme d'une grande vertu et de mœurs très-pures, qui possédait alors les villes de Sidon et de Césarée. Le patriarche de Jérusalem, d'accord avec les grands du pays, le régla ainsi, et ordonna qu'on eût à s'y conformer jusqu'à ce qu'on apprît quelque chose de positif sur la fin de la captivité du roi. Vers le milieu du mois de mai, nous fûmes instruits que les Babyloniens étaient arrivés à Ascalon, après avoir partagé leur armée en deux parties, dont l'une suivait la route de terre, et l'autre allait par mer. Préparant donc sur-le-champ une felouque très-bonne voilière, nous envoyâmes des députés vers la flotte des Vénitiens, avec mission de les prier instamment

---

[1] Le texte porte : *non bene providum, sed imparatum*. Les détails donnés par Guillaume de Tyr confirment le sens que nous avons adopté.

d'accélérer leur marche, et de venir nous prêter secours dans la guerre qui commençait. Cependant les Babyloniens fondant par mer sur Joppé, sautent hors de leurs vaisseaux avec grand appareil, et, au bruit effrayant de trompettes d'airain, cernent cette ville, et en forment le siége. Sans perdre un moment ils dressent les machines et les engins qu'ils ont apportés dans leurs plus gros bâtimens, assaillent la place sur tous les points, et l'accablent de pierres qu'ils lancent de toutes leurs forces: c'étaient en effet de terribles machines que celles à l'aide desquelles ces pierres portaient plus fort et plus loin que la flèche décochée par l'arc des Parthes. Les gens de pied, tant Arabes qu'Ethiopiens, que ceux de Babylone ont amenés avec eux, livrent, conjointement avec un petit corps d'hommes d'armes, un terrible assaut aux habitans de la ville; et de part et d'autre on fait pleuvoir ceux-là des traits, ceux-ci des pierres, et d'autres des flèches: ceux du dedans, en effet, portent des coups pressés à ceux du dehors, en font tomber un grand nombre, et combattent avec un mâle courage pour leur propre salut. D'une part, les Ethiopiens, tenant dans leurs mains des boucliers, s'en couvrent et se garantissent; de l'autre, les femmes se montrent toujours empressées de prêter aux citoyens, accablés de fatigue, un secours qui leur est cher : les unes leur fournissent des pierres; les autres leur apportent de l'eau à boire. Cependant les Sarrasins, qui, depuis cinq jours, battaient les murs, les avaient un peu endommagés, et étaient parvenus à en faire sauter plusieurs créneaux à force d'y jeter des pierres; mais aussitôt qu'ils apprennent l'arrivée des nôtres qui approchaient, la trompette leur donna le signal de la retraite, ils abandonnèrent l'attaque de Joppé, démontèrent leurs machines, et en reportèrent en hâte les pièces dans leurs navires. S'ils eussent osé demeurer plus long-temps sous les murs de cette ville, nul doute qu'ils l'auraient prise : d'une part, ceux qui la défendaient étaient peu nombreux ; de l'autre, les Infidèles avaient déjà creusé et miné tout autour des remparts de manière à pénétrer dans l'intérieur plus tôt qu'ils ne s'y attendaient, et de plus leur flotte se composait au moins de quatre-vingt-dix bâtimens. Mais lorsque les nôtres furent informés par les colporteurs de nouvelles du péril imminent qu'ils couraient de perdre Joppé, ils se rassemblèrent de tous les points en un seul corps d'armée, accoururent de Tibériade, Ptolémaïs, Césarée, Jérusalem, devant un certain château que les habitans du pays appellent Chaco, portèrent avec eux, au rendez-vous général, la croix du Sauveur, et s'avancèrent en hâte jusqu'à Ramatha, près de Diospolis, pour chercher et combattre l'ennemi. Quant à nous, tant Latins que Grecs et Syriens, qui étions demeurés à Jérusalem, nous ne cessâmes, pendant le temps que dura cette expédition, de prier constamment pour nos frères exposés à de si cruelles tribulations, de répandre des aumônes sur les pauvres, et de visiter processionnellement, et nu-pieds, toutes les églises de la Cité sainte. Cependant nos grands se lèvent dès la petite pointe du jour, sortent de Ramatha, et ordonnent que notre armée, rangée en cohortes suivant les règles de l'art, se mette aussitôt en marche. Le patriarche donne à tous sa bénédiction et l'absolution de leurs péchés ; et les nôtres

14

ayant le Seigneur Dieu pour garde, pour étendard, et pour auxiliaire, engagent le combat. Cette bataille eut lieu près des ruines d'Azot ou d'Eldot, autrefois la cinquième cité des Philistins, mais depuis longtemps réduite à l'état d'un misérable bourg qu'on appelle maintenant Jabue. La lutte au surplus ne fut pas de longue durée; à peine, en effet, les Infidèles eurent-ils vu de loin nos guerriers s'avancer contre eux avec grand courage, que sur-le-champ leurs cavaliers, comme si leurs yeux étaient fascinés par quelque présage, se mirent à prendre la fuite. Quant à leurs gens de pied, tous furent massacrés; et leurs tentes, avec une foule de richesses de toute espèce, restèrent sur le champ de bataille. On y prit, entre autres choses, trois drapeaux, de ceux qu'on nomme vulgairement étendards; les nôtres emportèrent encore des ustensiles de mille formes diverses, des matelas, des coussins, et ils emmenèrent avec eux quatre cents chameaux, ainsi que cinq cents ânes chargés d'une immense quantité de bagage. Les Sarrasins venus de Babylone pour combattre étaient au nombre de trente mille; douze mille furent tués tant sur mer que sur terre. Les nôtres, au contraire, ne perdirent que peu des leurs, à savoir, dix hommes: on assure que leur nombre s'élevait seulement à huit mille combattans; mais tous étaient pleins d'audace, d'une valeur éprouvée, très-animés à bien faire, soutenus par leur amour pour le Seigneur, et fortifiés par leur entière confiance en lui. Douze fois déjà le soleil s'était levé sous le signe des Gémeaux quand, la race criminelle des Babyloniens fut domptée par la force toute-puissante de Dieu. Alors les cadavres de ces étrangers couvrirent les champs, devinrent la proie des loups, et servirent de pâture aux hyènes. Dès que, grâces à la puissance et à la volonté du Seigneur, cette guerre fut terminée, comme on vient de le raconter, à la gloire du saint nom de Dieu et au triomphe de la foi Chrétienne, le patriarche revint à Jérusalem avec la croix du Sauveur. Nous allâmes processionnellement la recevoir hors des portes avec tous les honneurs qui lui étaient dus ; et puis nous la reconduisîmes pompeusement jusqu'à la basilique du sépulcre du Sauveur, en chantant le *Te Deum laudamus*, et nous payâmes un juste tribut de louanges au Tout-Puissant, en reconnaissance de ses bienfaits. Le lendemain du jour où nous obtînmes cet heureux avantage contre les Infidèles, des nouvelles favorables nous arrivèrent encore. Nous apprîmes, en effet, que la flotte vénitienne était entrée dans plusieurs ports de la Palestine, et nous en ressentîmes d'autant plus de joie, que depuis long-temps déjà la renommée nous promettait ce secours. Aussitôt donc que le duc des Vénitiens, qui commandait lui-même cette expédition maritime, eut touché Ptolémaïs, on lui fit connaître ce qui s'était passé, tant par terre que par mer, à Joppé ; comment les Babyloniens, après avoir tenté tout ce qu'ils avaient pu contre cette place, s'en étaient éloignés ; et comment enfin, s'il voulait les poursuivre avec célérité, Dieu aidant, il parviendrait certainement à les atteindre. Ce duc alors réunit sur-le-champ les chefs de sa flotte en conseil, la divisa en deux parties, se dirigea lui-même avec celle où il était sur Joppé, et prescrivit à l'autre de tenir la haute mer. Son but était que les Sarrasins, ignorant où se trouvaient les vaisseaux montés par les pèlerins qui se rendaient à Jérusalem, les crussent encore du côté de Chypre. Les Infidèles qui ne voient en effet s'approcher d'eux que seize navires de la flotte vénitienne, les regardent comme une proie déjà toute acquise; s'abandonnant donc à la joie, ils se préparent à courir sur les Vénitiens, et à accepter audacieusement le combat. Cependant nos alliés font mine de craindre d'engager la bataille, et attendant avec adresse l'arrivée de la partie la plus considérable de leur flotte, qu'ils avaient laissée en arrière, ils ne se disposent point à fuir, mais ne manifestent non plus aucune envie d'en venir aux mains avec les Sarrasins, jusqu'au moment où ceux-ci aperçoivent le reste de la flotte des Vénitiens, qui cinglait à toutes voiles et en forçant de rames. Les nôtres alors sentant croître leur audace, fondent avec une inexprimable rapidité sur les Infidèles, et les cernent de toutes parts si étroitement qu'il leur soit impossible de trouver aucun moyen de s'échapper. Bientôt les Sarrasins sont vivement et merveilleusement serrés de tous côtés; ni leurs navires, ni leurs matelots ne peuvent fuir en quelque endroit que ce soit. Les nôtres alors abordent les bâtimens de l'ennemi, s'y précipitent, et tuent tout ce qu'ils rencontrent. Chose inouie parmi les hommes et qui semble passer toute vraisemblance, les pieds des vainqueurs nagent dans des torrens de sang, et les cadavres, jetés hors des vaisseaux, rougissent tout à l'entour les flots amers jusqu'à quatre mille pas de distance. Tous les bâtimens ennemis, chargés de grandes richesses, deviennent la proie des Vénitiens. Ceux-ci poursuivent ensuite leur route au delà d'As-

calon, cherchant quelque autre prise à faire ; bientôt ils rencontrent sur leur chemin dix autres bâtimens babyloniens remplis de vivres de toute espèce, et chargés de bois d'une grande longueur, parfaitement propres à construire des machines; ils s'en emparent ainsi que de tout ce qu'ils contiennent en munitions diverses, or et argent en lingots, espèces monnoyées en grande quantité, poivre, cumin et parfums de tout genre. Enfin ils brûlent sur le rivage même quelques bâtimens, qui, dans leur fuite, s'efforçaient de regagner la terre, et en ramènent à Ptolémaïs quelques autres en bon état. C'est ainsi que Dieu combla de joie ses serviteurs, et les enrichit de dons abondans et divers. Qu'il est bon et glorieux aux hommes d'avoir toujours le Seigneur pour auxiliaire! Qu'heureux est le peuple qui a le Seigneur pour son Dieu[1] ! Ces Infidèles disaient : « Allons, con-
« fondons entièrement la nation chrétienne, effaçons
« jusqu'au souvenir de leur nom de dessus la terre,
« car ils n'ont plus de roi pour le moment; ce sont
« des membres qui manquent de chef. » Ils disaient vrai quand, par ces paroles, ils entendaient Baudouin ; mais ils disaient faux, ne croyant pas que nous eussions Dieu pour roi. Nous avions perdu Baudouin ; mais nous avions pris pour chef Dieu, le roi de toutes choses ; c'est lui que nous invoquions dans notre détresse, et c'est lui qui nous fit triompher. Peut-être n'était-il plus roi, celui qui nous avait été enlevé par un malheureux hasard; mais celui qui venait de vaincre les Païens est le roi non seulement de Jérusalem, mais encore de toute la terre. Véritablement

---

[1] Psaume 143, v. 15.

il faut avouer que nous eûmes un roi dans ces combats, comme nous l'avons, et l'aurons toujours, lorsque, dans nos affaires, nous saurons le préférer à tout autre appui. Constamment en effet il accourt se ranger avec ceux qui l'invoquent dans la sincérité de leur cœur; il nous vit nous humilier profondément dans notre affliction; et regardant avec commisération du haut de son trône notre humilité, il nous délivra. Il combattit pour nous, et fit rentrer dans le néant nos ennemis. Celui qui a coutume de toujours vaincre, et n'est jamais vaincu, qui dompte, et n'est point dompté, qui ne trompe, ni n'est trompé, lui seul est certes vraiment roi; car il régit tout avec justice. Comment serait-il roi, celui qui se laisse vaincre sans cesse par ses vices? En quoi méritera-t-il d'être appelé roi, si constamment il est hors de la loi? Parce qu'il ne garde pas la loi du Seigneur, il n'y aura point de sûreté pour lui. Parce qu'il ne craint pas Dieu, il lui faudra redouter l'homme qui sera son ennemi. C'est un adultère, un parjure, un sacrilége; et certes un tel homme a perdu le titre de roi. Il est menteur et fourbe[1]; qui donc pourrait se fier à lui? Il se montre favorable aux impies; comment donc Dieu l'exaucerait-il? S'il pille les églises, s'il opprime les pauvres; alors, certes, il ne gouverne rien, il détruit. Attachons-nous donc uniquement au roi du ciel; ne mettons qu'en lui seul toute notre espérance, et nous ne serons pas confondus dans l'éternité. Dans ce temps-là Eustache, qu'on avait choisi pour régent de notre royaume, mourut de maladie le quinzième jour de juin, et l'on arrêta de lui donner

---

[1] Le texte porte *fundulentus*; il est évident qu'il faut *fraudulentus*.

pour successeur Guillaume de Bures, alors seigneur de Tibériade.

CHAPITRE LIII.

Vers le milieu du mois d'août, grâces à la bonté de la divine providence, le roi de Jérusalem, Baudouin, sortit de prison, et fut délivré des fers où Balak le retenait dans un certain château, très-fort par sa situation, inaccessible en raison de sa hauteur, difficile à prendre, et où était également enfermé Josselin, comte d'Edesse, avec quelques autres captifs. L'histoire de la délivrance de ce prince est assez longue, mais remarquable par l'intervention des faveurs du Ciel, et toute brillante de miracles. Après avoir langui long-temps, ensevelis dans ce château, privés de tout appui, et en proie à de cruelles douleurs, ces malheureux commencèrent à former mille projets, et à chercher si, par quelque moyen adroit, ils ne pourraient pas parvenir à s'échapper. Ils ne cessèrent donc d'employer l'intermédiaire de messagers fidèles pour solliciter des secours dans tous les lieux où ils avaient des amis. Quelques Arméniens habitaient autour de leur prison; ils s'efforcèrent de gagner ces gens, et de les amener à seconder loyalement leur évasion, dans le cas où eux-mêmes réussiraient à obtenir l'aide de leurs amis du dehors. Au moyen de quelques présens et de beaucoup de promesses, un traité fut conclu, et juré de part et d'autre sous la foi du serment. Alors on envoie de la ville d'Edesse vers le château environ cinquante soldats obscurs pour travailler à la délivrance des prisonniers. Ces soldats se déguisent en pauvres, chargent sur leur dos des marchandises, et, tout en les vendant, profitent d'une occasion favorable, et s'introduisent jusqu'aux portes intérieures du château. Dans un moment où le chef des gardiens des portes jouait imprudemment aux échecs avec un des hommes dévoués à nos prisonniers, les soldats s'approchent adroitement plus près, comme pour lui porter plainte de quelque insulte qu'ils disent leur avoir été faite; puis, déposant tout à coup toute crainte et toute hésitation, ils tirent leurs couteaux de leurs gaînes, égorgent cet homme en moins de temps qu'il n'en faut pour le dire, s'emparent de lances qu'ils trouvent là sous leurs mains, et se hâtent de frapper et tuer tout ce qu'ils rencontrent. De grands cris s'élèvent; au dedans, au dehors, tous se troublent; ceux qui sont les plus prompts à courir au lieu du tumulte sont les plus promptement massacrés; et cent Turcs environ périssent dans ce désordre. Sur-le-champ les portes se ferment; le roi ainsi que les autres captifs sont tirés de prison; quelques-uns d'entre eux, ayant encore les fers aux pieds, montent, à l'aide d'échelles, sur le faîte de la muraille, arborent, sur le sommet de la citadelle, l'étendard des Chrétiens, et rendent ainsi manifeste à tous les yeux la vérité de ce qui vient d'arriver. Dans cette même citadelle se trouvait celle des femmes de Balak que celui-ci préférait à toutes les autres. Bientôt cependant les Turcs cernent de toutes parts le château, empêchent qu'on n'y entre, ou qu'on n'en sorte, soit du dehors, soit du dedans, et entassent des charrettes contre les portes pour intercepter tout passage. Je ne crois pas au surplus devoir passer sous silence comment Balak eut alors, par un songe, révélation d'un certain malheur qui le menaçait. Il crut voir en effet Josselin lui arracher les yeux, ainsi que lui-même le raconta dans la suite aux siens. Ses prêtres, auxquels il fit sur-le-champ connaître ce songe, et en demanda l'interprétation, lui dirent « que ce malheur « ou quelqu'autre équivalent lui arriverait certaine- « ment, si le hasard voulait qu'il tombât quelque jour « entre les mains de ce Josselin. » Sur cette réponse, il envoya sans délai au château un exprès chargé d'égorger Josselin, afin d'éviter que celui-ci pût le faire périr lui-même, comme on le lui présageait. Mais, grâces à Dieu, avant que ce bourreau parvînt jusqu'à Josselin, celui-ci était sorti de captivité. Cependant le roi Baudouin et les siens avisèrent sagement et en commun aux moyens d'être secourus d'une manière quelconque; comme le moment leur parut opportun pour faire à cet égard quelque tentative, le seigneur Josselin ne craignit point de s'exposer aux dangers d'une mort presque certaine; se recommandant donc au Créateur de l'univers, il sortit du château, suivi de trois de ses serviteurs, et, avec non moins d'effroi que d'audace, réussit, à l'aide de la clarté de la lune, à passer au milieu des ennemis. Une fois hors de danger, il renvoya sur-le-champ au roi un de ses serviteurs, chargé de remettre son anneau à Baudouin pour lui faire connaître par là, ainsi que la chose était d'avance convenue entre eux, qu'il avait complétement échappé aux Turcs qui assiégeaient le château. Ensuite, fuyant ou se cachant tour à tour, et marchant plus de nuit que de jour, il arrive, sa chaussure toute déchirée et presque nu-pieds, au fleuve de l'Euphrate; n'y trouvant pas de navire, il n'hésite pas un instant à faire ce que lui commande la crainte d'être poursuivi. Quel parti prend-il donc? A force de souffler dans deux outres qu'il avait apportées avec lui, il parvient à les enfler, se place dessus, et se lance ainsi dans le fleuve. Comme il ne savait pas nager, ses compagnons l'aident habilement, et, Dieu les conduisant, l'amènent sain et sauf jusqu'au rivage. Ecrasé par la fatigue d'une marche extraordinaire, épuisé de faim et de soif, et en proie à de vives souffrances, il ne respirait plus qu'avec peine; personne cependant ne s'offre pour lui tendre une main secourable. Accablé de sommeil, il se décide à donner quelque repos à ses membres accablés de si rudes travaux, se couvre de branches et de broussailles pour n'être pas aperçu, et se couche sous un noyer qu'il trouve sur le rivage. Cependant il avait ordonné à l'un de ses serviteurs de chercher à découvrir quelque habitant du pays, et d'obtenir à force de prières qu'il lui donnât ou lui vendît, à quelque prix que ce fût, un morceau de pain, pour apaiser la faim dont il était dévoré. Ce serviteur rencontre bientôt dans les champs un certain paysan Arménien, chargé de figues sauvages et de grappes de raisin, lui parle, mais avec grande réserve, et le conduit vers son maître. C'était bien ce que pouvait desirer le comte affamé; mais à peine ce paysan s'est-il approché, que, reconnaissant Josselin, il tombe à ses pieds, et lui dit : « Salut, seigneur Josselin. » A ces mots, que le comte aurait fort voulu ne pas entendre, il répond, tout effrayé, mais pourtant avec douceur :

« Je ne suis point celui que tu viens de nommer, mais
« que le Très-Haut le secoure en quelque lieu qu'il
« soit ! » Le paysan reprend alors : « Ne cherche pas,
« je t'en conjure, à me celer qui tu es ; très-certai-
« nement je te reconnais à merveille ; révèle-moi bien
« plutôt quel malheur t'est survenu dans ces pays, et
« comment il est arrivé : ne crains rien, je t'en sup-
« plie. » Le comte réplique : « Qui que tu sois, aie
« pitié de moi ; ne fais pas, je te le demande en grâce,
« connaître mon infortune à mes ennemis ; conduis-
« moi dans un lieu où je puisse être en sûreté ; tu
« mériteras alors de recevoir cette pièce de monnaie
« pour récompense ; je viens, avec la faveur de Dieu,
« de m'échapper de la prison où me retenait Balak,
« dans un château qu'on appelle Kartapète, situé en
« Mésopotamie, au delà de l'Euphrate. Maintenant je
« suis errant et fugitif ; si tu m'assistes en cette extré-
« mité, tu feras une bonne œuvre, et empêcheras que
« je ne retombe de nouveau entre les mains de Ba-
« lak, et ne périsse misérablement. Que si tu veux
« venir avec moi dans mon château de Turbessel,
« tu y passeras heureusement tous les jours qui te
« restent à vivre. Dis-moi quelle petite propriété
« tu possèdes en ces lieux, et quelle est sa valeur ;
« et, si tu le desires, j'aurai soin de t'en rendre une
« plus considérable dans mes domaines. — Je n'exige
« rien de toi, seigneur, dit le paysan, et je te con-
« duirai sain et sauf où tu voudras ; autrefois, je m'en
« souviens, tu t'es, avec bonté, privé de pain pour
« m'en faire manger ; c'est pourquoi je suis prêt à te
« rendre la pareille. J'ai, ajoute-t-il, une femme, une
« fille unique encore en bas âge, une ânesse, deux

« frères et deux bœufs ; je me confie entièrement en
« toi, qui es homme prudent et de grande sagesse ;
« je pars avec toi, et j'emmène tout ce qui m'appar-
« tient ; j'ai de plus un cochon, je vais te l'apporter
« ici même de manière ou d'autre.—N'en fais rien,
« frère, répond le comte, tu n'as pas l'habitude de
« manger un porc en un seul repas, et il ne faut pas
« éveiller les soupçons de tes voisins par quoi que ce
« soit d'extraordinaire. »

Ce paysan s'en va donc et revient bientôt, comme il était convenu, avec sa famille et ses animaux. Le comte, accoutumé à ne monter autrefois qu'une mule superbe, monte l'ânesse du paysan, et porte devant lui l'enfant, qui était une fille et non un garçon ; celle qu'il ne lui a pas été donné d'engendrer, il lui est donné de la porter dans ses bras, comme s'il était son père ; celle qui ne lui appartient pas comme fille née de son sang, il la porte avec autant de soin qu'il ferait l'espoir certain de sa race future. Cependant l'enfant se met bientôt à tourmenter le comte de ses pleurs et de ses cris ; celui-ci ne savait comment le calmer ; le sein de la nourrice manquait de lait, et Josselin n'avait pas appris l'art d'adoucir l'enfant par les caresses ; il songe donc à quitter une compagne de voyage qui peut autant lui nuire, et à marcher seul et plus sûrement ; mais s'apercevant que ce pro-jet déplaît au paysan, il craint de l'affliger, et con-tinue à supporter le nouvel ennui qu'il s'est imposé, lorsqu'enfin tous arrivent à Turbessel. C'est une joyeuse réception que celle d'un tel hôte ; l'épouse se félicite de retrouver l'illustre compagnon de sa vie ; les serviteurs triomphent du retour d'un maître si puissant : notre cœur ne met certes nullement en doute ni le plaisir auquel tous s'honorent de se livrer, ni les torrens de larmes, ni les pieux soupirs qu'excite en eux leur joie. Quant au paysan, il reçoit sans délai la juste récompense de son humble dévouement, et au lieu d'un seul attelage de bœufs qu'il avait, on lui en donne deux. Cependant le comte, ne pouvant s'arrêter long-temps dans son château, se rend à Antioche, et de cette ville à Jérusalem. Là il paie au Seigneur un juste tribut de louanges et d'actions de grâces, lui offre deux chaînes, de celles qu'on attache aux pieds, l'une en fer, l'autre en argent, qu'il avait apportées avec lui, et les suspend pieusement sur la montagne du Calvaire, en mémoire de sa captivité, ainsi qu'en reconnaissance de sa glorieuse délivrance. Après trois jours passés dans la Cité sainte, il la quitte, et suit jusqu'à Tripoli la croix du Sauveur, qu'on avait déjà portée dans cette ville. L'armée de Jérusalem s'était en effet mise en marche avec cette croix sainte, pour aller à Kartapète, château de Balak, où le roi ainsi que plusieurs autres se trouvaient encore retenus, non plus en prison, mais dans l'enceinte des remparts. Que béni soit le Seigneur Dieu de l'univers, qui règle tellement sa toute-puissante volonté que, quand il lui plaît, il précipite le fort du haut de sa gloire, et élève le faible du sein de son humble poussière! Le roi Baudouin commandait le matin, et le soir il était esclave : il n'en arriva pas moins du comte Josselin. Il est donc certes bien évident que dans ce monde rien n'est certain, stable et long-temps prospère. Il est bon par conséquent de ne pas soupirer après les biens terrestres, et de tenir toujours son cœur tendu vers le Seigneur; ainsi ne nous confions pas aux jouissances périssables, de peur de perdre celles qui nous attendent dans l'éternité. Déjà je termine, selon mon calcul, mon treizième lustre, et jamais je n'ai vu de roi retenu dans les fers, comme le roi Baudouin. Si cela présage quelque malheur, je l'ignore, Dieu seul le sait. Cependant ceux de Jérusalem, s'étant dirigés vers le lieu où ils avaient arrêté de se rendre, furent rejoints à Antioche par les gens de cette ville, et par ceux de Tripoli. Mais quand ils furent arrivés à Turbessel, on leur apprit que le roi et le château où il était enfermé venaient de tomber une seconde fois aux mains de l'ennemi. A cette nouvelle, les nôtres changèrent de projet, et l'ordre fut donné de songer sur-le-champ au retour. Desirant toutefois tirer quelque avantage de leur expédition, aussitôt que le cor eut donné le signal, ils marchèrent sur la cité d'Alep, ravagèrent et détruisirent tout ce qu'ils trouvèrent hors des murs, après avoir d'abord forcé durement d'y rentrer tous ceux qui en étaient sortis pour les combattre. Mais quand ils eurent demeuré quatre jours devant cette place, ils reconnurent qu'ils ne pourraient avancer à rien de plus, et résolurent de retourner chez eux, d'autant plus vite que déjà ils souffraient du manque de vivres. Pour le comte Josselin, il resta sur les terres d'Antioche. Les nôtres étant parvenus jusqu'à Ptolémaïs, avant que les Sarrasins d'alentour en fussent instruits, traversèrent le Jourdain, parcourant en tous sens la contrée qui confine au mont Galaad et à l'Arabie, enlevèrent de nombreuses troupes de Sarrasins des deux sexes, ainsi que de bestiaux de tout genre, rentrèrent à Tibériade, celle de nos villes qui se trouvait la plus proche, avec un immense convoi de chameaux, de brebis, de jeunes garçons et de petits enfans, partagèrent entre eux ces bêtes conformément à l'usage, puis se réunirent de toutes parts à Jérusalem, où ils remirent dans sa place ordinaire, et avec tous les honneurs convenables, la croix du Sauveur qu'ils avaient emportée. Il sera bon de reprendre maintenant le récit que j'ai abandonné.

Lorsque Balak eut appris ce qui s'était passé à Kartapète, et comment le comte Josselin avait réussi à s'échapper de prison, plein de colère il marcha le plus vite qu'il put vers ce château; une fois là, il pressa le roi avec de douces paroles de lui restituer son château, afin d'éviter qu'il n'arrivât, soit à l'un d'eux, soit à tous deux à la fois, de pires malheurs; il promit à Baudouin de le laisser s'en aller tranquillement, de le faire même reconduire sain et sauf jusqu'à Edesse ou Antioche, et de lui donner les otages qu'il voudrait pour sûreté de cet engagement; mais il déclara qu'autrement les choses iraient de mal en pis, pour l'un d'eux, ou pour tous deux à la fois. Le roi ayant refusé d'accéder à ces propositions, Balak transporté de rage, jura de reprendre de vive force et le roi et le château, et de tirer, sans aucun doute, une éclatante vengeance de ses ennemis. Il ordonna donc incontinent de creuser la roche sur laquelle était bâti le château, de disposer çà et là des étais dans la mine, pour soutenir ainsi les bâtimens comme suspendus en l'air, puis d'apporter du bois et d'y mettre le feu. A peine les étais se furent-ils enflammés, que la mine s'affaissa, et que la tour la plus proche du point où avait éclaté l'incendie s'écroula avec un horrible fracas ; des tourbillons de poussière et de fumée s'élevèrent d'abord, quand les décombres couvrirent le feu dans leur chute; mais bientôt la flamme consuma tous les matériaux qui l'étouffaient, et se remontra plus claire et plus vive. A la vue d'un accident si subit, la stupeur saisit le roi, qui ne soutenait qu'avec peine son entreprise ; et le désespoir acheva de glacer l'esprit de ce prince, déjà grandement effrayé par le terrible écroulement de la tour. Ainsi donc, perdant tout courage et toute raison, le roi et ses compagnons s'en remirent, en supplians, à la clémence de Balak, sans en pouvoir attendre autre chose qu'un supplice tel qu'ils l'avaient mérité. Le Païen fit cependant grâce de la vie à Baudouin, et à un certain Galeran, neveu de ce prince. Quant aux Arméniens qui avaient aidé le roi contre lui, il fit pendre les uns, écorcher les autres, et éventrer le reste par le tranchant du glaive. Pour le roi, il le tira de ce château, avec trois des siens, et ordonna de les conduire dans la ville de Carrhes. Comme ces choses se passaient fort loin de nous, à peine pouvions-nous en avoir une connaissance certaine ; j'ai toutefois consigné dans cet écrit, avec toute l'exactitude qui dépendait de moi, ce que j'ai recueilli sur ce sujet des récits qu'on m'en a faits. Alors finit cette année, pendant laquelle la rareté des pluies nous fit souffrir d'une soif qui excita de tristes plaintes et de fréquens murmures parmi les habitans de Jérusalem.

CHAPITRE LIV.

L'année 1124 depuis la naissance du Seigneur Jésus-Christ, nous célébrâmes avec toute la pompe convenable, tant à Bethléem qu'à Jérusalem, la fête de la nativité du Sauveur; le duc des Vénitiens assista avec les siens à ces pieuses cérémonies; puis on convint, d'un commun accord, sans aucune condition onéreuse, et sous la foi du serment, d'assiéger, après l'Epiphanie, Tyr ou Ascalon. Mais comme nous nous trouvions tous pressés par le manque d'argent, on en leva par tête autant qu'il fut possible, afin de le distribuer aux chevaliers et aux mercenaires soldés. Il ne fallait pas songer en effet à mettre à fin une si grande entreprise sans faire quelques largesses aux chevaliers. Nous fûmes donc contraints de ramasser les plus précieux ornemens de l'église de Jérusalem, d'en frapper des espèces, et de les donner en nantissement à ceux qui avançaient des fonds. Tous ensuite se réunirent de toutes parts dès qu'on l'ordonna, et au lieu qu'on désigna. Lorsque le Verseau eut été séché trois fois par les feux du soleil, le peuple partit en masse de Jérusalem pour aller combattre l'ennemi: ceci eut lieu le premier jour de la nouvelle lune. Arrivés à Ascalon, les nôtres convinrent avec les Vénitiens qu'on se dirigerait sur Tyr pour en former le siége, le patriarche par terre avec tous ceux qu'il avait sous lui, et le duc par mer avec ses matelots et ses navires. C'est en effet ce qui s'exécuta le 16 février. Dès que les Ascalonites en furent instruits, ces Infidèles, qui, par l'effet d'une malice innée, n'apprirent jamais à s'adoucir, ne tardèrent pas à nous faire tout le mal qu'ils purent. Un certain jour donc, ayant partagé leur armée en trois corps, ils conduisirent la plus grande partie de leurs cohortes contre Jérusalem, et massacrèrent sur-le-champ, avec une barbare férocité, huit hommes occupés à tailler les vignes hors de la ville. Aussitôt qu'on s'aperçut de l'arrivée de ces Infidèles, la trompette sonna du haut du fort de David pour nous en avertir. Alors nos Francs et les Syriens, marchant contre eux, leur résistèrent vaillamment. Après que les deux partis eurent passé trois heures du jour en présence l'un de l'autre, les Païens, épuisés de fatigue et d'ennui, reconnurent que leurs efforts seraient vains, se retirèrent tout tristes, et emportèrent plusieurs des leurs qui avaient été blessés. Les nôtres les harcelèrent quelque peu; mais n'ayant pas d'hommes d'armes avec eux, ils craignirent quelque embuscade, et n'osèrent poursuivre ces Païens plus long-temps. En résultat, nos gens rapportèrent dix-huit têtes ennemies coupées, ramenèrent autant de chevaux, prirent vivans trois cavaliers, et en tuèrent quarante-cinq. Que si les hommes d'armes ne nous avaient pas manqué, peu de ces Infidèles nous fussent échappés; mais nos chevaliers se trouvaient tous à notre armée. Après ce succès, nous payâmes au Seigneur le tribut de louanges qui lui est dû en toutes circonstances. Cependant les Tyriens, qui ne voulaient ni se rendre ou être pris, ni demander la paix, se voyaient chaque jour resserrés, et renfermés plus étroitement dans leur ville. Nageant dans l'abondance de toutes espèces de richesses, et trouvant d'ailleurs un puissant appui dans les secours qu'ils tirent de la mer, ils ont toujours eu coutume de se montrer insolens. Tyr est en effet la plus opulente et la plus illustre de toutes les villes de la Terre promise, si l'on en excepte Asor, que Jabin, roi des Chananéens, possédait plus anciennement encore, et que par la suite Josué détruisit ainsi que beaucoup d'autres cités. Asor, comme nous le lisons dans l'Ecriture, se glorifiait d'avoir neuf cents chars armés de faulx; et Josephe en porte même le nombre jusqu'à trois mille. Elle entretenait en outre trois cent mille fantassins armés et dix mille cavaliers, qui composaient une milice dont Sisara était le chef. Ces deux grandes cités faisaient partie du territoire des Phéniciens : la première regorgeait de courtiers, et tirait sa richesse de ses affaires de commerce ; la seconde renfermait une immense population : celle-là était située sur le rivage de la mer ; on avait bâti celle-ci dans l'intérieur des terres. Lorsque Gédéon commandait à Israël en qualité de juge, les Phéniciens fondèrent Tyr, un peu avant le temps où vivait Hercule. Tyr se trouve en effet sur les terres des Phéniciens ; c'est cette cité à laquelle s'adresse Isaïe en lui reprochant son orgueil. Chez elle se teint la plus belle pourpre ; et de là vient le nom de Tyrienne donné à la pourpre la plus recherchée. Le mot de Tyr signifie détroit, ce qui s'exprime en hébreu par le terme Soor. Quand le roi des Assyriens fit la guerre à la Syrie et à la Phénicie, il assiégea cette cité, où régnait alors Elysée, et dont les habitans refusaient de se reconnaître sujets de l'empire d'Assyrie. Ce siége, qui dura cinq ans, est rapporté par Ménandre, et décrit plus au long par Josephe. Vers ce temps-là, des Tyriens traversant la mer sous la conduite de Didon, fille de Bélus, fondèrent Carthage en Afrique. Suivant l'historien Orose, qui a donné le plan de cette ville, elle est entourée presque entièrement par la mer, et ceinte d'un mur de trente mille pas : dans ce calcul n'est pas compris le port dont l'ouverture est de trois mille pas, et qu'environne un mur de trente pieds de largeur, de quarante coudées de hauteur, et construit en pierres parfaitement carrées. Sa citadelle, qu'on appelle Byrsa, occupait un espace d'un peu plus de deux mille pas. Cette cité, bâtie par Elise soixante-douze ans avant que Rome existât, fut complétement détruite et eut toutes les pierres de ses murailles brisées dans la sept centième année qui suivit l'époque de sa fondation. Publius Scipion, qui avait été consul l'année précédente, employa tous ses efforts à anéantir pour jamais cette puissante ville, qui brûla misérablement pendant dix-sept jours entiers. Quant à Tyr, dont il a été parlé plus haut, elle languit, selon Isaïe, dans un véritable état de dévastation pendant soixante-dix ans. Lorsqu'ensuite les Scythes s'en furent retirés, le roi Elysée y ramena par mer les Tyriens, contre lesquels s'éleva de nouveau Salmanazar, roi des Assyriens. A cette époque Sidon, Arce, l'ancienne Tyr, et plusieurs autres cités se séparèrent de la nouvelle Tyr, et se donnèrent d'elles-mêmes au roi des Assyriens, qui voyant que les Tyriens persistaient à refuser de se soumettre, marcha contre eux. Dans cette guerre, les Phéniciens lui fournirent soixante navires et neuf cents rameurs ; mais les Tyriens attaquant ceux-ci par mer, dispersèrent douze de leurs vaisseaux, et y firent cinq cents hommes prisonniers. Ce succès rehaussa grandement la gloire des Tyriens ; mais le monarque d'Assyrie, revenant encore contre eux, plaça des postes de soldats sur le fleuve, et se rendit maître de l'aqueduc, afin d'ôter à ceux de Tyr tout moyen de satisfaire leur soif. Toutefois, pendant cinq ans que dura ce siége, les Tyriens supportèrent ce mal, creusèrent des puits et en burent les eaux. Tous ces faits touchant le roi Salmanazar furent consignés dans les archives de Tyr ; c'est ce même prince qui assiégea Samarie, s'en empara la sixième année du règne d'Ezéchias, et transporta le peuple d'Israël en Assyrie. Avant lui, avait paru Phul, roi des Assyriens, et après lui régna sur ces peuples Teglatphalassar, qui prit Cèdes et Asor dans le territoire de la tribu de Nephtali, Janoe, Galaad, toute la Galilée, et transféra les habitans en Assyrie ; vint ensuite Sargon, autre roi des Assyriens, qui envoya Tarchan attaquer Azot, dont celui-ci se rendit maître. Ainsi donc, en punition des péchés du peuple, toute la Terre promise fut dévastée et réduite en captivité, d'abord par les Assyriens, ensuite par les Chaldéens. Cependant Nabuchodonosor, roi de Babylone et de Chaldée, assiégea et prit Jérusalem. Comme le roi Sédécias fuyait de cette cité, il fut arrêté près de Jéricho, et conduit dans la contrée qu'on nomme Reblata, sur le territoire d'Emath. Selon Jérôme, la grande Emath est Antioche, et la petite est Epifaa. Là Nabuchodonosor fit arracher les yeux au roi Sédécias, et égorger en sa présence les fils de ce prince. Alors survint le général des troupes de Nabuchodonosor,

Nabuzzadan, qui brûla le temple du Seigneur et le palais des rois, puis détruisit toute l'enceinte des murs de Jérusalem. Après un certain intervalle de temps, parut le roi Alexandre, qui ayant subjugué d'abord Damas, puis Sidon et Gaza, dans l'espace de deux mois, mit le siége devant Tyr, et s'en empara, après avoir passé sept mois sous ses murs. Ce prince se rendit ensuite en toute hâte à Jérusalem. Accueilli dans cette ville avec de grands honneurs, lui-même combla d'une foule de distinctions le grand-prêtre nommé Jaddus, qui avait sur sa tête la tiare, portait la robe couleur de jacinthe, brodée d'or, et par dessus, la lame d'or sur laquelle était gravé le nom de Dieu ; puis Alexandre allant seul le trouver, l'adora, régla tout ce qui regardait Jérusalem, et dirigea son armée vers d'autres cités.

Après un espace de beaucoup d'années, Antiochus Epiphane envoyé pour punir les péchés des Juifs attaqua leur loi, et accabla durement les Macchabées. Ensuite arriva Pompée, qui dévasta misérablement Jérusalem. Enfin parurent Vespasien et Titus son fils, qui détruisirent de fond en comble cette ville puissante. C'est ainsi que, par une succession d'événemens divers, la Cité sainte et le pays qui lui était soumis furent, jusqu'à nos jours, précipités dans une foule de cruels malheurs. La dévastation désola fréquemment la Palestine, et quelquefois la Phénicie, qui tire son nom de Phénix, frère de Cadmus. Il en fut de même tantôt du pays de Samarie, et tantôt de la Galilée, qui se distingue en deux parties connues sous des désignations différentes : l'une est la Galilée supérieure, et l'autre la Galilée inférieure ; toutes deux sont environnées par la Phénicie et la Syrie. La première, qui est au delà du Jourdain, s'étend en longueur de Macheron à Pella, et en largeur de Philadelphie au Jourdain. Son point septentrional est Pella ; le Jourdain la borne au couchant ; au midi elle a pour limite la contrée des Moabites ; enfin l'Arabie, Philadelphie et Gérasa la terminent à l'orient. Entre la Judée et la Galilée se trouve le pays de Samarie. La Judée s'étend en largeur depuis le Jourdain jusqu'à Joppé, et a pour point central Jérusalem, qui forme, pour ainsi dire, le nombril de cette contrée. Quant à la Galilée inférieure, qui va de Tibériade à Zabulon, et s'étend jusqu'à Ptolémaïs, le mont Carmel et la montagne des Tyriens, elle renferme Nazareth, la forte cité de Séphorim, le mont Thabor, Cana et plusieurs autres villes, atteint même jusqu'au mont Liban, et aux sources du Jourdain, où se trouve Panéas ou Dan, appelée encore Césarée de Philippe, et est entourée par la Traconite et la Nabatane. La Judée enfin a pour limite la cité de Bersabée, et contient Jamna, Lydda, Joppé, Jamnia, Tecus, Ebron, Astaol, Saraam, ainsi que beaucoup d'autres villes.

CHAPITRE LV.

Après m'être égaré dans des sentiers détournés, je rentre dans ma route, et reviens à mon sujet. Pendant qu'au siége de Tyr nous nous épuisions en travaux pour construire des machines, Balak ne cessait d'exciter les siens, déjà si mal disposés pour nous, et de presser le rassemblement de son armée. Sorti, au commencement du mois de mai, de la ville d'Alep avec cinq mille hommes d'armes et sept mille gens de pied, il se dirigea sur Hiérapolis, que l'on appelle vulgairement Malbek. Le possesseur de cette cité n'ayant pas voulu la lui livrer, Balak l'engagea à venir le trouver hors de la place, lui coupa la tête par une infâme perfidie, et mit sur-le-champ le siége devant la ville. Josselin, qui alors habitait Antioche, l'apprit bientôt, et, sur un message que lui envoyèrent les assiégés, s'empressa de marcher à leur secours avec ceux d'Antioche. Quoique Josselin n'eût avec lui qu'un très-petit nombre d'adorateurs du Christ, il ne craignit pas d'attaquer la multitude des Infidèles. Un combat féroce s'engage donc sans le moindre délai; trois fois, grâces à l'appui du Seigneur, les ennemis sont repoussés en désordre, trois fois ils se rallient, et reviennent à la charge. Enfin Balak, mortellement blessé dans la mêlée, s'éloigne autant qu'il est en son pouvoir, pour aller mourir hors du champ de bataille; les siens s'en aperçoivent, et dès lors tous ceux qui le peuvent se hâtent de fuir : la plupart purent bien fuir, mais ne purent par la fuite éviter la mort. On rapporte en effet qu'ils eurent trois mille tués, tous hommes d'armes; et quant à ce qu'ils perdirent de gens de pied, on en ignore le nombre. Josselin cependant voulant savoir avec certitude si Balak était mort, ou avait réussi à s'échapper vivant, le fit chercher soigneusement parmi les tués ; on le reconnut aux ornemens qui couvraient ses armes ; et celui qui lui coupa la tête la porta tout joyeux à Josselin, dont il reçut en récompense les quarante pièces d'argent que celui-ci avait promis de donner. Cette tête, Josselin commanda de la porter sur-le-champ à Antioche comme témoignage de la victoire qu'il venait de remporter; le même messager apporta ensuite dans son sac ce trophée jusqu'à Tyr et Jérusalem, nous donna à tous les détails de cette affaire, et nous les confirma d'autant plus sûrement que lui-même se trouvait au milieu des combattans. Cet homme était en effet le propre écuyer de Josselin. Comme il apportait à notre armée, campée devant Tyr, la nouvelle que les nôtres souhaitaient le plus d'apprendre, d'écuyer on le fit chevalier, et ce fut le comte de Tripoli qui l'éleva jusqu'à ce haut rang. Tous, au surplus, nous louâmes et bénîmes le Seigneur, qui avait étouffé le féroce et méchant dragon qui si long-temps accabla de tribulations les Chrétiens, et les dévora sans pitié [1]. Dix-neuf fois le soleil avait éclairé de sa lumière le signe du Taureau, quand Balak tomba, et fut trahi par la fortune. C'est ainsi que s'accomplit le songe rapporté ci-dessus, et que Balak, triste prophète de son propre sort, avait raconté dans le temps où Josselin s'évada si miraculeusement de sa prison : alors, en effet, il vit en songe celui-ci lui arracher les yeux; et certes Josselin les lui arracha bien, puisqu'il lui ravit et sa tête et l'usage de tous ses membres. Balak ne voit ni n'entend, ne parle pas, ne s'asseoit ni ne marche, et il n'y a de place pour lui ni dans le ciel, ni sur la terre, ni dans les eaux [2]. Cependant un certain jour que ceux qui formaient le siége de Tyr se

---

[1] Le texte porte *decrat*, il faut *devoraverat*.

[2] Le texte porte, *nec cælo, nec humo, nec aqua lacus ejus habetur* : *lacus* ne fait pas de sens, il faut *locus*.

reposaient en pleine sécurité dans leurs lignes, ceux de la ville, tant Turcs que Sarrasins, jugeant l'occasion favorable, ouvrent les portes, sortent, et se précipitent, d'un commun accord et en courant, sur la plus forte de nos machines de guerre : ces Infidèles blessent et chassent les hommes chargés de la garder, y mettent le feu, et la réduisent en flammes avant que les nôtres puissent prendre les armes. Nous perdîmes ainsi la machine dont nous nous servions d'ordinaire pour écraser les tours ennemies à coups de pierres, et y faire de larges brèches. Trente des nôtres périrent en outre dans cette affaire; les citoyens en effet lançaient à travers les fentes des murs une grêle de flèches, de traits et de pierres qui blessaient ou tuaient nos gens; mais les Païens éprouvèrent une perte double. Vers ce temps, cinq Vénitiens, emportés par une rare valeur, et secondés par la fortune, se jetèrent dans leur canot, pillèrent une maison, coupèrent la tête à deux Païens, et revinrent promptement et pleins de joie avec quelque butin. Cet événement eut lieu le 22 mai; mais il ne nous profita guère. Peu auparavant, en effet, les Tyriens enlevèrent pendant la nuit une félouque aux Vénitiens, la firent entrer dans le port, et la traînèrent sur la rive dans l'intérieur de leur ville. De telles choses arrivent au surplus fréquemment dans ces sortes de guerre. Celui-là tombe, celui-ci triomphe; l'un se réjouit, et l'autre pleure.

CHAPITRE LVI.

Cependant ceux d'Ascalon sachant combien nous avions peu de monde dans nos villes, depuis le départ de notre armée[1], ne tardèrent pas à venir nous attaquer sur les points où ils crurent pouvoir nous affaiblir davantage, et nous faire le plus de mal. Ils dévastèrent en effet, et brûlèrent un certain bourg voisin de Jérusalem, nommé Birium, y enlevèrent tout ce qu'ils trouvèrent et s'en allèrent, emportant avec eux quelques morts et quelques blessés : heureusement les femmes et les enfans parvinrent à s'enfermer dans une certaine tour bâtie de notre temps en ce lieu, et sauvèrent ainsi leur vie. Ces Infidèles parcourant donc tout le pays, dévastaient, tuaient, prenaient tout sur leur passage, et faisaient autant de mal qu'ils pouvaient, sans que personne se présentât pour leur résister : tous en effet nous tournions exclusivement nos efforts vers le siége de Tyr, espérant que la divine miséricorde du Très-Haut nous accorderait de voir enfin, grâce à l'appui et au secours du Seigneur, le succès couronner nos travaux. Cependant le roi de Damas, reconnaissant que les Turcs et les Sarrasins renfermés dans la place assiégée ne pouvaient en aucune manière échapper de nos mains, aima mieux racheter, quoiqu'avec quelque honte, les siens encore vivans, que d'avoir à les pleurer morts. Prenant en conséquence un parti sage et avisé, il fit demander par des négociateurs que ses hommes eus-

[1] *Dans nos villes, depuis le départ de notre armée*, n'est pas dans le texte, et a paru nécessaire pour la clarté.

sent la faculté de s'en aller avec tout ce qui leur appartenait, et promit à cette condition de nous livrer la ville ainsi évacuée. Après que les deux partis eurent long-temps discuté ce traité, ils se livrèrent réciproquement des otages; les Infidèles sortirent de la place, et les Chrétiens y entrèrent paisiblement. Toutefois ceux des Sarrasins qui voulurent rester dans la ville y demeurèrent en paix sous les seules conditions d'usage. Le soleil s'était levé vingt et une fois dans le signe du Cancer, quand Tyr fut prise, rendue et soumise. Ce grand événement eut lieu en effet le jour des nones de juillet. Certes nous ne devons ni cesser, ni tarder de recourir à Dieu notre Seigneur, dont la bonté nous secourt dans nos tribulations; toujours nous devons l'importuner de nos prières, afin d'obtenir qu'il prête à nos supplications une oreille favorable. Ce devoir nous l'avions rempli assidûment à Jérusalem; sans cesse nous visitions les églises, répandions des larmes, distribuions des aumônes, et mortifiions nos corps par les jeûnes : aussi Dieu voyant, comme je le crois, notre perte, du haut des cieux, loin de nous priver de sa bénédiction, daigna exaucer notre prière; et au moment même où nous étions impatiens d'apprendre quelque nouvelle de notre armée, des messagers vinrent en toute hâte nous annoncer la prise de la cité de Tyr, et apporter au patriarche des lettres qui lui faisaient connaître ce grand succès. A peine en est-on instruit, que des cris de joie s'élèvent jusqu'au ciel ; tous nous chantons à haute voix le *Te Deum laudamus;* les cloches sonnent, une procession se dirige vers le temple du Seigneur, des drapeaux s'élèvent sur les murs et sur les tours, dans tous les carrefours on étend des tapisseries de mille couleurs diverses, on s'empresse de rendre à Dieu d'humbles actions de grâces, les messagers reçoivent, comme ils le méritent, d'honorables récompenses, petits et grands tous se félicitent, et les jeunes filles réunies en chœur font entendre de doux cantiques.

Jérusalem se glorifie à bon droit, et avec une affection vraiment maternelle, d'avoir Tyr pour fille; et couronnée par l'univers[1] comme sa reine, elle subsistera éternellement à la droite de cette cité. Babylone au contraire pleure la perte de cette ville qui faisait son bonheur, dont l'appui l'avait si long-temps rendue puissante, et qui chaque année lui fournissait une flotte pour nous combattre. Que si l'on rappelle à sa mémoire l'ancienne pompe de Tyr, on verra que sa grandeur est encore augmentée[2] par la grâce du Très-Haut. Comme cette ville eut en effet, tant qu'elle fut soumise aux Gentils[3], un grand flamine ou archiflamine pour la régir, maintenant qu'elle reconnaît la loi chrétienne, elle aura, conformément aux institutions des Pères de l'Eglise, un primat ou un patriarche. Partout, en effet, où étaient autrefois des archiflamines, on a établi des archevêques Chrétiens; où existait une métropole, ce qui veut dire une cité mère, sont aujourd'hui des métropolitains, qui, sur trois ou quatre cités qui se trouvent dans l'enceinte d'une province, gouvernent la plus grande, celle qui est la mère des autres. Dans les

---

[1] Le texte porte *à modo coronata*; il faut, ce semble, *à mundo*.
[2] Le texte porte *augmentantur*; il faut, ce semble, *augmentatur*.
[3] Le texte porte *Hennicos*; lisez *Ethnicos*.

villes moins importantes, et qui n'avaient que des flamines ou des comtes, sont placés des évêques. Enfin, ce n'est pas sans raison qu'on assimile aux tribuns du peuple, les prêtres et les autres clercs d'un rang inférieur. De la même manière la puissance séculière se distingue, et marque les distances par les divers degrés des dignités; le premier est le titre d'auguste ou d'empereur, ensuite viennent les césars, puis les rois, et enfin les ducs et les comtes. Ainsi l'ont écrit le pape Clément, Anaclet, Anicius, et plusieurs autres. Au surplus, payons un juste tribut de louanges au Très-Haut, qui, non à l'aide de la valeur des hommes, mais par le seul effet de son bon plaisir et de sa volonté, nous a livré sans effusion de sang Tyr, cette cité si fameuse, si forte et si impossible à prendre, à moins que Dieu n'appesantît sur elle sa droite toute puissante. Dans cette entreprise, en effet, ceux d'Antioche nous abandonnèrent, refusèrent de nous prêter le moindre secours, et ne voulurent prendre aucune part à ce grand œuvre. Quant à Pons, comte de Tripoli, qui nous fut alors un allié très-fidèle, puisse la bénédiction du Ciel se répandre sur lui! puisse aussi le Seigneur pacifier l'église d'Antioche et celle de Jérusalem, divisées entre elles au sujet de celle de Tyr, la troisième en rang! Celle-là prétend que Tyr lui était subordonnée du temps des empereurs Grecs; mais celle-ci soutient qu'elle a reçu de l'évêque de Rome des priviléges particuliers. Au fait, dans le concile d'Auvergne, si authentique et si justement célèbre, il fut établi, d'un consentement universel, qu'une fois qu'on aurait traversé la grande mer, toute église qu'on parviendrait

à délivrer du joug des Païens serait à toujours, et sans contradiction aucune, sous la puissance et la direction de la sainte cité de Jérusalem. Cela fut encore répété d'un commun accord dans le concile d'Antioche, auquel présidait l'évêque du Puy. De plus, c'est dans Jérusalem que le duc Godefroi et le seigneur Boémond reçurent, par amour de Dieu, l'investiture de leurs domaines des mains du patriarche Daimbert. De temps à autre le pape Pascal confirma les priviléges de ladite église de Jérusalem, et les lui concéda pour en jouir, comme d'un droit perpétuel, sous l'autorisation de l'Eglise romaine. Dans la charte de ces priviléges est écrit ce qui suit : « Pas-
« cal serviteur des serviteurs de Dieu, au révéren-
« dissime frère Gibelin, patriarche de Jérusalem, et
« à ses successeurs élus canoniquement. Les royaumes
« de la terre passent dans des mains différentes sui-
« vant que les temps changent ; il convient donc aussi
« que, dans la plupart des contrées, les limites des
« diocèses ecclésiastiques soient changées et trans-
« férées d'un lieu à un autre. Le territoire des Eglises
« d'Asie fut dans les temps anciens réglé par des
« démarcations fixes : cette répartition, les invasions
« de différentes nations, professant une foi diverse,
« l'ont bouleversée. Mais grâces en soient rendues au
« Seigneur, de notre temps les cités de Jérusalem
« et d'Antioche, ainsi que les provinces qui touchent
« à ces villes, sont enfin retombées sous la puissance
« de princes chrétiens. Il nous faut donc mettre de
« notre côté la main au grand œuvre de ce chan-
« gement, et de cette translation de pouvoir ordon-
« née de Dieu : il nous faut arranger tout ce qui est

« à régler conformément au temps présent, et placer
« à cette fin, sous la direction de l'église de Jéru-
« salem, les villes et les contrées conquises, grâces
« au secours du Très-Haut, par la sagesse du glo-
« rieux roi Baudouin, et au prix du sang des armées
« qui l'ont suivi. Nous confions en conséquence,
« par le présent décret, à toi, Gibelin, notre frère
« très-cher et notre co-évêque, ainsi qu'à tes suc-
« cesseurs dans la sainte Eglise de Jérusalem, le soin
« de régir et gouverner, en vertu du droit patriar-
« chal ou métropolitain, toutes les villes et les pro-
« vinces que la bonté divine a déjà replacées sous la
« puissance du susdit roi, ou qu'elle daignera y faire
« rentrer par la suite. Il est juste, en effet, que
« l'église du sépulcre du Sauveur obtienne, comme
« le desirent les fidèles, les distinctions honorables
« qui lui sont dues, et que, délivrée du joug des
« Turcs ou Sarrasins, et rendue aux mains des Chré-
« tiens, elle jouisse du plus grand éclat. » Dès qu'à
Tyr, tant dans le port que dans la ville, tout eut été,
comme il convenait, arrangé, réglé et divisé en trois
parts, dont deux, par une juste répartition, furent
remises en la puissance du roi, et la troisième abandonnée aux Vénitiens pour en jouir comme d'un bien
propre, et au même titre que d'un héritage, les
nôtres se retirèrent chacun chez soi. Le patriarche
de Jérusalem revint dans la Cité sainte avec tous
ceux de cette ville, et le peuple ainsi que le clergé
reçurent la très-sainte croix du Seigneur avec toute
la vénération qui lui était due.

CHAPITRE LVII.

Le soleil nous apparut ensuite pendant presque une heure avec un éclat coloré; il avait pris une forme nouvelle et oblongue, et paraissait avoir deux pointes, comme la lune dans une éclipse. Cela arriva le 11 août, vers la fin de la neuvième heure du jour. Qu'on ne s'étonne pas de voir des prodiges paraître dans le ciel, puisque Dieu en opère également sur la terre; comme dans les choses célestes, de même dans les choses terrestres, il transforme et arrange tout comme il lui plaît; que si les choses qu'il fait sont admirables, bien plus admirable est celui qui les fait. Considérez et réfléchissez en vous-même de quelle manière en notre temps Dieu a transformé l'Occident en Orient; nous qui avons été des Occidentaux, nous sommes devenus des Orientaux; celui qui était Romain ou Franc est devenu ici Galiléen ou habitant de la Palestine; celui qui habitait Rheims ou Chartres se voit citoyen de Tyr ou d'Antioche. Nous avons déjà oublié les lieux de notre naissance; déjà ils sont inconnus à plusieurs de nous, ou du moins ils n'en entendent plus parler. Tels d'entre nous possèdent déjà en ce pays des maisons et des serviteurs qui lui appartiennent comme par droit héréditaire; tel autre a épousé une femme qui n'est point sa compatriote, une Syrienne ou Arménienne, ou même une Sarrasine qui a reçu la grâce du baptême; tel autre a chez lui ou son gendre, ou sa bru, ou son beau-père, ou son beau-fils : celui-ci est entouré de ses neveux ou même de ses petits-neveux ; l'un cultive des vignes, l'autre des champs ; ils parlent diverses langues, et sont déjà tous parvenus à s'entendre. Les idiomes les plus différens sont maintenant communs à l'une et à l'autre nation, et la confiance rapproche les races les plus éloignées. Il a été écrit en effet, « le lion et le bœuf mangent « au même râtelier. » Celui qui était étranger est maintenant indigène, le pélerin est devenu habitant ; de jour en jour nos parens et nos proches nous viennent rejoindre ici, abandonnant les biens qu'ils possédaient en Occident. Ceux qui étaient pauvres dans leur pays, ici Dieu les fait riches ; ceux qui n'avaient que peu d'écus possèdent ici un nombre infini de byzantins ; ceux qui n'avaient qu'une métairie, Dieu leur donne ici une ville. Pourquoi retournerait-il en Occident celui qui trouve l'Orient si favorable ? Dieu ne veut pas que ceux qui, portant leur croix, se sont dévoués à le suivre tombent ici dans l'indigence. C'est là, vous le voyez bien, un miracle immense, et que le monde entier doit admirer. Qui a jamais entendu dire rien de pareil ? Dieu veut nous enrichir tous et nous attirer à lui comme des amis chers à son cœur ; puisqu'il le veut, que notre volonté se conforme à la sienne, et faisons d'un cœur doux et humble ce qui lui plaît, pour régner heureusement avec lui.

CHAPITRE LVIII.

Avec l'aide de Dieu tout-puissant, le roi de Jérusalem sortit le 29 août de la captivité où l'avaient retenu les Turcs pendant un peu plus de douze mois. Mais comme pour se racheter il fut obligé de donner de précieux otages, il ne sortit pas tout-à-fait libre, et demeura encore en proie aux agitations de la crainte et de l'espérance. Ayant enfin pris conseil de la nécessité, il se hâta d'assiéger la ville d'Alep, dans l'espoir qu'en la bloquant il contraindrait les citoyens à lui rendre ses otages, ou les ferait tomber à tel point dans les horreurs de la famine, que la ville finirait peut-être par se livrer à lui. Il avait appris, en effet, qu'elle était déjà fort tourmentée de la disette. Cette cité est éloignée d'Antioche d'environ quarante milles. C'est là qu'Abraham, lorsqu'il passait de Carrhes dans le pays de Chanaan, envoyait ses bergers paître ses troupeaux dans de fertiles pâturages ; c'est là aussi qu'il faisait fermenter leur lait, lequel étant ensuite coagulé et déposé dans des formes, se changeait en fromage. Abraham était riche en toutes sortes de possessions.

Le pape Calixte mourut le 21 décembre.

CHAPITRE LIX.

L'an 1125 depuis la naissance du Sauveur du monde, comme le roi de Jérusalem à la tête des siens pressait depuis cinq mois la ville d'Alep, sans pouvoir obtenir aucun avantage, les Turcs, alertes selon leur coutume, passèrent un des grands fleuves du Paradis, l'Euphrate, et marchèrent vers Alep avec la plus grande promptitude pour faire lever le siége que nos gens avaient depuis long-temps mis devant cette ville. Ils craignaient, en effet, que s'ils ne la secouraient en grande hâte, elle ne tombât bientôt au pouvoir des ennemis. Leur troupe se composait de sept mille cavaliers, et ils avaient avec eux près de quatre mille chameaux chargés de froment et de vivres. Les nôtres n'étant pas en état de l'emporter sur eux furent obligés de se retirer, et se rendirent le jour suivant vers une ville voisine, appelée Careph, qui nous appartenait. Les Turcs ayant poursuivi les nôtres pendant quelque temps, perdirent deux des plus braves de leur troupe, qui furent renversés de cheval et tués. De notre côté il ne périt qu'un homme; mais nous perdîmes six tentes. Cette attaque des Turcs eut lieu le trentième jour de janvier. Comme ils arrivèrent tout à coup pendant la nuit, ils n'eurent pas de peine à jeter la confusion parmi les nôtres, qui ne se tenaient pas sur leurs gardes. De tels faits sont vils à dire, déshonorans à savoir, ennuyeux à rapporter, et honteux à entendre; mais dans ce récit je ne veux pas m'écarter de la vérité. Quoi donc ? Qui pourrait résister à la volonté de Dieu ? Il y a un proverbe bien juste d'un certain sage : « Les choses qui doivent arriver ne combat-« tent pas, et ne se laissent pas vaincre. » C'était bien là ce qui devait arriver; mais ce n'était connu de personne; car si quelqu'un l'eût connu, le fait n'aurait jamais pu arriver, puisque le concours de la volonté des hommes aurait été nécessaire pour son accomplissement, et ceux qui l'auraient prévu auraient pris leurs mesures pour l'empêcher.

Le roi se retira ensuite à Antioche, et Josselin avec lui ; les otages que le roi avait donnés lorsqu'il était sorti de prison ne furent ni rendus ni rachetés. Les gens de Jérusalem aussi bien que ceux de Tripoli retournèrent chacun chez soi. La sagesse divine arrête souvent le cours des prospérités humaines, et ne le laisse pas s'étendre autant qu'il nous plairait. Quel est celui qui dispense les biens ou dissipe les maux, si ce n'est Dieu, le souverain maître et médecin des esprits, qui du haut des cieux voit et discerne toutes choses ? Peu auparavant, et dans sa bonté, il nous avait livré, à nous ses Chrétiens, la forte et glorieuse ville de Tyr, et l'avait ravie à ses anciens possesseurs ; maintenant il lui plut de retirer de nous sa main. Peut-être s'est-il réservé de donner sa vigne à cultiver à de plus généreux agriculteurs, qui voudront et pourront lui en payer largement le revenu. Il est des gens, en effet, qui donnent d'autant moins qu'ils possèdent davantage, et ne savent pas rendre au dispensateur de tout bien toutes les actions de grâces qu'ils lui doivent ; mais ils se font tort à eux-mêmes lorsqu'ils manquent à Dieu dans les promesses qu'ils lui adressent.

CHAPITRE LX.

Le roi, après avoir été cruellement retenu enchaîné par les Païens pendant près de deux ans [1], retourna dans sa ville de Jérusalem. Le 3 avril nous allâmes tous le recevoir en procession solennelle. Il resta peu parmi nous, et se hâta de se rendre à Antioche, dont les Turcs, ayant à leur tête Borsequin, ravageaient déjà le territoire, et Borsequin était accompagné de six mille chevaliers.

CHAPITRE LXI.

Dans ce temps, la nouvelle vint vers nous que les Vénitiens, après la prise de Tyr, à leur retour, s'étaient emparés par force des îles de l'empereur situées sur leur passage, à savoir Rhodes, Mytilène, Samos et Chio, en avaient détruit toutes les murailles, avaient emmené en une misérable captivité les jeunes garçons et les jeunes filles, et remporté avec eux des richesses de toute sorte. A cette nouvelle, le chagrin se fit sentir dans le fond de notre cœur, car nous ne pouvions approuver cela. En effet, d'un côté, les Vénitiens contre l'empereur, de l'autre, l'empereur contre les Vénitiens, se livraient aux plus cruelles violences; une haine mutuelle les animait. Mais malheur au monde par le scandale! malheur aux auteurs du scandale! Si c'était la faute de l'empereur,

---

[1] au Chapitre LVIII, il est dit *un peu plus de douze mois*.

c'est qu'il gouvernait mal ; si ce fut celle des Vénitiens, ils vont eux-mêmes au devant de leur damnation, car tous les péchés proviennent de l'orgueil. N'est-ce pas par orgueil que l'homme fait ce que Dieu défend ? Les Vénitiens avaient des motifs pour se venger ; l'empereur en avait aussi pour se défendre, et de plus justes, dit-on ; mais les innocens, placés au milieu, paient pour des offenses dont ils ne sont pas coupables, et dont ils sont injustement victimes. Bien plus, que dire de ceux qui, par des brigandages de pirates, ne cessent de causer sur mer tous les maux possibles aux pélerins de Dieu, lorsque, par amour pour le Créateur, ils se rendent à Jérusalem, à travers tant de fatigues et de tourmens. Si, d'après les paroles du Seigneur, les miséricordieux mériteront la béatitude, que recevront pour leur impiété ceux qui se seront montrés ennemis de la piété et sans aucune miséricorde ? Ils sont maudits, excommuniés, et meurent dans l'impénitence et la perfidie. Ainsi, pendant leur vie, ils descendent d'eux-mêmes dans l'enfer. Ils résistent à l'apostole, méprisent le patriarche, et vilipendent les paroles des saints pères. Je sais, je sais ce que je ne crains pas de leur dire. Il arrivera que le Seigneur, leur juge sévère, leur dira : « Je ne sais
« pas d'où vous êtes, vous qui criez qu'on vous ou-
« vre la porte. Vous venez trop tard, et n'apportez
« rien de bon avec vous. D'ailleurs la porte est déjà
« fermée ; je ne dois pas vous écouter davantage ;
« car vous n'avez pas voulu m'entendre, moi, qui
« vous ai crié autrefois : venez ; maintenant je vous
« dis : allez-vous-en. Je vous le dis, je vous le dis,
« je vous le dis, amen. Je ne changerai rien à cette

« sentence. » Il ne me reste plus à rapporter que des maux horribles et insupportables ; mais malheur éternel à ceux qui les ont mérités ! Pour ne pas interrompre l'ordre des choses, et afin que l'histoire ne pende pas en lambeaux, j'aurai soin de rapporter sommairement chaque fait.

CHAPITRE LXII.

L'armée de Borsequin, dont nous avons déjà commencé à rapporter la bravoure et l'iniquité, augmentant peu à peu tous les jours, il assiégea une ville appelée Capharde, et s'en empara. Elle lui fut livrée par ses défenseurs, qui ne pouvaient la garder plus long-temps, et n'avaient aucun secours à espérer. Notre roi ni le comte de Tripoli, qu'il amenait avec lui vers cette ville, n'étaient pas encore arrivés. Il n'avait avec lui qu'un petit nombre de gens de Jérusalem ; car ils avaient éprouvé beaucoup de fatigues cette année et l'année précédente. Comment en effet auraient-ils pu supporter continuellement tant de travaux, lorsqu'à peine ils pouvaient se reposer un mois dans leurs maisons ? Certes, il faudrait avoir un cœur cruel pour ne pas être touché d'une pieuse compassion envers les habitans des environs de Jérusalem, qui, nuit et jour, endurent, pour le service du Seigneur, les tourmens les plus accablans, et qui, lorsqu'ils sortent de leur maison, sont dans l'incertitude et la crainte de n'y pouvoir plus rentrer. S'ils vont loin, ils marchent nécessairement chargés de leurs vivres et de leurs ustensiles. S'ils sont pauvres, laboureurs ou bûcherons, ils sont pris ou tués par les embûches des Ethiopiens. D'un côté les Babyloniens, vers le nord les Turcs, fondent tout à coup sur eux par terre et par mer. Leurs oreilles sont promptes et attentives quand gronde le tumulte des guerres. Certes, si quelquefois nous ne commettions des péchés, nous serions bien aimés de Dieu. Borsequin, écrasant l'humble Syrie, et cherchant avec empressement tout ce qui pouvait lui être avantageux, assiégea le château de Sardanaie. Mais n'ayant obtenu aucun succès, il dirigea son armée vers une ville appelée Hasarth, qu'il assiégea aussitôt avec la plus grande vigueur, au moyen d'instrumens et de machines de guerre. Le roi des Damasquins se hâtait de lui apporter le secours qu'il lui avait demandé; mais à la nouvelle de l'arrivée de notre roi, Borsequin, saisi de crainte, avait habilement emmené les tentes et les bagages avec les siens. Au moment où le château pressé était sur le point de se rendre, et comme il était temps pour les nôtres de combattre, voilà que le roi s'avança avec treize bataillons en bon ordre. A l'aile droite se tenaient les gens d'Antioche, à l'aile gauche le comte de Tripoli et le comte d'Edesse. Le roi était placé au troisième et dernier corps d'armée, au milieu des bataillons les plus épais. L'armée des Turcs, très-nombreuse, était partagée en vingt et une phalanges. Déjà les bras tendaient les arcs, déjà l'on combattait de près l'épée nue. A cette vue, le roi, sans plus de retard, armé de la protection des prières et du signe de la croix, s'écria : *aide-nous, Dieu*, et au son résonnant des clairons, fondit sur les ennemis, ordonnant aux autres de le suivre, car ils n'osaient commencer le combat avant le commandement du roi. Les Turcs d'abord opposèrent une très-vigoureuse résistance ; mais, par l'aide du souverain Créateur, ils furent accablés sans ressource, et dispersés au milieu d'un horrible carnage ; ceux qui le purent s'enfuirent entièrement défaits. Cinq fois avaient disparu les Gémeaux lorsque fut livré ce combat, dans lequel le Seigneur nous accorda une éclatante victoire. Cette bataille, honneur mémorable du Seigneur, eut lieu le onzième jour au milieu des chaleurs de juin.

CHAPITRE LXIII.

Quant au nombre des morts ou des blessés, on ne put dans ce combat, non plus que dans tout autre, le déterminer avec exactitude ; car de telles quantités ne peuvent être estimées que par approximation. Bien souvent les différens écrivains n'ont pas rapporté la vérité ; c'est certainement à la flatterie qu'on doit attribuer leurs mensonges ; car ils s'empressent d'accumuler les louanges sur les vainqueurs, et d'élever le courage de leur patrie pour le temps présent ou à venir. D'où l'on voit clairement pourquoi ils augmentent avec une si impudente fausseté le nombre des morts des ennemis, et diminuent ou taisent tout-à-fait les pertes des leurs. Cependant ceux qui se trouvaient à ce combat nous ont rapporté qu'il avait péri deux mille chevaliers Turcs, ce qui nous a été confirmé par le témoignage des Turcs qui avaient échappé à la mort. Mais des deux côtés, il y eut une quantité innombrable de chevaux qui crevèrent de fatigue et de soif. Grande était la chaleur et la sécheresse qu'elle causait. Un violent combat s'engage : celui-ci se livre à la fureur, celui-là donne le coup de la mort ; l'un poursuit, l'autre fuit ; celui qui tombe ne peut en réchapper. Le sang des morts rougit les chemins et les plaines : on voit briller les cuirasses, les framées et les casques brillans, semés çà et là sur le champ de bataille. L'un jette son bouclier, l'autre se débarrasse de son carquois ou de son arc.

Borsequin ne voudrait point alors manquer de chambrière, et Toldequin aimerait mieux être nu-pieds dans la ville de Damas, et garder soigneusement son gouvernement. Les Turcs perdirent quinze satrapes dans ce combat. De notre côté, il ne périt que vingt hommes, dont cinq chevaliers. Notre armée avant le combat était composée de onze cents chevaliers, et celle des Turcs de quinze mille chevaliers. Nous avions aussi deux mille hommes de pied.

CHAPITRE LXIV.

Après être demeuré en face de nous pendant peu de temps seulement après cette affaire, Borsequin repassa l'Euphrate et s'en retourna chez lui, ayant à rapporter à ses amis dans son pays, non de la gloire, mais de la douleur et des lamentations. Ainsi celui qui était venu ici menaçant et armé de cornes, par la faveur de Dieu, s'en retourna mutilé et sans consolation. Ensuite, après avoir racheté par argent sa fille âgée de cinq ans, retenue en otage, et quelques-uns de ses familiers retenus aussi en captivité, comme il avait été convenu de part et d'autre, le roi marcha vers Jérusalem, pour y rendre à Dieu des actions de grâces, et lui adresser des louanges au sujet de la magnifique victoire qu'il lui avait fait remporter contre Borsequin. Et c'était bien avec raison qu'il voulait adresser à Dieu ces louanges et ces actions de grâces, car depuis long-temps déjà plongé dans l'abîme, placé sur la dernière partie de la roue, il était réduit à la plus humble misère, lorsque par le secours de Dieu il fut alors rétabli dans son éclat et sa force première. Six fois dix ans, et deux fois trois ans s'étaient écoulés depuis ma naissance jusqu'à cette année. Que Dieu règle et gouverne de même ce qui me reste à vivre!

CHAPITRE LXV.

Cette année, au mois d'octobre, le roi construisit un château sur la montagne de Béryte, et sur un territoire très-fertile en productions. Cette montagne, éloignée de dix milles de la ville de Béryte, est appelée Mont-Glavien, ce qui vient de *tirer le glaive*, parce que c'était là qu'on tranchait la tête aux coupables condamnés à Béryte. Les laboureurs sarrasins, qui auparavant ne voulaient pas payer tribut pour leurs habitations, furent bien ensuite contraints par force de le faire.

CHAPITRE LXVI.

Ensuite le roi prépara une expédition en Syrie du côté de Damas, la paix étant rompue entre lui et Toldequin; et après avoir pris trois principaux bourgs et avoir défait et renversé les ennemis, il s'en retourna chez lui chargé d'autant de butin qu'il en avait pu enlever. Après avoir partagé ce butin également, et selon le droit accoutumé de chacun, aux chevaliers et à ceux des siens qui avaient pris part à cette expédition, le lendemain le roi tourna ses armes contre la terre des Philistins. En ce temps s'étaient rassemblés à Ascalon des troupes fraîches et nouvelles, envoyées de Babylone en cette ville. Le bataillon des chevaliers, desirant faire preuve de sa bravoure sur notre terre, se croyait déjà vainqueur. Les gens de Babylone les voyant approcher de ladite ville, bannières déployées, firent une sortie contre eux avec impétuosité et en vociférant de grands cris. Quoique le roi, retenu aux derniers rangs afin de pouvoir secourir habilement ceux que la nécessité contraignait de fuir, ne fût pas encore arrivé au premier front de ses bataillons, nos premiers coureurs, courageux de cœur, se précipitèrent sur les ennemis avec une fougue extraordinaire, en criant *Dieu aide nous*. Ils les écrasèrent avec une telle audace et intrépidité, que frappant, abattant et tuant, ils les repoussèrent dans l'intérieur de la ville; autant qu'on peut le présumer, s'il y avait eu là un plus grand nombre de nos gens préparés, il est hors de doute qu'ils eussent pu entrer dans la ville avec ceux qu'ils poursuivaient. Les Ascalonites eurent à pleurer et à déplorer la mort de plus de quarante des meilleurs d'entre eux, et furent extrêmement surpris de cet échec inattendu. Le roi reposa cette nuit sous une tente au son des trompettes qui se faisaient entendre près de la ville et au-delà. Que si la grâce de Dieu leur accorda le repos, nos ennemis passèrent cette nuit dans l'insomnie et la tristesse; car, comme dit Joseph, celui qui a trop de confiance ne se tient pas sur ses gardes, et la crainte éveille la prudence. Il faut savoir que ce jour-là nos coureurs ne trouvèrent aucun butin aux environs de la ville; car, instruits d'avance de l'arrivée du roi, les Ascalonites avaient, par prévoyance, caché tous leurs troupeaux.

CHAPITRE LXVII.

Les Sarrasins qui habitent la Palestine ont coutume de faire parvenir leurs lettres de ville en ville par des colombes adroitement dressées à cet effet; elles transportent ces écrits dans les endroits qui leur sont connus déjà depuis long-temps. Ces écrits, renfermés dans des cédules et cousus sur le croupion des colombes, instruisent celui qui les lit de ce qu'il doit faire. On sut, à n'en pas douter, qu'on avait en cette circonstance employé cette sorte de message.

CHAPITRE LXVIII.

Les choses et les coutumes varient selon les divisions des pays : autres sont les usages en France qu'en Angleterre, autres en Egypte, autres dans l'Inde. Les pays diffèrent aussi quant aux oiseaux, aux poissons et aux plantes. Je n'ai jamais vu en Palestine ni baleine ni lamproie, ni, parmi les oiseaux, de pie ni de fauvette. Mais il y a en ce pays des ânes sauvages, des porcs-épics, et des hyènes, animal qui déterre les morts. Parmi les arbres, je n'ai point vu de peuplier ni de coudrier, ni de sureau, ni aucun roseau.

CHAPITRE LXIX.

Dernièrement nous avons tous vu à Naplouse une bête dont aucun homme ne connaissait ni n'avait entendu dire le nom. Elle avait une face de bouc, un cou avec une crinière comme celle d'un ânon, des ongles fourchus, une queue de veau, et était plus grande qu'un bélier. Dans le pays de Babylone il y a une autre bête appelée chimère, plus haute par devant que par derrière. Dans les grands jours on étend sur elle un beau manteau pour qu'elle serve au prince avec un grand apparat. Il y a un animal quadrupède qu'on appelle crocodile, qui se porte aussi bien sur terre que dans l'eau. Il n'a pas de langue, il fait mouvoir sa mâchoire supérieure, et ses dents mordent avec une horrible ténacité. La plupart ont vingt coudées de longueur. Il pond des œufs comme les oies, et cache son fruit dans des endroits où ne puissent parvenir les eaux croissantes du Nil. Il est armé d'ongles terribles. Il passe les nuits dans l'eau, et se repose sur la terre pendant le jour. Il est couvert d'une peau très-dure. Il y a aussi de ces quadrupèdes dans une rivière près de Césarée de Palestine; mais on dit qu'il n'y a pas long-temps qu'ils y ont été apportés du Nil, par une odieuse malice; car ils font souvent beaucoup de mal dans ces territoires, où ils dévorent les animaux. On trouve aussi sur les bords du Nil l'hippopotame, qui ne naît que dans ces endroits et dans l'Inde; il ressemble beaucoup à un cheval, par le dos, la crinière, le hennissement, son museau renversé, ses ongles fourchus, ses dents de sanglier, et sa queue tortueuse. La nuit il dévore les moissons, vers lesquelles, par une adroite ruse, il s'avance par des marches détournées, afin que, trompé par les traces de ses pas, on ne puisse à son retour lui tendre des piéges. Ils sont plus grands de corps que les éléphans. Ainsi furent-ils créés de Dieu, qui fit tous les animaux, petits et grands. Comme il lui a plu de les créer, ils doivent aussi nous plaire, et nous devons en louer le Seigneur. Les vrais dragons ont une petite gueule qui ne s'ouvre pas pour mordre. Ils ont d'étroits canaux, par lesquels ils respirent, et font sortir leur langue. Ce n'est pas dans les dents, mais dans la queue qu'est leur venin; et c'est plutôt par leurs coups que par leurs morsures qu'ils font du mal. Il y a une pierre qui est taillée de la cervelle des dragons. Le dragon est le plus grand des serpens ou des animaux qui rampent sur la terre ; souvent sortant des cavernes, il s'élance dans l'air qu'il ébranle ; il porte une huppe et tue tous ceux qu'il enveloppe. La grandeur de son corps ne garantirait même pas l'éléphant contre ses coups. Il naît dans l'Inde et l'Ethiopie, au milieu de la plus ardente chaleur. Il se cache aux environs des chemins par où passent les éléphans, il enlace leurs jambes des replis de sa queue, et les étouffe. Le dragon n'a pas de pates. Il y a dans l'Asie Scythique, des oiseaux appelés frigriphes, dont la férocité est au dessus de toute expression. Le pays d'Hyrcanie, hérissé de forêts, abonde en bêtes féroces, et est peuplé de tigres affreux. Cette espèce de bête est remarquable par des taches d'un jaune brillant. Je ne sais si c'est la légèreté ou la force qui les aide le plus à mouvoir leurs pieds ; il n'y a rien de si éloigné qu'ils ne puissent l'apercevoir, rien devant eux qu'ils n'atteignent aussitôt. Il y a aussi dans l'Hyrcanie des panthères, tachetées de petits ronds. On rapporte que leur odeur et leur vue font sur les troupeaux une impression surprenante ; car, dès qu'ils les sentent, ils se hâtent de se rassembler ; il n'y a, dit-on, que leur aspect farouche qui les épouvante. On fait plus souvent périr par le poison que par le fer ces animaux d'une extrême vivacité. L'élan ressemble au mulet ; il a la lèvre supérieure tellement penchée en avant, qu'il ne peut paître qu'en reculant sur les pieds de derrière. L'Asie abonde en caméléons, animal quadrupède, qui a la forme d'un lézard, excepté que ses pates courtes, mais plus longues cependant que celles du lézard, viennent se rattacher à son ventre. Il a une longue queue qui se tourne en cercle, des ongles crochus et finement courbés, une démarche lente, un corps rude, et la peau comme celle du crocodile. Il bâille éternellement : il n'est bon à rien : le corbeau l'attaque. Lorsqu'il est tué par quelque oiseau, sa mort fait périr son vainqueur ; car si l'oiseau en mange tant soit peu, il tombe mort aussitôt. Mais le corbeau a un remède pour se soulager ; car il est guéri aussitôt qu'il a mangé une feuille de laurier. Le corps du caméléon n'a pas de chair, ses entrailles point de graisse ; il devient de la couleur de tous les objets avec lesquels il se met en contact. Les Grecs l'ont appelé salamandre, les Latins stellion, le stellion flamboyant, la salamandre, l'horrible caméléon triple de nom, mais un et simple de corps. Il y a un oiseau nommé pégase, qui n'a pourtant rien du cheval que les oreilles. Il y a des hommes tellement grands qu'ils sautent très-facilement par dessus les éléphans comme par dessus des chevaux ; on voit aussi une nation où on est blanc dans la jeunesse et où on noircit dans la vieillesse. Il y a une bête nommée *leucocrote*, qui surpasse toutes les autres en vitesse ; elle a la grandeur d'un âne sauvage, les fesses d'un cerf, le poitrail et les jambes d'un lion, la tête d'un chameau, des ongles fourchus, une gueule fendue jusqu'aux oreilles, et à la place de dents un os non interrompu : telle est sa forme ; sa voix imite les sons de celle de l'homme. Dans ce pays naît aussi la mantichore, armée d'un triple rang de dents, qui lui servent tour à tour ; une figure d'homme, les yeux verdâtres ou couleur de sang, un corps de lion, une queue comme celle d'un scorpion, un dard pointu, une voix tellement sifflante qu'elle ressemble aux modulations de la flûte. Elle est avide de chair humaine, et si agile et si rapide que l'espace le plus étendu, ni les obstacles de l'éloignement ne peuvent l'arrêter. Mais qui pourrait connaître ou chercher tant et de si magnifiques œuvres de Dieu, dans cette vaste et spacieuse mer où habitent tant d'animaux et de reptiles, que le nombre en est infini ? Le peu que j'ai dit je l'ai tiré, d'après mon choix, des recherches habiles et savantes de Solin. J'indiquerai dans la suite de cet ouvrage, sinon en entier, du moins en partie, le chemin qu'Alexandre-le-Grand a suivi pour aller dans l'Inde, et les choses qu'il a vues.

Maintenant cesse cette année, et que Dieu nous serve de guide pour passer à des temps différens, car à chaque année en succède une autre.

CHAPITRE LXX.

L'an de la Nativité du Seigneur 1126, après que les fêtes de Noël eurent été célébrées à Jérusalem, le roi rassembla son armée pour marcher contre le roi de Damas. Ayant fait annoncer son expédition dans le pays de Jérusalem, tous, chevaliers comme hommes de pied, se levèrent pour l'accompagner. Les gens de Joppé, de Ramla, et ceux qui étaient dans Lydda, passèrent par Naplouse et par Scythopolis. Dans la contrée du nord, les gens d'Accon et de Tyr, commandés par le roi, laissant à leur droite la ville de Sephorim et le mont Thabor, vinrent vers Tibériade. Les gens de Jérusalem s'étant joints à eux, ils passèrent tous le Jourdain, et se livrèrent sous leurs tentes à un agréable repos. Le temps était clair, le ciel serein et sans nuage, et l'on voyait briller les cornes de la dix-septième lune. Avant l'aurore, la trompette annonça qu'il fallait sortir du camp. Alors on relève les tentes, et on prépare tout pour le départ. On charge des bagages un grand nombre de bêtes de somme et de chameaux, ce qui occasione beaucoup de tumulte ; les ânes braient, les chameaux bêlent, les chevaux hennissent. Les éclaireurs ayant commencé à sonder le chemin, la trompette sonna, et on prit la route qu'on reconnut la plus avantageuse. Lorsqu'ils eurent pénétré plus avant sur le territoire ennemi, ils eurent soin de marcher avec précaution, les bannières déployées et les armes à la main, de peur qu'un péril inattendu ne vînt à les troubler. Ils passèrent alors la caverne de Roob, entrèrent dans la terre des Damasquins, et se reposèrent deux jours au delà de Medda, à la source d'un fleuve qui descend au delà de la mer de Galilée, vers Scythopolis, et va se jeter dans le Jourdain. Ils détruisirent une tour qu'ils trouvèrent devant eux, et vinrent vers un château appelé Solone. Les Syriens chrétiens qui l'habitaient sortirent en procession pour aller au devant du roi. Ensuite ils arrivèrent à une vallée appelée Marchisophar, ce qui veut dire sopha de l'empereur, et demeurèrent pendant deux jours dans un lieu où l'apôtre Paul reçut du Seigneur un soufflet qui le priva pendant trois jours de la vue. Ils aperçurent en cet endroit les tentes des Damasquins, qui attendaient notre armée. Le fils du roi Toldequin, amenant avec lui environ trois mille cavaliers, qu'il avait rassemblés comme il avait pu, retourna vers son père pour combattre, et rejoignit ses compatriotes ce jour-là même avant le combat, qui ne tarda pas à s'engager. Nos troupes furent rangées en douze bataillons, tant de chevaliers que d'hommes de pied, afin que, si besoin était, ils se prêtassent un mutuel appui. Les nôtres ayant communié avec le pain sacré après avoir entendu la messe, la bataille s'engagea des deux côtés, et les nôtres commencèrent à combattre, criant à haute voix, *Dieu, aide-nous!* Les Turcs aussi poussèrent de grands cris, et se battirent avec une très-grande ardeur. Ils admirèrent la valeur étonnante de ceux qu'ils avaient auparavant vilipendés comme déjà presque vaincus. Enfin le courage leur manquant, et frappés de crainte et d'épouvante, ils songèrent à fuir. Toldequin s'enfuit suivi de son fils. Quoique les ennemis eussent pressé les nôtres au delà de toute mesure, leur courage s'accrut de plus en plus, et ils se montrèrent fermes et vaillans. Cependant les Chrétiens étaient assaillis par les Turcs d'une telle pluie de flèches, qu'ils n'avaient aucune partie du corps qu'ils pussent garantir des coups et des blessures. Jamais les nôtres n'eurent à soutenir un combat plus violent et plus terrible. Le tumulte occasioné par l'impétuosité, les courses des hommes de guerre, le bruit des armes, était à son comble. Le son des trompettes et des cors retentissait violemment dans les airs. Déjà les nôtres, enveloppés par les Turcs, étaient la plupart accablés de blessures ; mais, après avoir fui pendant environ quatre milles, ils se retournèrent enfin, et, saisis d'une ardeur martiale, ils recommencèrent à combattre. Le jour sacré du combat fut celui où brilla jadis la conversion de Paul, élu de Dieu. Cette bataille commença à la troisième heure du jour, et ne finit qu'avec le jour par la victoire des nôtres. Il est dangereux de combattre et honteux de fuir ; mais il vaut mieux vivre infirme qu'avoir à pleurer éternellement un mort ; c'est pourquoi les Turcs préférèrent fuir pour conserver leur vie. Un peu plus de deux mille cavaliers Turcs restèrent sur le champ de bataille ; on ne saurait évaluer le nombre des gens de pied qui périrent. Nous perdîmes quatorze chevaliers et quatre-vingts hommes de pied. Notre roi se comporta très-bien ce jour-là, ainsi que tous ses chevaliers et ses vassaux, et le Dieu tout-puissant fut avec eux. Le roi de Syrie s'enfuit avec ceux qui purent le suivre. Le roi revint à Jérusalem joyeux et triomphant. En s'en retournant, les nôtres assiégèrent une tour, et la prirent avec quatre-vingt-dix hommes. Les ayant fait tuer, le roi s'empara d'une autre tour avec vingt Turcs qui s'y étaient réfugiés. Ces Turcs, effrayés en voyant les nôtres miner la tour et en ôter d'énormes pierres, se rendirent au roi, eux et la citadelle, et obtinrent à ce prix leur liberté ; mais le roi fit démolir la tour. Il lui parut très-nécessaire de la faire raser, de peur que ses fortifications n'invitassent beaucoup de gens à se soulever contre lui ; car elle pouvait inspirer, à ceux qui y seraient renfermés, l'espoir certain du salut, et aux assiégeans le doute et la crainte. Cette histoire ennuierait peut-être les lecteurs, si on y rapportait tout ce que firent dans cette guerre la force et la ruse. Les Damasquins prenaient des jeunes gens remarquables par leur agilité, qui montaient avec leurs armes derrière les cavaliers, et qui, aussitôt qu'on était arrivé vers les ennemis, sautaient à bas de cheval; et alors ces hommes de pied répandaient le désordre parmi les ennemis, attaqués d'un autre côté par les cavaliers qui les avaient amenés.

CHAPITRE LXXI.

Il est écrit : « Personne ne peut être entièrement « heureux. » Nous n'avons pu être heureux en ce sens, que nous avons perdu dans ce combat quatorze des plus vaillans chevaliers, outre un petit nombre de gens de pied, braves aussi; mais ce ne fut rien par rapport au carnage qui se fit des ennemis. Damas veut dire baiser de sang ou buvant du sang. C'est dans ce pays que, comme nous le lisons, fut répandu le sang d'Abel. En effet, les Damasquins auraient pu s'abreuver du sang de leurs morts, et boire même leur propre sang. Le roi étant enfin revenu à Jérusalem avec son armée, nous passâmes tout ce jour dans la joie, comme un jour de fête. Peu de temps après, le roi, touché des prières du comte de Tripoli, marcha à son secours pour assiéger une ville que nous avons nommée Raphanie, et située au delà du mont Liban. Dans ce pays, comme le rapporte Josèphe, coule au milieu, entre Archas et Raphanie, un fleuve où s'opère un prodige particulier; car, au moment où il coule, roulant beaucoup d'eau et d'un cours peu rapide, tout à coup, pendant six jours, ses sources manquent, et il laisse son lit à sec; ensuite, le septième jour, on le revoit de même qu'avant, comme s'il ne s'était opéré aucun changement, et on a remarqué que ce phénomène se produit constamment. C'est pourquoi ce fleuve a été appelé Sabbat, du jour sacré des Juifs, qui est le septième. Le prince Titus s'étant arrêté quelque temps à Béryte, et ensuite s'en retournant en célébrant de magnifiques spectacles dans toutes les villes par où il passait, à la vue de ce fleuve, si digne par sa nature d'être connu, fut saisi d'une grande admiration.

CHAPITRE LXXII.

Le même historien rapporte une autre merveille; il dit, qu'il y a près de Ptolémaïs une petite rivière qui coule presqu'à deux stades au delà de cette ville, et qu'on appelle Belée. Près de ce fleuve très-étroit est le tombeau de Memnon, digne de la plus grande admiration. Il avait la forme d'une vallée ronde, et lançait du sable transparent. Ce lieu ayant été vidé de sable par grand nombre de barques qui s'en approchèrent, en fut de nouveau rempli. Les vents apportaient des buttes voisines ce sable dans l'état ordinaire. Ce lieu change aussitôt en verre tous les métaux qu'il reçoit. Ce qui me paraît le plus étonnant, c'est qu'une partie quelconque du sable, déjà converti en verre, étant jeté sur les bords de ce lieu, redevenait du sable ordinaire.

CHAPITRE LXXIII.

Voici quelle fut la ruine de la ville de Raphanie, dont j'ai commencé à dire quelque chose. Le roi et le comte ayant assiégé pendant dix-huit jours, avec une très-grande vigueur, les Sarrasins renfermés dans la place, et leur lançant des pierres au moyen de leurs machines, ceux-ci furent forcés de se rendre, et se retirèrent sans autre dommage. Cela arriva le dernier jour de mars. C'est pourquoi ledit comte prit possession de cette ville, et y mit des munitions. Le roi retourna à Jérusalem.

CHAPITRE LXXIV.

Comme nous célébrions à Jérusalem les jours de Pâques, des pèlerins arrivés en cette ville nous apprirent que l'empereur des Romains était mort, et ajoutèrent que Lothaire, duc de Saxe, avait été élevé au trône royal et impérial. A la mort de Henri brilla le lever des Gémeaux; après lui, Lothaire, né d'un duc, gouverna en qualité de roi.

CHAPITRE LXXV.

Peu de temps s'était écoulé après ces événemens, lorsque le roi sortant de Tyr partit pour la basse

Syrie, emmenant avec lui une partie de ses chevaliers et laissant les autres. Quoique des hommes d'armes l'eussent informé que les Babyloniens, préparés à la guerre, allaient marcher contre lui, il était à propos qu'il se hâtât d'arriver auparavant dans l'endroit où il apprenait que les ennemis devaient l'attaquer. Comme des sangliers enveloppés par des chiens et pressés par beaucoup de morsures, il fallait que les nôtres fissent des efforts pour se défendre à droite et à gauche en frappant du pied. Nous avons coutume de dire proverbialement : « Où tu souffres il faut y porter la « main ; » mais avant que le roi fût parvenu en cet endroit, les Turcs avaient assiégé et pris de force une espèce de château. Ce château, fâcheux pour les Turcs, était pour nous d'une grande utilité. Les chevaliers s'en échappèrent pendant la nuit par une ruse très-adroite, et y laissèrent leurs femmes et leurs enfans, aimant mieux sauver une partie que de perdre le tout. Dans l'été, au milieu du mois de juillet, commença à apparaître entre l'orient et le nord une comète qui, naissant avant l'aurore, lançait ses rayons vers la neuvième heure, et brillait d'une faible lumière. Pendant douze jours nous nous empressâmes de la regarder, nous en remettant au Créateur de toutes choses pour ce qu'elle présageait. Les Turcs, parmi lesquels Borsequin était le plus puissant, assiégèrent une ville appelée Cérèpe ; mais à la nouvelle de l'approche du roi, qui déjà les poursuivait, frustrés de leurs espérances, ils se retirèrent dans des lieux plus sûrs pour leur défense. En effet ils n'étaient plus que six mille chevaliers. C'est pourquoi le roi s'en retourna à Antioche.

CHAPITRE LXXVI.

Cette année, les Babyloniens ayant réparé et rassemblé leur flotte, mirent à la voile, et, poussés par le vent du midi, entrèrent dans la terre des Philistins, après avoir passé devant Phare, Mialaris, Gaza, Ascalon, Joppé, Césarée, Ptolémaïs, Tyr et Sidon, et arrivèrent jusqu'à la ville de Béryte, allant à la découverte et dressant des embûches sur les bords de la mer, épiant et guettant de port en port pour trouver une occasion favorable de faire du mal aux Chrétiens. Comme ils manquaient d'eau douce, ils furent obligés de se retirer à sec, afin d'emplir leurs sceaux aux ruisseaux et aux sources, et d'apaiser leur soif; mais les citoyens de Béryte ne leur en voulant pas donner la liberté, s'avancèrent sur-le-champ contre eux avec une grande intrépidité. Des voyageurs qui étaient par hasard accourus en cet endroit s'étant joints à eux, et le combat s'étant engagé, enfin cent trente de ces pirates furent renversés à terre, tués ou blessés à mort. Ceux d'entre eux qui s'étaient avancés pour combattre, étaient au nombre de cinq mille, sans compter ceux qui, pendant ce temps, gardaient les vaisseaux dont il y avait vingt-deux à trois rangs de rames, dits quelquefois *chats* [1]; les autres se montaient à cinquante-trois. Ainsi ces gens inaccessibles à la pitié et sans miséricorde pour ceux dont ils s'emparaient, faisaient peser leur cruauté sur

---

[1] *Cautos* ou *Gattos*. Voyez le *Glossaire* de Ducange au mot Gattus.

nôtre nation. Mais, grâces à Dieu, ils ne purent remporter ici aucun avantage; car nos chevaliers les culbutant avec leurs lances, et nos archers avec leurs flèches, les contraignirent avec un courage inconcevable de s'enfuir vers la mer. Aussitôt, mettant à la voile, ils se mirent en mer, et se dirigèrent vers Tripoli, et de là vers Chypre.

CHAPITRE LXXVII.

Combien de fois cette année des envoyés ou des pèlerins nous annoncèrent et rapportèrent-ils l'arrivée du jeune Boémond parmi nous! Mais tous ces bruits étaient mensongers; car Boémond était en crainte à cause de la flotte des Babyloniens ou pirates, qu'il apprit être dispersée au large dans la mer. De plus il avait encore de grandes inquiétudes au sujet de sa terre, qui lui aurait été traîtreusement enlevée par de mauvaises gens occupés de lui tendre des embûches, s'il ne l'eût placée entre les mains de ses fidèles. Il est écrit dans les proverbes des paysans : « Mauvais voisin est un fléau dès le ma-
« tin. » Enfin, après avoir fait souvent les préparatifs de son voyage, Boémond rassembla à Otrante, ville de la Pouille, tous les vaisseaux qu'il put, à savoir, vingt-deux, dont dix vaisseaux longs, et tous munis de rames, et commença à se mettre en mer. Il confia sa terre au duc de Pouille, qu'il créa son héritier en cas qu'il vînt à mourir le premier. Le duc fit volontiers la même disposition et concession à son

égard, en cas que lui-même mourût le premier; cela se fit en présence et du consentement des grands de part et d'autre. C'est pourquoi, au milieu de septembre, Boémond fendant les ondes, après avoir passé les Cyclades, répandues çà et là dans la mer, vint à Mitylène. Ensuite il passa par Rhodes, la Pamphilie et la Lycie. Souvent les gouffres d'Italie épouvantent les navigateurs. De là il passa par la petite Antioche, ensuite par la grande, par l'Isaurie et la ville de Séleucie. Après avoir laissé Chypre à sa droite, il laissa à sa gauche Tarse et la très-fameuse ville de Mélot, déjà depuis long-temps saccagée. Dans ce temps certains bouffons et hableurs, arrivés nouvellement de la mer, nous affirmèrent que Boémond était arrivé à Antioche, aussi sûr que nous, nous étions dans Jérusalem; mais ce rapport était faux. Ils le croyaient, parce qu'ils étaient venus jusqu'à Pathare avec quelques-uns de ses chevaliers et les éperviers, les chapons, les oiseaux et les chiens qu'il envoyait devant.

CHAPITRE LXXVIII.

Souvent, par la volonté et la permission de Dieu, de grands troubles tourmentent ceux qui naviguent sur mer. Tantôt l'ancre se rompt, tantôt l'antenne, les banderolles ou les câbles sont brisés. On regarde aux voiles pour reconnaître les changemens de vent, et savoir avec certitude si l'on avance heureusement. Il faut prendre garde de s'égarer dans la nuit; car lorsque les nuages couvrent les étoiles, si la pointe du vaisseau vient à heurter, on est aussitôt menacé du danger de la mort ou d'un naufrage. On court sur mer des dangers comme sur terre. Pourquoi nous étonner que de telles choses nous arrivent, lorsque nous nous rappelons le naufrage de l'apôtre Paul ? Les pilotes jetèrent une sonde pour sonder la profondeur du gouffre ; et si saint Paul n'eût eu, dans l'extrémité où il était, une vision d'anges pour le consoler, c'en était fait de sa vie.

CHAPITRE LXXIX.

Les vaisseaux courent ordinairement beaucoup de dangers dans le gouffre d'Italie. Les vents qui soufflent de tous côtés, se précipitant des montagnes dans les vallées, tournent dans des sinuosités souterraines, et tourbillonnent dans le gouffre. Que si quelquefois les matelots rencontrent un pirate, ils sont pillés et défaits impitoyablement ; mais ceux qui souffrent ces tourmens pour l'amour de Dieu seront-ils frustrés des largesses qui leur sont promises ? Disons quelques mots de notre mer. Il ne faut pas omettre la Méditerranée dont elle est formée. On pense que ces mers ont leur source au détroit de Cadix, et qu'elles ne sont formées que par les écoulemens impétueux de l'Océan. Ceux qui sont d'un avis contraire disent que toutes ces eaux sortent du Bosphore de Thrace ; ils appuient leur opinion par un argument assez solide, c'est que les flots qui coulent du Bosphore n'éprouvent jamais de reflux. Louange et honneur donc au Créateur de toutes choses, qui a assigné des bornes à la mer, lui a opposé des barrières et ouvert des portes, et lui a dit : « Tu viendras jusque-là, et tes flots se replieront « sur toi. » Dès que les ondes impétueuses sont brisées sur le rivage, elles bouillonnent en écume et sont repoussées par les frêles barrières du sable. En effet, sans la défense de la loi céleste, qui s'opposerait à ce que la mer Rouge, traversant les plaines de l'Egypte, situées dans de très basses vallées, n'allât rejoindre la mer d'Egypte? Cette vérité est encore prouvée par ceux qui ont voulu réunir et confondre ces deux mers. L'Egyptien Sésostris fut le premier de ceux qui l'essayèrent, et Darius le Mède, fier de sa haute puissance, voulut exécuter ce qu'avait tenté en vain un habitant même du pays. C'est ce qui prouve la plus grande élevation de la mer Indienne à laquelle tient la mer Rouge, et fait voir que la mer d'Egypte est plus basse. Peut-être en est-il ainsi afin que la mer ne s'étende pas plus au large; ce qui arriverait si elle tombait d'un lieu élevé dans un autre plus bas. Les deux rois renoncèrent à leur entreprise. C'est là ce qu'on voit dans l'Hexaméron d'Ambroise; on trouve autre chose dans Solin. Les œuvres de Dieu sont admirables; mais bien plus admirable encore est celui qui les a faites et disposées. Que si quelque chose paraît difforme à notre vue, nous ne devons pas moins louer le souverain Créateur de l'avoir fait; bien plus, ce n'en est peut-être pas moins utile. Dieu dans un crime donne un remède : il a mis la ruse dans le polype et dans le hérisson; il a donné au serpent la malice. Quelquefois ces animaux offrent un remède, d'autres fois ils causent la maladie et même la mort; quelquefois ils sont utiles, d'autres fois ils nuisent; puisqu'on dit que l'antidote Tyrien se fait avec le corps d'un serpent, certainement le venin et le corps d'un serpent pris seuls peuvent faire du mal; mais lorsqu'on les mêle à d'autres matières ils sont salutaires et favorables à la santé.

CHAPITRE LXXX.

Le basilic a un demi-pied de longueur; blanc comme une mitre, il a la tête marquée de lignes; il nuit non seulement aux hommes ou aux autres animaux, mais aussi à la terre qu'il corrompt et consume. Partout où il est, sa retraite est fatale; il détruit les herbes et fait périr les arbres. Il corrompt même l'air, au point qu'aucun oiseau ne vole impunément dans un air infecté de son souffle pestilentiel. Lorsqu'il marche, la moitié de son corps rampe, l'autre est droite et haute. Les serpens même frémissent à son sifflement, et lorsqu'ils l'entendent ils se hâtent de fuir dans quelque lieu que ce soit. Une bête féroce ne le dévorerait pas, un oiseau ne toucherait pas tout ce qu'il a mordu. Il est cependant vaincu par les fouines que les hommes mettent dans les trous où ils se cachent. Enfin les gens de Pergame ont attaché les restes d'un basilic à un grand voile pour en couvrir un temple d'Apollon, remarquable par la main-d'œuvre, afin que les araignées n'y pussent faire leur toile, ni les oiseaux y voler. L'amphisbène a deux têtes, dont la seconde est à l'endroit de la queue. Les cérastes ont quatre petites cornes; ils tendent des

piéges aux oiseaux en leur montrant ces cornes qui ressemblent à de la nourriture, et les tuent; car ils couvrent habilement de sable le reste de leur corps. L'hémorroïde fait sortir le sang par sa morsure, et rompant les veines, tire avec le sang la vie de l'animal. Le *prester* s'étend sur celui qu'il frappe, et l'étouffe par son énorme corpulence; souvent le corps de ceux qu'il frappe enfle et pourit. Il y a aussi les himodites, la chenchère, sorte de couleuvre, les médragons; enfin il y a autant d'animaux pernicieux qu'il y a d'hommes. Les scorpions, les scinques [1], les lézards sont rangés parmi les vers plutôt que parmi les serpens. Lorsque tous ces monstres sifflent, leurs blessures sont moins dangereuses. Ils ont des passions, et risquent tout pour s'approcher de leurs femelles. Il y a des jacules qui percent tout animal que le sort leur fait rencontrer. Le scitale a le dos varié d'une manière si brillante, que la beauté de ces taches arrête ceux qui le voient. Le dipsade cause une soif dont on périt. Le sippiale fait périr par un engourdissement ceux qui le regardent, et brûle jusqu'à la mort. Il en est d'autres dont le virus, que rien ne peut guérir, fait mourir de faim. On ne doit pas moins admirer ces merveilles que celles qu'Alexandre-le-Grand vit dans l'Inde, et dont il parle ainsi dans une lettre adressée à son précepteur Aristote et à sa mère Olympias : « Je n'aurais pas cru qu'il y eût
« tant de merveilles, si je ne les avais prises et examinées de mes propres yeux. » Ce roi fut vraiment et complétement grand, habile et prudent dans ses affaires, et puissant par sa grandeur et sa vaillance; il

---

[1] Sorte de crocodile terrestre.

n'était pas comme la plume qui vole, ni comme la paille qui flotte.

CHAPITRE LXXXI.

Comme Boémond, malgré notre attente, s'était mis en route tard cette année, nous croyions qu'il n'avancerait pas plus loin, et ainsi nous l'avait fait craindre le bruit public. Mais comme, selon la parole du prophète, les voies de l'homme ne sont pas à sa disposition, et que ce n'est pas lui, mais le Seigneur qui dirige ses pas, un faux bruit avait éveillé nos craintes. Il n'arrive pas, en effet, ce que la volonté humaine soutient, mais ce que Dieu souverain arbitre juge convenable aux mérites des humains. Le roi manda donc, et fit savoir par une lettre aux gens de Jérusalem que Boémond était déjà arrivé à Antioche : ce qui fit à tous beaucoup de joie. Nous louâmes tous Dieu qui l'avait amené sain et sauf. Déjà le soleil était couché, et il faisait nuit lorsqu'il entra dans le port. Le roi alla au devant de lui en grande et solennelle procession du peuple qui chantait des louanges, et le reçut avec joie. Après une courte conférence, le roi lui donna sur-le-champ une de ses filles en mariage avec toute sa terre. Voilà le beau-père et le gendre, l'un père, l'autre fils; qu'ils se chérissent tous deux, et tous deux en deviendront plus puissans. On fit les apprêts de la noce, qui fut accomplie. Boémond devenu prince était assis sur son siége, revêtu d'un superbe manteau, au milieu de tous ses grands, qui lui avaient juré fidélité et soumission comme ses hommes, en présence et avec la faveur du roi, et promis de le servir désormais à compter de ce jour.

Après cela, le roi retourna à Jérusalem. Le Scorpion commençait à briller au milieu des astres du ciel, lorsque Boémond fut reçu dans le royaume d'Antioche ; ce temps était celui où le cercle de l'année allait rétrograder et recommencer.

CHAPITRE LXXXII.

L'an de la Nativité du Seigneur 1127, il y eut dans le pays de Palestine une si immense multitude de rats, que se jetant sur les fesses d'un bœuf, ils le mangèrent tout entier, l'étouffèrent et le dévorèrent avec sept moutons. Enfin, après avoir pendant long-temps ravagé le territoire d'Accon, cherchant de l'eau, ils grimpèrent sur les montagnes de Tyr. Ensuite on vit s'élever un vent pestilentiel, et un horrible déluge de pluie qui en repoussèrent d'innombrables milliers dans les vallées voisines. La puanteur de leurs cadavres infecta tout le pays.

FIN DE FOULCHER DE CHARTRES.

HISTOIRE
DE LA CROISADE
DE LOUIS VII,

Par ODON DE DEUIL[1].

[1] Voyez la *Notice* placée en tête de ce volume.

ODON DE DEUIL,

AU VÉNÉRABLE SUGER, SON ABBÉ.

Au vénérable Suger, abbé de l'église de Saint-Denis, le moindre de ses moines, Odon de Deuil, salut[1] !

Je voudrais, mais ne sais comment m'y prendre, trouver moyen de vous écrire d'une manière convenable, sur notre voyage vers le saint sépulcre, quelque chose que vous pussiez ensuite revêtir de votre style, pour le transmettre à jamais à la mémoire des hommes. Encore en proie à toutes les difficultés du voyage, je suis doublement empêché et par mon incapacité et par la fatigue. Quelquefois cependant il nous faut tenter même ce que nous ne pouvons faire, afin d'exciter par nos efforts les hommes plus hardis à accomplir ce que nous voudrions et ne pouvons nous-mêmes. Moi donc, qui, dans notre pélerinage vers le saint sépulcre, suis comblé sans mesure des bienfaits du très-glorieux roi Louis, moi qui ai vécu dans sa plus intime familiarité, certes, j'éprouve un vif désir d'en rendre grâces; mais les forces me manquent pour le faire. Que ce soit donc l'œuvre du bienheureux Denis, pour l'amour duquel le roi a fait tout cela, et votre œuvre, puisqu'il m'a pris en votre place, moi votre moine. Toutefois vous lui devez beaucoup aussi pour vous-même, vous qu'il a spécia-

[1] Cette lettre fut écrite d'Antioche, où le roi Louis VII et sa suite arrivèrent le 19 mars 1148.

lement chéri dans son royaume, et à qui il a confié ce même royaume, lorsqu'il l'a quitté, conduit par le zèle de la propagation de la foi. En cela cependant, il a aussi veillé à ses propres intérêts, puisqu'il a remis le soin de ses affaires à une fidélité éprouvée, à une sagesse toute particulière. Vous avez écrit l'histoire des actions de son père; ce serait un crime de priver la postérité de celle du fils, dont toute la vie est un modèle de vertu; car, depuis qu'il a commencé à régner, presque enfant, la gloire du siècle, loin d'être pour lui une occasion de se livrer à la volupté, n'a fait qu'accroître et mettre en lumière ses vertus. Si donc quelqu'un ne commençait à écrire son histoire qu'après son voyage à Jérusalem, il retrancherait la partie la plus importante de ce modèle que Dieu a voulu proposer aux rois des temps à venir. Car nous admirons bien plus dans le jeune Nicolas le quatrième et le sixième jour de sa naissance, et ses autres dispositions naturelles, que l'admirable sainteté de sa vie épiscopale.

Vous donc, à qui il appartient de droit d'écrire la vie du fils, après avoir auparavant mis en lumière, par votre plume, la vie du père; vous qui devez vos hommages à l'un et à l'autre, ayant joui de la plus grande faveur auprès de chacun d'eux, écrivez aussi pour le fils, à partir de son enfance et du moment où la vertu a commencé à paraître en lui. Vous le savez mieux que tout autre, car vous l'avez vu, comme un père nourricier, dans la plus intime familiarité. Pour moi, quoique je sois embarrassé pour écrire, comme je n'ignore point les choses qui se sont passées dans le voyage vers le saint sépulcre (car, en ma qualité de chapelain, j'ai été habituellement auprès du roi, et lorsqu'il se levait et lorsqu'il se couchait), je vais, pour ainsi dire, en balbutiant, vous présenter la vérité, que vous ornerez ensuite de votre éloquence littéraire. Ne craignez donc point de faire ce que vous devez faire, quand même vous apprendriez que beaucoup d'autres veulent usurper cette tâche; mais plutôt ayez pour agréable qu'il obtienne les louanges de beaucoup d'hommes, celui qui a mérité les louanges de tous.

HISTOIRE
DE LA CROISADE
DE LOUIS VII.

LIVRE PREMIER.

L'an du Verbe incarné 1146, le glorieux roi des Français et duc des Aquitains, Louis, fils du roi Louis, étant âgé de vingt-cinq ans, et, afin de se rendre digne du Christ, portant sa croix à Vézelai le jour de Pâques[1], entreprit de marcher à la suite du Seigneur. Le jour de la Nativité qui avait précédé, comme ce roi très-pieux tenait sa cour à Bourges, ayant à dessein appelé plus généralement que de coutume auprès de sa couronne tous les évêques et les grands du royaume, il leur révéla d'abord les secrets de son cœur. Alors l'évêque de Langres, homme plein de religion, parla, d'une manière convenable à sa dignité, de la destruction de la ville de Roha, plus anciennement nommée Edesse, de l'oppression endurée par les Chrétiens, et de l'insolence des Païens; et il fit verser beaucoup de larmes en traitant un sujet si déplorable;

[1] 31 mars.

puis il invita tous les assistans à s'unir à leur roi pour porter secours aux Chrétiens, et combattre pour le roi de tous les hommes. Dans le roi brillaient avec éclat le zèle de la foi et le mépris des voluptés et de la gloire temporelle, exemple plus efficace que tous les discours. Toutefois ce que semaient, en ce moment, l'évêque par ses paroles, le roi par son exemple, ils ne le moissonnèrent pas tout de suite. Un autre jour fut fixé pour que tous se réunissent à Vézelai pour les fêtes de Pâques, au moment de la Passion du Seigneur, et pour qu'au jour de la résurrection, tous ceux qui seraient touchés de l'inspiration céleste, concourussent à exalter la gloire de la croix.

Le roi cependant, plein de sollicitude pour son entreprise, envoya des députés à Rome au pape Eugène pour l'informer de ces choses. Les députés furent reçus joyeusement, renvoyés tout joyeux, et rapportèrent des lettres plus douces que le miel, lesquelles commandaient d'obéir au roi, réglaient le modèle des armes et la forme des vêtemens, promettaient à ceux qui porteraient le joug léger du Christ, rémission de leurs péchés, et protection pour leurs petits enfans et pour leurs femmes, et contenaient encore quelques autres dispositions que le souverain pontife avait jugées utiles dans sa sainte et sage sollicitude. Lui-même desirait mettre le premier la main à cette œuvre sainte; mais il ne le put, empêché qu'il fut par la tyrannie des Romains, et il délégua ces soins au saint abbé de Clairvaux, Bernard.

Enfin arriva le jour tant desiré par le roi. L'abbé, fortifié de l'autorité apostolique et de sa propre sainteté, et l'immense multitude de ceux qui étaient convoqués, se réunirent au même lieu et au même temps. Le roi reçut donc la décoration de la croix, qui lui était envoyée par le souverain pontife, et beaucoup de grands la reçurent avec lui. Et comme il n'y avait pas assez de place dans le château pour contenir une si grande multitude, on construisit en dehors et dans la plaine une machine en bois, afin que l'abbé pût parler de haut à toute l'assemblée. Celui-ci monta donc sur cette machine, avec le roi paré de sa croix; et lorsque cet orateur du Ciel eut, selon son usage, répandu la rosée de la parole divine, de toutes parts, tous firent entendre leurs acclamations, demandant *des croix, des croix!* Et après que l'abbé eut semé, plus encore que distribué, un faisceau de croix qu'il avait fait préparer à l'avance, il fut forcé de couper ses propres vêtemens pour en faire d'autres croix, qu'il répandit de même. Il travailla donc à cette œuvre tant qu'il demeura au même lieu. Je ne parlerai pas des miracles qui arrivèrent alors, et en ce même endroit, et par lesquels il fut reconnu que ces choses étaient agréables au Seigneur; de peur, si je n'en disais qu'un petit nombre, qu'on ne crût qu'il y en eut beaucoup plus, ou si j'en disais beaucoup, qu'on ne trouvât que je m'éloigne trop de mon sujet. Enfin, après que l'on eut publié qu'on partirait au bout d'une année, tous s'en retournèrent joyeusement chez eux. Alors l'abbé, portant un esprit intrépide caché sous un corps délicat et comme à demi mort, vola en tous lieux pour prêcher, et en peu de temps les croisés se multiplièrent en un nombre incalculable. Le roi, comme prenant son unique plaisir au soin de propager la foi, et dans l'espoir d'assembler encore une nombreuse armée, envoya des députés dans la Pouille au roi Roger. Celui-là lui répondit en tous points comme il le desirait ; en outre il lui envoya des hommes nobles qui lui promirent que son royaume lui fournirait des vivres, des navires, et tout ce dont il aurait besoin, et que lui-même ou son fils s'associerait à son expédition. Le roi envoya aussi d'autres députés à l'empereur de Constantinople, dont j'ignore le nom, parce qu'il n'est pas inscrit dans le livre du voyage. Celui-ci adressa à notre roi, dans une longue lettre, de très-longues adulations, et l'appelant saint, ami et frère, il lui promit beaucoup plus de choses que dans le fait il ne lui en donna ; ainsi que nous le dirons en un autre moment.

Le roi fit aussi demander aux rois des Allemands et des Hongrois la faculté de passer sur leurs terres et de s'y approvisionner sur les marchés, et il reçut d'eux des députés et des letttres conformes à ce qu'il desirait. En outre, beaucoup de ducs et de comtes de ces mêmes contrées, encouragés par un tel exemple, écrivirent au roi pour s'associer à son voyage. Ainsi toutes choses prospéraient selon ses vœux. Cependant la renommée a volé, passé la mer, pénétré en Angleterre et dans les retraites des autres îles. Les habitans des bords de la mer préparent leurs vaisseaux pour s'embarquer et partir à la suite du roi. Tandis que celui-ci voyageait, réglant de tous côtés les affaires de son royaume, et préparant pour l'avenir une paix solide à tous ses sujets, des députés arrivaient de toutes parts à Paris. A son retour, ils se présentèrent tous en même temps devant lui, lui offrant les missives sacrées des empereurs, les chartes des ducs, et lui promettant verbalement, et par des lettres, tout ce qu'il avait demandé. Ainsi le roi pouvait choisir ceux à qui il devait se confier, à qui il devait remettre ses intérêts; mais il avait l'habitude d'associer à ses conseils ceux qui devaient participer à ses travaux. En conséquence, il les convoqua tous à Étampes pour le jour de *circumdederunt me*[1], afin qu'ils accourussent tous également aux délibérations, comme ils devaient concourir également aux œuvres; et comme ils furent tous joyeux en allant à ce rendez-vous, plût à Dieu qu'ils eussent été de même également sages dans leurs résolutions! Une immense et glorieuse multitude d'évêques et de nobles s'étant donc rassemblée au lieu et au temps convenus, le susdit abbé, digne d'éloges en toute chose, se présenta. A sa vue s'élevèrent de grandes acclamations, et toute l'assemblée se montra remplie de joie; car il arrivait de l'Allemagne, où il avait confédéré, pour la milice de la croix du Christ, le roi et les grands de ce royaume.

Alors on lut des lettres venues de diverses contrées, on entendit des députés, et ces occupations se prolongèrent jusqu'au soir. On passa ainsi une joyeuse journée, et ce qui restait à faire fut remis au lendemain. Survint alors un jour plus joyeux que prospère; il se trouva dans l'assemblée des hommes qui dirent que les Grecs étaient remplis de perfidie, ainsi qu'ils le savaient par leurs lectures et par leur propre expérience. Et plût à Dieu que le roi et les siens, qui avaient toute raison de ne redouter les forces d'au-

[1] Le dimanche de la Septuagésime, 16 février.

cune puissance, eussent du moins redouté les perfidies ! Mais comme il n'y a ni conseil ni sagesse contre Dieu, ils résolurent de suivre leur chemin par la Grèce, où ils devaient trouver la mort. Ainsi fut terminé ce second jour, jour de funeste mémoire [1].

Alors les nobles hommes, députés du roi Roger, se retirèrent tout confus, montrant assez par les témoignages de leur tristesse les sentimens de leur seigneur, et nous prédisant sur les perfidies des Grecs ce que dans la suite nous avons bien éprouvé. Et il n'est pas étonnant que Roger, ce roi sage et puissant, desirât attirer le roi, puisqu'il aime les Français, étant lui-même originaire de notre pays.

Enfin la grâce de la Trinité amena le troisième jour. Les seigneurs assemblés ayant invoqué d'abord la protection du Saint-Esprit (et plût à Dieu qu'ils l'eussent de même invoqué la veille!) et ayant ensuite entendu un discours spirituel prononcé par le saint abbé, poursuivirent leurs travaux, en s'occupant de la défense du royaume. Le roi soumettant, selon son usage, sa puissance à la crainte de Dieu, accorda aux prélats de l'Eglise et aux grands du royaume la liberté d'élection. Ils se réunirent donc en conseil, et au bout de quelque temps, lorsqu'ils eurent décidé ce qu'il y avait de mieux à faire, le saint abbé, marchant en avant de ceux qui partaient, dit ces mots : « Voilà deux glaives : cela est suffisant, » montrant en même temps toi, père Suger, et le comte de Nevers. Cela plut en effet à tout le monde, excepté cependant au comte même ; car celui-ci s'étant dévoué à la Chartreuse, accomplit aussitôt après sa

---

[1] *Secunda dies, non secunda* ; jeu de mots qu'on ne peut exprimer.

résolution, sans que les vives et longues prières du roi et de tous les autres pussent l'en détourner. Enfin le fardeau de deux hommes te fut imposé à toi seul; tu l'as porté en maintenant intacte la paix publique, et tu as prouvé, à la légèreté de la charge, que c'est pour toi le fardeau du Christ.

Sur ces entrefaites, on assigna le jour de la Pentecôte à ceux qui devaient partir, et on fixa dans la ville de Metz le lieu du rendez-vous, généralement désiré de tous, pour s'assembler sous un prince plein de gloire et d'humilité.

Après cela, et afin qu'il ne manquât à cette entreprise ni bénédiction ni grâce, le pontife romain, Eugène, arriva et célébra avec les honneurs convenables la Pâque du Seigneur, dans l'église du bienheureux Denis. Beaucoup d'hommes de divers pays accoururent en foule pour voir ce double miracle du roi et du seigneur apostolique, tous deux pèlerins. Le pape confirma ce qui avait été bien réglé, et réforma de graves abus, en attendant le départ du roi. Cette même année, la foire de Saint-Denis tomba au quatrième jour de la semaine de Pentecôte. Ainsi tous les grands événemens se succédaient en faveur du roi. Tandis donc qu'il demandait au bienheureux Denis et sa bannière et son congé pour partir (usage qu'ont toujours suivi les rois victorieux), sa vue excita de grandes lamentations, et il fut comblé des bénédictions de tous, en témoignage de leur profonde affection.

Au moment de son départ, le roi fit une chose très-louable, mais dans laquelle peu d'hommes l'eussent imité, et peut-être même, nul homme placé à une telle élévation. Après avoir d'abord visité tous les religieux à Paris, il sortit de la ville, et se rendit aux maisons des lépreux : là je l'ai vu moi-même positivement, suivi seulement de deux serviteurs, et tenant pendant long-temps la foule des siens éloignée de lui. Pendant ce temps sa mère, sa femme et une multitude innombrable se portèrent en avant, auprès du bienheureux Denis. Le roi lui-même y arriva ensuite, et trouva réunis le pape, l'abbé et les moines de l'église. Alors se prosternant très-humblement sur la terre, il adora son patron. Cependant le pape et l'abbé ouvrirent une petite porte d'or, et en sortirent lentement un coffre en argent, afin que le roi ayant vu et embrassé celui que chérit son cœur, en fût rendu plus alerte et plus intrépide. Ensuite ayant pris la bannière sur l'autel, et reçu du souverain pontife la besace et la bénédiction, il se retira dans le dortoir des moines pour échapper à la multitude ; car il n'eût pu demeurer plus long-temps au milieu de cette foule empressée, tandis que sa mère et sa femme étaient presque suffoquées par leurs larmes et par la chaleur. Vouloir décrire les pleurs et les gémissemens que l'on vit alors en ce lieu, serait insensé autant qu'impossible. En ce jour, ne gardant avec lui qu'un petit nombre des siens, le roi mangea dans le réfectoire des moines, et ensuite ayant embrassé tous ceux qui l'entouraient, il se retira, suivi de leurs prières et de leurs larmes.

LIVRE SECOND.

Les trop longs discours sont toujours ennuyeux pour celui qui est occupé de grandes affaires ; aussi je crains bien d'avoir écrit d'une manière trop prolixe, allant toujours, sans m'arrêter pour prendre haleine. Veuillez, je vous prie, mon père, excuser cette faute. Je parlais d'événemens heureux et de ma patrie ; j'écrivais des noms, je me souvenais de choses que j'avais vues avec plaisir, et je m'y arrêtais plus long-temps, sans éprouver d'ennui ; car lorsqu'on est dans la joie, on n'est pas empressé à rechercher ce qui est pénible.

Maintenant, au moment d'entrer dans les contrées étrangères par mon récit, de même que cela nous est arrivé par le fait, j'entreprends un sujet plus difficile et plus pénible, et je le traiterai plus rapidement.

Après que notre glorieux roi fut parti de l'église du bienheureux Denis, il n'arriva rien de mémorable dans le royaume, à moins que vous ne vouliez que je consigne ici qu'il vous associa l'archevêque de Rheims pour le gouvernement du royaume. Je ne sais toutefois si je dois exclure de la communion de ce récit le comte Raoul, qui était alors excommunié, et qui vous fut adjoint en troisième, afin que le glaive séculier ne vous manquât point à vous deux ; et que la corde fût plus difficilement rompue, étant tressée d'un triple cordon.

Maintenant je vais parler de la ville de Metz, puisque c'est en ce lieu que nous nous rassemblâmes. Le roi n'y trouva rien qui lui appartînt directement à titre de domaine; mais là, comme auparavant à Verdun, il vit tous les habitans empressés auprès de lui par bienveillance, et comme de vrais serviteurs. Il dressa donc ses tentes en dehors de la ville, attendit un petit nombre de jours l'armée qui arrivait, et rendit des lois pour maintenir la paix, et pour régler utilement tous les détails du voyage. Les princes les confirmèrent par leurs sermens et en engageant leur foi; mais comme ils ne les ont pas bien observés, moi aussi je n'en ai pas gardé le souvenir. De là le roi envoya à Worms des hommes sages et religieux, Alvise, évêque d'Arras, et Léon, abbé de Saint-Bertin, afin qu'ils fissent préparer pour l'armée, qui marcherait à leur suite, les moyens de transport nécessaires pour passer le Rhin, qui coule devant cette ville. Ils s'acquittèrent très-bien de cette mission, et rassemblèrent de toutes parts une si grande quantité de navires, qu'on n'eut pas besoin de pont. A la fête solennelle des apôtres Pierre et Paul¹, le clergé et le peuple de cette ville reçurent le roi en grande pompe. Là nous éprouvâmes pour la première fois l'orgueil insensé de notre peuple. Des chevaliers traversèrent le fleuve, et ayant trouvé des prairies assez vastes, il plut au seigneur roi d'attendre le vénérable évêque de Lisieux, Arnoul, ainsi que ses Normands et ses Anglais. Pendant ce temps les vivres nous arrivaient

¹ Le 29 juin.

de la ville en abondance par le fleuve, et les nôtres et les indigènes entretenaient des relations continuelles. Enfin il s'éleva une rixe : nos pèlerins jetèrent les mariniers dans le fleuve. A cette vue les citoyens courent aux armes, blessent quelques-uns des nôtres, et en tuent un sur la place. Les pèlerins sont irrités par ce crime; les pauvres gens ont recours à l'incendie, qui fut funeste aux citoyens, et même à quelques-uns des nôtres, savoir, de riches marchands et des changeurs. Mais enfin, par la volonté de Dieu, les insensés des deux partis furent comprimés par les hommes sages. Les citoyens cependant tremblèrent encore, et, ayant enlevé leurs navires sur l'une et l'autre rive, rompirent ainsi toute communication. Un homme religieux, l'évêque d'Arras, ayant enfin découvert un bateau, après beaucoup de recherches, passa le fleuve avec quelques barons, et alla promettre toute sûreté aux habitans. Ils ramenèrent leurs navires, recommencèrent leurs transports, et nous fournirent de nouveau tout ce dont nous avions besoin.

Ce fut là que nous éprouvâmes pour la première fois dans le peuple l'effet de ces mauvais présages qui nous menaçaient. En partant de ce lieu, beaucoup de pèlerins se séparèrent de la masse pour aller traverser les Alpes, parce que toutes choses étaient vendues trop cher, à raison de la multitude d'hommes assemblés. Le roi leva son camp, et envoya en avant, à Ratisbonne, le vénérable évêque d'Arras, avec le chancelier et l'abbé de Saint-Bertin, pour rejoindre les députés de l'empereur de Constantinople, qui depuis plusieurs jours attendaient le roi en cette ville.

Lorsqu'ils y furent arrivés, tous les pélerins passèrent le Danube sur un très-bon pont, et y trouvèrent une immense quantité de navires, qui dès lors transportèrent nos bagages, et beaucoup de monde, jusque dans la Bulgarie. Quelques-uns même mirent sur ces navires des chariots à deux et à quatre chevaux, espérant s'indemniser dans les déserts de la Bulgarie des pertes qu'ils avaient essuyées. Mais par la suite ces chariots leur furent bien moins utiles qu'ils ne l'avaient espéré d'abord. Nous disons tout ceci pour l'instruction de la postérité; car, comme il y avait une très-grande quantité de chariots à quatre chevaux, dès que l'un rencontrait un obstacle, tous les autres étaient également arrêtés; ou bien s'il leur arrivait de trouver plusieurs chemins, quelquefois ils les obstruaient tous également, et alors les conducteurs des bêtes de somme, pour éviter tant d'embarras, s'exposaient très-souvent à de grands dangers. Aussi mourait-il un grand nombre de chevaux, et beaucoup de gens se plaignaient de la lenteur des marches.

Le peuple de cette ville de Ratisbonne accueillit le roi très-royalement. Et comme je ne pourrais répéter ceci autant de fois que les peuples eurent occasion de lui manifester le zèle de leurs sentimens, je dirai une fois pour toutes que dans toutes les campagnes, tous les châteaux, toutes les villes jusqu'à Constantinople, tous, du plus au moins, rendirent au roi des honneurs royaux, toutefois selon la mesure de leurs facultés; et tous avaient pareillement bonne volonté: je dis du plus au moins, parce que tous cependant n'avaient pas les mêmes ressources.

Les tentes ayant donc été dressées et le roi s'étant logé, les députés de l'empereur furent appelés, et se présentèrent devant lui. L'ayant salué et lui ayant remis leurs lettres sacrées, ils demeurèrent debout, attendant la réponse, car ils ne se fussent point assis, si on ne leur en eût donné l'ordre. Lorsqu'ils l'eurent reçu, ils déposèrent les sièges qu'ils portaient avec eux, et s'assirent dessus. Nous vîmes là pour la première fois pratiquer cet usage, que nous avons appris par la suite être celui des Grecs, savoir, que lorsque les seigneurs sont assis, tous leurs cliens demeurent également debout. Vous verriez dans ce cas les jeunes gens, fermes sur leurs pieds, relevant la tête, fixer leurs regards sur leurs seigneurs, et demeurer en silence, tout prêts à obéir au moindre geste. Les riches ne portent pas d'habits, mais des vestes de soie, courtes et fermées de toutes parts, et ils ont en outre des manches étroites, en sorte qu'ils se présentent toujours semblables à des athlètes prêts à lutter. Les pauvres s'habillent de la même manière, avec la seule différence de la richesse des vêtemens.

Je ne veux point m'arrêter à traduire complètement les lettres que ces députés présentèrent, tant parce que ce serait inconvenant, que parce que je ne le pourrais faire. Ces lettres, dans leur première et principale partie, étaient tellement humbles et rédigées avec tant de bassesse pour capter la bienveillance, que je puis dire qu'un tel langage, beaucoup trop affectueux parce qu'il ne provenait point d'un sentiment d'affection, ne convenait pas, je ne dis pas à un empereur, mais à un histrion. C'est pourquoi il serait honteux pour celui qui a d'autres choses à dire de s'arrêter à de pareils écrits. Toutefois je ne puis m'empêcher de dire que les Français, tout flatteurs qu'ils sont, ne pourraient, même quand ils le voudraient, égaler les Grecs en ce point. Au commencement le roi souffrait, quoiqu'il en rougît, qu'on lui dît toutes ces choses, mais sans pouvoir imaginer ce que signifiait un pareil langage. Enfin, lorsqu'étant en Grèce il vit plus souvent des députés, comme ils commençaient toujours à lui parler de la même manière, il pouvait à peine le supporter.

Or, une certaine fois, l'évêque de Langres, Godefroi, homme religieux et plein de courage, prenant compassion du roi, et ne pouvant supporter les longues phrases de l'orateur et de l'interprète, leur dit : « Mes frères, veuillez ne pas parler si souvent de la « gloire, la majesté, la sagesse et la religion du roi ; « il se connaît, et nous le connaissons aussi ; dites- « lui donc plus promptement, et sans tant de détours, « ce que vous voulez. » Malgré cela, le proverbe antique, *timeo Danaos et dona ferentes*, continua à être fréquemment répété parmi nous, même par quelques laïques.

Dans la seconde partie de ces lettres, qui se rapportait directement aux affaires, étaient contenues ces deux propositions, savoir, que le roi n'enlèverait à l'empereur aucune cité ni château de son royaume ; en outre, qu'il lui restituerait celles ou ceux qui auraient été de son domaine, et dont il parviendrait à expulser les Turcs ; et que cet engagement serait confirmé par les sermens des nobles. La première de ces propositions parut assez raisonnable à nos sages;

sur la seconde il s'éleva une longue discussion. Quelques-uns disaient : « Ce qui est de son domaine, « l'empereur peut le reprendre sur les Turcs, soit à « prix d'argent, soit par négociation, soit de vive « force ; quant à nous, pourquoi ne devrait-il pas en « faire autant, s'il vient à reconnaître que nous nous « en sommes emparés de quelque manière ? » D'autres au contraire disaient qu'il fallait bien faire cette condition, afin que, dans la suite, il ne s'élevât pas de querelles sur un sujet qui n'aurait pas été réglé.

Cependant plusieurs jours s'étaient écoulés, et les Grecs se plaignaient de ces retards, craignant, disaient-ils, que l'empereur, prenant ses précautions, ne fît brûler les pâturages et détruire les lieux fortifiés. « Car, ajoutaient-ils, il nous a annoncé qu'il en « agirait ainsi si nous demeurions en retard, comme « s'il préjugeait par là que vous ne viendriez pas avec « des intentions pacifiques. Et s'il le faisait, plus tard « vous ne pourriez plus trouver en chemin toutes les « choses dont vous auriez besoin, quand même l'em« pereur voudrait vous les faire donner. » Enfin quelques hommes jurèrent de la part du roi, pour garantir à l'empereur la sûreté de son Empire ; et de leur côté les députés nous promirent, par de semblables sermens, et pour leur empereur, de bons marchés, les facilités convenables pour les échanges, et toutes les choses que nous pourrions juger nécessaires. Ce qui ne put être réglé entre ceux qui négociaient fut tenu en réserve pour le moment où les deux souverains seraient en présence.

Après cela, l'un des députés, nommé Démétrius,

repartit en toute hâte, et l'autre, qui s'appelait Maure, demeura avec nous. On élut aussi des seigneurs pour être envoyés en avant à Constantinople avec ce même Maure (selon ce que l'empereur demandait, entre autres choses, par ses lettres); et ces seigneurs furent Alvise d'Arras, Barthélemi le chancelier, Archambaud de Bourbon, et quelques autres. Ayant donc reçu leurs instructions, ils partirent plus promptement, et le roi suivit leurs traces avec plus de lenteur, comme l'exigeait la marche d'une si nombreuse armée.

Dans ce que nous écrivons ici, nous rappellerons pour le bon exemple les actes de valeur; pour faire connaître la route, les noms des villes, et pour l'instruction des voyageurs, l'état des diverses contrées. Jamais en effet il ne manquera d'hommes se rendant au saint sépulcre, et ceux-là deviendront plus prudens, s'il leur plaît, par la connaissance de ce qui nous est arrivé.

Ainsi donc les villes très-opulentes de Metz, Worms, Wurtzbourg, Ratisbonne et Passaw, sont situées à trois journées de marche l'une de l'autre. De la dernière que je viens de nommer jusqu'à Neubourg, il y a cinq journées de marche; et une journée de celle-ci aux portes de la Hongrie. Les pays situés entre ces villes sont couverts de forêts, et si l'on n'emporte des villes les vivres nécessaires, on n'en trouve pas en suffisance pour l'entretien d'une armée; toutefois il y a des ruisseaux, des sources et des prairies en grande quantité. Lorsque je traversais cette contrée, elle me paraissait âpre et difficile à raison de ces montagnes; maintenant elle me semble comme une plaine, comparée avec la Romanie. La Hongrie de ce côté est tout entourée d'eaux bourbeuses; de l'autre côté, elle est séparée de la Bulgarie par un fleuve limpide. Ce pays est coupé par le fleuve de la Drave, dont l'une des rives est faite en pente, tandis que l'autre est escarpée, en sorte qu'il s'échappe de la première une assez grande quantité d'eau, laquelle, se réunissant aux eaux des étangs voisins, inonde quelquefois des terres même très-éloignées. On nous raconta que beaucoup d'hommes, parmi les Allemands qui nous avaient précédés, avaient été ainsi noyés subitement, et nous-mêmes nous eûmes beaucoup de peine à passer au lieu où ils avaient établi leur camp. Pour cela, nous ne pûmes avoir que de petits bateaux, et même en petit nombre, en sorte qu'il fallut mettre les chevaux à la nage, et comme ils entraient facilement dans le fleuve, et n'en sortaient que difficilement, ils n'y réussirent qu'avec beaucoup de peine : cependant, Dieu aidant, ils parvinrent à traverser sans aucun accident. Tout ce territoire est en outre couvert d'eau réunie en lacs ou en étangs, et de sources, si toutefois on peut appeler des sources les eaux que tout passant peut découvrir, même en été, en fouillant un peu en terre. Il y a de plus le Danube, qui arrose cette contrée dans un cours assez droit, et qui porte à la noble ville de Strigonie les richesses de beaucoup de contrées. Ce pays est tellement fertile en fourrages, que l'on dit que c'était là que Jules-César avait établi ses magasins. Nous y trouvâmes à souhait et des marchés et des moyens d'échange, et nous mîmes quinze jours à traverser cette contrée.

A l'entrée de la Bulgarie se présente le château de

Belgrade, dite de Bulgarie, pour la distinguer d'une autre Belgrade, située en Hongrie. De là, et après une journée de marche, ayant laissé derrière nous un certain fleuve, nous arrivâmes à la pauvre petite ville de Brunduse. Ce qui en reste n'est plus, pour ainsi dire, qu'une prairie couverte de bois, ou bien un bois avec des pâturages. On y trouve en abondance diverses productions qui y naissent spontanément, et la terre serait propre à d'autres cultures s'il y avait des habitans. Elle n'est pas précisément en plaine, ni hérissée d'âpres montagnes ; ce sont plutôt des collines, propres à la culture de la vigne et des grains, et arrosées de beaucoup de ruisseaux et de sources très-limpides. On n'y trouve pas de fleuves ; et de là jusqu'à Constantinople nous n'eûmes plus besoin de bateaux. Au bout de cinq journées de marche, dont la première n'est pas longue, on rencontre de ce côté de la Grèce la ville de Nit[1]. Nit, Hesternit[2], Philippopolis, Andrinople, sont des villes distantes l'une de l'autre à quatre journées de marche, et de cette dernière à Constantinople il y a encore cinq journées. Le pays situé entre ces villes est tout en plaine, couvert de métairies et de châteaux, et riche en toutes sortes de productions. A droite et à gauche sont des montagnes, assez rapprochées pour être vues à l'œil, assez éloignées pour laisser place entre deux à une plaine vaste, fertile et agréable.

En voilà assez sur ce sujet, car il faut savoir avancer et revenir en arrière, selon l'occurrence. J'ai à parler de beaucoup de choses diverses, et cependant je dois éviter, en écrivant, de confondre les divers

---

[1] Nyssa. — [2] Probablement Sophia.

sujets. Les événemens marchent de front, mais il faut bien, lorsqu'on les raconte, mettre de la suite dans son récit. Par exemple, lorsque j'ai parlé de Ratisbonne, le roi et l'empereur se sont présentés en même temps à ma mémoire. Le roi est bien le principal sujet de mon récit, et cependant quelques faits qui lui appartiennent en commun avec l'empereur me forcent à revenir sur mes pas, pour parler de ce dernier.

L'empereur allemand marcha en avant de notre roi, pour le temps aussi bien que pour le point de départ. Notre roi partit à la Pentecôte, et l'empereur à Pâques : notre roi partit de l'église du bienheureux Denis, et l'empereur de Ratisbonne. Notre roi cependant trouva, à être ainsi devancé par l'empereur, cet avantage, que comme il y a beaucoup de fleuves sur les terres de celui-ci, il put passer ces fleuves sur des ponts tout neufs, sans avoir lui-même à y travailler, ni à faire aucune dépense. D'ailleurs, et pour dire la vérité, l'empereur se mit en marche d'une manière vraiment impériale, tant pour ses équipages de navires, que pour son armée de pied : en quoi il fit très-bien, car il avait alors les Hongrois pour ennemis. Ainsi donc rempli de courage, riche en navires et en gens de pied, ayant sur ses navires beaucoup de chevaliers qui l'accompagnaient, auprès de lui et sur terre beaucoup de chevaux et d'hommes, l'empereur entra en Hongrie avec tout l'appareil nécessaire et convenable pour un grand prince.

Or il y avait un certain homme, nommé Boris, qui réclamait ses droits héréditaires sur ce royaume, et qui avait envoyé des lettres à notre roi à Étampes, pour lui exposer en détail ses sujets de plainte, et lui demander humblement justice. Étant donc parti à la suite de ses dépêches, il se porta en avant pour chercher notre roi, et rencontra d'abord l'empereur, à qui il résolut de se confier. Il lui exposa donc son affaire, lui fit de grandes promesses, et même beaucoup de cadeaux (à ce que nous avons entendu dire) et en reçut l'espoir d'être soutenu dans ses prétentions. Mais le roi de Hongrie, qui savait qu'il lui serait plus facile de vaincre avec l'or qu'avec le fer, répandit beaucoup d'argent parmi les Allemands, et parvint ainsi à détourner leurs attaques. Frustré dans ses espérances, et se cachant aussi bien qu'il le put, Boris attendit le passage du roi, et se glissa furtivement au milieu des Français, je ne sais dans quelle intention. On dit cependant que les deux princes en étaient instruits, et qu'ils le traitèrent avec assez de faveur, par ménagement pour l'empereur de Constantinople, dont il avait épousé une nièce. A l'abri et en sûreté sous ce déguisement, il traversa la Hongrie avec notre armée. Sur ces entrefaites, le roi de Hongrie, respectant et craignant notre roi, cherchait à gagner sa bienveillance par ses députés et ses présens ; toutefois il en demeurait séparé par le Danube et évitait sa présence. Les faits prouvaient cependant qu'il désirait avoir une conférence avec celui que la renommée lui avait vanté ; mais comme il craignait de passer sur la rive que nous occupions, il fit supplier humblement le roi de daigner traverser le fleuve, et de se rendre vers lui, sur l'autre bord. Le roi, qui avait coutume de se laisser facilement gagner aux témoignages d'affection et d'humilité, prit avec lui quelques évêques et quelques grands, et se rendit aux vœux du roi de Hongrie. A la suite de beaucoup de baisers et d'embrassemens, les deux rois conclurent la paix, et se promirent amitié, afin que désormais nos pèlerins pussent traverser la Hongrie en toute sécurité. Cela fait, notre roi quitta le roi de Hongrie, le laissant rempli de joie. Bientôt après son départ, il reçut les présens du roi, des chevaux, des vases, des vêtemens; et ce même roi se disposait encore à donner de nouvelles marques de son respect à notre roi et à ses grands, quand tout à coup il apprit que Boris séjournait au milieu des Français. Il envoya donc au roi des députés chargés de renouveler avec lui son traité de paix et d'amitié, et de lui demander très-humblement l'extradition de son ennemi, qui était caché dans son armée. Tout ceci se passait durant la nuit. Le roi, incapable d'aucune duplicité, se refusait absolument à croire ce qu'on lui disait. Mais comme les députés soutinrent constamment leur dire, et renouvelèrent leurs prières, le roi acquiesça. Les députés donc, pleins de joie, s'avancèrent alors avec plus d'audace que de prudence; car au milieu du mouvement qu'ils firent pour chercher Boris, celui-ci s'échappa de son lit, et se sauva tout nu, et les députés repartirent, couverts de confusion. Le fugitif cependant, qui était loin d'être stupide, étant sorti de sa tente et se dirigeant vers le fleuve, rencontra un écuyer, monté sur un très-bon cheval, et se battit vivement avec lui, pour lui enlever ce cheval. L'écuyer se mit à crier, résista, et gagna plus en criant qu'en se battant. Aussitôt accourent beaucoup d'hommes, qui s'emparent de Boris comme d'un voleur, l'accablent de coups, le traînent dans la boue, et le conduisent devant le roi, presque nu et n'ayant que des caleçons. Tous le prenaient pour un voleur; et lui se prosternant alors devant le roi, quoiqu'il ignorât notre langue, et que le roi n'eût en ce moment aucun interprète auprès de lui, prononça cependant quelques mots connus, au milieu de beaucoup d'autres paroles barbares, et répétant plusieurs fois son nom, fit enfin connaître ce qu'il était. Aussitôt le roi le fit vêtir convenablement, et remit au lendemain l'examen de son affaire.

Bientôt après, le roi de Hongrie, qui avait dressé ses tentes près de nous et redoutait Boris, car il avait déjà éprouvé son inimitié, voisin de nous par sa position et rendu curieux par la peur, fut informé de ce qui s'était passé. S'adressant donc au roi, comme à son ami, et en vertu du traité qui les unissait, il lui demanda, comme une chose que celui-ci lui devait, de lui livrer Boris, et fit en outre, à raison de cette demande, de très-grandes promesses, même presque incroyables. Il employa en même temps et l'argent et les prières, pour solliciter l'avis favorable des grands; mais ni ses instantes prières, ni ses présens ne purent cependant arracher le consentement du roi, avant que l'affaire n'eût été soumise à l'examen d'hommes sages. Le roi se reconnaissait ami du roi de Hongrie; toutefois il disait qu'il ne pourrait, à raison de cette amitié, faire une chose qui serait jugée inconvenante pour un pèlerin. Enfin les évêques et les grands ayant été convoqués, et ayant mis l'affaire en discussion, déclarèrent que le roi devait maintenir la paix avec le roi de Hongrie, mais en même temps sauver la vie de l'homme noble, quoique prisonnier; car il aurait été également criminel, et de vendre la vie d'un homme, et de rompre sans motif des traités conclus avec un ami. Alors le roi de Hongrie, se fiant peu aux nôtres et se retirant accablé de tristesse, alla chercher dans son royaume les retraites les plus sûres et les plus inaccessibles, tandis que notre roi, traitant Boris avec assez de distinction, l'emmena avec lui hors de la Hongrie.

LIVRE TROISIÈME.

Jusqu'ici je n'ai fait que jouer, parce que nous n'avions encore ni éprouvé aucun malheur par le fait de la malice des hommes, ni redouté aucun péril par suite des artifices de la perfidie. Mais depuis le moment où nous entrâmes dans la Bulgarie, territoire des Grecs, notre courage eut à supporter des épreuves, et nos corps furent rudement exercés par la fatigue.

Sur le point d'entrer dans le désert nous nous chargeâmes de vivres dans la pauvre petite ville de Brunduse; et ce fut principalement la Hongrie qui nous fournit ces vivres, que nous fîmes passer sur le Danube. Il y avait là une grande quantité de navires que les Allemands avaient amenés, tellement que les citoyens purent s'en servir long-temps pour bâtir des maisons et pour faire du feu. Les nôtres prenaient donc les plus petits de ces bâtimens, et traversant le fleuve, allaient chercher ce dont ils avaient besoin dans un certain château de Hongrie, qui n'était pas situé très-loin, et ils rapportaient ce qu'ils y avaient trouvé. Ce fut là que nous vîmes pour la première fois des monnaies de cuivre et d'étain : pour l'une de ces pièces nous donnions tristement, ou plutôt nous perdions cinq deniers, et pour douze sous un marc. Mais voilà, à peine fûmes-nous entrés sur les terres des

Grecs, que ceux-ci se souillèrent d'un parjure. Vous devez vous rappeler, en effet, que j'ai déjà dit que les députés nous avaient juré, de la part de leur empereur, que nous trouverions de bons marchés et toute facilité pour les échanges. Nous traversâmes donc les déserts et ce territoire très-beau et très-fertile qui s'étend sans aucune interruption jusques à Constantinople. Ce fut là que nous commençâmes à essuyer des affronts. Dans les autres contrées, les habitans nous vendaient honnêtement tout ce dont nous avions besoin, et nous demeurions avec eux dans les dispositions les plus pacifiques. Or les Grecs gardaient leurs villes et leurs châteaux, et nous faisaient passer ce qu'ils nous vendaient avec des cordes qu'ils glissaient le long des murailles. Cette manière trop lente de nous fournir des vivres ne pouvait satisfaire la multitude de nos pélerins. Ceux-ci donc éprouvant une grande pénurie, au milieu même de l'abondance, se procuraient par le vol et le pillage ce qui leur était nécessaire. Quelques hommes cependant jugèrent qu'un tel état de choses provenait de la faute des Allemands qui nous précédaient, qui pillaient tout ce qu'ils trouvaient, et qui même avaient incendié quelques faubourgs, comme nous eûmes occasion de nous en convaincre. Ainsi (et quoiqu'il soit fâcheux d'avoir à rapporter de tels faits) il y avait en dehors des murs de Philippopolis un noble bourg de Latins, lequel fournissait à tous les arrivans, et à prix d'argent, tout ce dont ils avaient besoin, et en grande abondance. Là les Allemands prirent place dans des tavernes, et par malheur survint parmi eux un bateleur, qui, quoiqu'il ignorât leur langage, s'assit aussi, paya son écot, et se mit à boire. Après qu'il se fut longuement gorgé, il tira de son sein un serpent ensorcelé qu'il portait, et mettant un verre par terre, il posa le serpent sur ce verre, et se mit à faire toutes sortes de tours d'escamotage, au milieu de gens dont il ne connaissait ni les mœurs ni la langue. Les Allemands croyant voir des prodiges, se levèrent tout à coup en fureur, et se jetant sur le bateleur le déchirèrent en mille pièces. Imputant le crime d'un seul à tous, ils dirent que les Grecs avaient voulu les tuer par le poison. L'agitation répandue dans le faubourg passa dans la ville, et celui qui y commandait sortit alors, sans armes, mais en toute hâte, suivi de tous les siens, pour chercher à apaiser le tumulte. Troublés par le vin et par leur fureur, les Allemands ne regardèrent pas si les autres portaient des armes, mais les voyant accourir, ils se jetèrent dans leur colère sur ceux qui venaient apporter la paix, croyant qu'ils voulaient venger le meurtre d'un homme. Les autres alors prirent la fuite, et se retirèrent dans la ville; puis prenant leurs arcs, car ce sont là leurs armes, ils sortirent, mirent en fuite ceux devant qui ils avaient fui, tuèrent, blessèrent, et ne s'arrêtèrent enfin qu'après avoir chassé du faubourg tous les Allemands. Il en périt un grand nombre, et principalement de ceux qui s'étaient réfugiés dans des maisons ou dans des cachettes pour sauver leur argent. Ensuite cependant ayant repris courage, et s'armant de nouveau, les Allemands revinrent pour venger leurs hommes et la mort de leurs compagnons, et brûlèrent presque tout ce qui était en dehors des murs.

Ces Allemands étaient insupportables, même pour

les nôtres. Une certaine fois quelques-uns des nôtres, voulant éviter l'incommodité de la foule qui se pressait autour du roi, prirent les devans, et se logèrent auprès des Allemands. Les uns et les autres allèrent au marché, mais les Allemands ne voulurent pas souffrir que les nôtres achetassent quelque chose, avant qu'eux-mêmes eussent pris amplement tout ce qu'ils désiraient. Il en résulta une rixe, avec des clameurs épouvantables ; car les uns n'entendant pas les autres, chacun criait à tue tête, et parlait sans se faire comprendre. Les Français donc, frappant et étant frappés, sortirent cependant du marché, emportant aussi des vivres. Mais les Allemands qui étaient fort nombreux, dédaignant l'orgueil de cette poignée de Français, prirent leurs armes, s'élancèrent sur eux avec fureur, et ceux-ci, s'étant armés de leur côté, leur résistèrent vigoureusement. Dieu mit un terme à cette lutte criminelle, en faisant bientôt survenir la nuit. Mais la nuit même ne put éteindre ni même calmer les transports des Allemands, et le lendemain matin ils se levèrent pour recommencer avec plus de violence encore. Leurs sages se roulèrent aux pieds de ces insensés, et parvinrent enfin à les arrêter à force de prières et de représentations.

« Ainsi les Allemands, marchant en avant, répandaient le trouble partout ; en sorte que les Grecs fuyaient devant notre armée, qui s'avançait après eux, quelque pacifique qu'elle fût. Toutefois les corps des églises et le clergé en masse sortaient toujours des villes, et s'avançant avec leurs images et en pratiquant toutes les cérémonies du rit grec, venaient recevoir le roi avec respect et en lui rendant les honneurs qui lui étaient dus. Le duc d'Hesternit, parent de l'empereur, accompagnait constamment le roi dans sa marche, maintenait les habitans en paix, et faisait, du moins en partie, approvisionner les marchés des choses nécessaires aux pèlerins. Il fournissait des vivres au roi assez libéralement, n'en gardait pour lui-même que fort peu ou même pas du tout, et faisait distribuer le reste tantôt aux riches, tantôt aux pauvres. Avec lui donc la paix était observée très-exactement, parce qu'il y avait moins de besoins, et qu'il inspirait plus de crainte. Mais il y avait beaucoup de corps qui marchaient en avant ou en arrière de lui, et ceux-ci cherchaient l'abondance soit dans les marchés, quand ils pouvaient s'y approvisionner, soit dans le pillage, auquel ils pouvaient se livrer plus aisément.

Enfin on arriva à Philippopolis, où Alvise, vénérable évêque d'Arras, se rendant à Constantinople pour accomplir sa mission, était mort, à la suite d'une sainte confession, le 8 des ides de septembre (6 septembre). Là, après une longue maladie, s'étant senti vivement pressé entre la fête de saint Bertin dont il avait été moine, et la Nativité de la bienheureuse Marie, répandant des larmes, comme Dieu lui avait toujours accordé la grâce de le faire, et réunissant auprès de lui ses moines et ses clercs, il leur dit :
« Mes très-chers, vous célébrerez avec la solennité
« convenable la fête de saint Bertin ; mais comme je
« n'assisterai point avec vous à la solennité de la
« bienheureuse Marie, accordez-moi la grâce que
« vous pouvez m'accorder, de la célébrer par avance,
« de prendre vos livres, et de me chanter solennel-

« lement tous les offices de ce jour. » Or ceux-ci lui obéirent en pleurant, et lui chantèrent fort tristement tous les offices du jour et de la nuit. Et lui toutes les fois qu'il entendait dire les *Ave* particuliers, ou prononcer le nom de la Vierge, à l'article même de la mort, il faisait effort pour se soulever faiblement, mais en toute dévotion. Après cela, il rendit son ame à la Vierge, dont il conservait si dévotement la mémoire. Son corps fut transporté hors de la ville, et reçut une honorable sépulture dans l'église de Saint-George, devant l'autel. Le roi, arrivant plus tard, se rendit auprès de son tombeau, s'affligea de sa mort, et célébra une cérémonie funèbre avec ses évêques et ses abbés. Il faut savoir aussi ce que nous pouvons affirmer comme certain, l'ayant vu nous-même, savoir que des fiévreux s'étant d'abord endormis sous le cercueil et ensuite sur la tombe, s'en sont allés en rendant grâces à Dieu et à l'évêque défunt pour la santé qu'ils avaient recouvrée.

Après cette petite digression, occupons-nous maintenant de conduire les Allemands à Constantinople, et même de les faire traverser au delà, car ces faits doivent être racontés comme ils se sont passés. Les Allemands donc s'avancèrent avec assez d'audace et peu de prudence ; car tandis qu'ils trouvaient sur ce territoire toutes sortes de richesses, et n'observaient aucune modération, leurs hommes de pied demeuraient en arrière dans un état d'ivresse, étaient massacrés, et leurs cadavres restant sans sépulture infectaient tout le pays. Aussi les Grecs armés étaient-ils moins dangereux que les Allemands morts pour les Français qui marchaient à leur suite. Arrivés à Andrinople, les Allemands trouvèrent des hommes qui voulurent leur interdire le passage par Constantinople, tantôt en leur résistant, tantôt en leur donnant des conseils, et qui leur assurèrent qu'ils trouveraient à Saint-George de Sestos un bras de mer plus étroit et un sol plus fertile. Mais l'empereur des Allemands dédaigna également et ceux qui voulaient résister et les donneurs de conseil. Poursuivant sa marche comme il avait commencé, à peu près au milieu de son chemin, il trouva une prairie arrosée par une certaine petite rivière ou plutôt un torrent, qui se jetait tout près de là dans la mer. Ils dressèrent leurs tentes pour passer la nuit en ce lieu; mais bientôt il tomba sur eux une pluie qui ne fut pas bien forte sur ce point, à ce que j'ai entendu dire, mais qui fut telle dans les montagnes, qu'ils en furent emportés, plus encore que mouillés. Le torrent gonflé et coulant rapidement, enveloppant et enlevant dans sa marche toutes les tentes qu'il rencontrait, et tout ce qu'elles contenaient, les précipita dans la mer voisine, et noya même plusieurs milliers d'hommes. L'empereur et le reste de l'armée, supportant ce désastre, non sans douleur sans doute, mais presque comme s'il n'était qu'un léger dommage, se levèrent, et rendus en quelque sorte plus audacieux par cet événement, marchèrent vers Constantinople. Il y avait en avant de la ville une vaste et belle muraille qui enfermait dans son enceinte beaucoup de gibier et en outre des canaux et des étangs. On y voyait aussi des fosses et des cavités, qui servaient de repaires à des animaux, comme ils en peuvent trouver dans les forêts. Dans ce beau lieu brillaient aussi d'un grand éclat quelques palais, que les empereurs avaient bâtis pour y passer la belle saison. Pour confesser la vérité, l'empereur allemand fit une irruption dans ce lieu de délices, détruisit presque tout ce qu'il trouva, et ravit aux Grecs, sous leurs yeux même, ce qui leur plaisait le plus. Le palais impérial en effet, le seul qui domine au dessus des murailles de la ville, est élevé sur ce lieu, et l'on voit de cette hauteur ce que font tous ceux qui y habitent. Toutefois, si un tel spectacle frappa de stupeur l'empereur des Grecs, il sut contenir sa douleur, et fit demander par ses députés une conférence à l'empereur allemand. Mais ils craignirent ou ne voulurent pas, l'un entrer dans la ville, l'autre en sortir; et aucun des deux ne renonça, par égard pour l'autre, à ses habitudes ou à son orgueil.

Cependant le roi des Français, dont ce fut toujours l'usage de mêler à la majesté royale beaucoup de douceur, adressa de vives prières à l'empereur des Allemands, pour l'inviter à l'attendre en deçà du bras de la mer, afin que les mêmes conseils unissent ceux qu'une même volonté avait poussés à la même entreprise. Mais l'empereur, animé de l'ardeur qui l'avait dirigé dès le principe, se hâta, et ayant reçu de l'empereur grec un homme pour le guider dans son voyage, ou plutôt pour l'égarer et le mener à la mort, il traversa la mer. J'ai dit plus haut, et il est vrai qu'il était déjà mort un nombre infini d'hommes dans cette armée, et cependant j'ai entendu dire à des Grecs qui les avaient comptés à leur passage, qu'ils avaient traversé la mer au nombre de neuf cent mille cinq cent soixante-six hommes[1].

[1] Il y a lieu de croire qu'il y a eu dans le manuscrit erreur de copiste,

L'empereur arriva donc à Nicomédie, où les siens, s'étant pris de querelle, commencèrent à se diviser. L'empereur se dirigea vers Iconium, et son frère Othon, évêque de Freysingen, et beaucoup de nobles avec lui, suivirent les bords de la mer. Nous rapporterons en temps et lieu les déplorables malheurs qui arrivèrent très-promptement : revenons maintenant aux nôtres.

Le vénérable évêque de Metz, son frère Renaud, comte de Mousson, et l'évêque de Toul, ne pouvant souffrir les Allemands, attendaient avec une nombreuse armée l'arrivée d'un prince pacifique ; mais les Grecs voulaient les forcer à partir, en les accablant de toutes sortes d'insultes, et surtout en leur interdisant les marchés, prétendant qu'ils étaient convenus avec leur empereur qu'aucun des siens n'aurait la permission de demeurer en arrière. Les députés du roi, qui étaient encore dans la ville, ayant entendu dire cela, et croyant que c'était la vérité, terminèrent ces discussions, sous la condition que les pélerins passeraient la mer pour aller attendre en un autre lieu, où on leur ferait trouver un marché de toutes les choses nécessaires. Cela réglé, les Français qui étaient arrivés demeurèrent à Constantinople. Les Grecs les ayant invités à suivre les autres et ayant voulu les y contraindre, sans pouvoir l'obtenir, envoyèrent pour les soumettre une immense multitude de Pincenates et de Comans, qui même tuèrent un grand nombre des nôtres dans les déserts de la Bulgarie, en leur tendant des embûches. Ceux-ci mon-

et qu'il faut lire *nonaginta millia* (quatre-vingt-dix mille), au lieu de *nongenta millia*, neuf cent mille.

tèrent sur un certain tertre, s'entourèrent de leurs
chariots à deux et à quatre chevaux, et se défendirent
vigoureusement. Ce fut là que les nôtres éprouvèrent
pour la première fois des besoins; car ils n'avaient
point de marché à leur portée, et les autres ne cessaient de les attaquer. Dans la ville, les députés du
roi en ayant été instruits, quoique tardivement, allèrent trouver l'empereur, et se plaignirent, avec une
vive émotion, pour ceux qui étaient partis la veille,
et surtout pour ceux qui, dans la ville même des
Chrétiens, étaient attaqués par des Infidèles. L'empereur alors, comme s'il n'avait pas d'autre moyen de
contenir les Pincenates, ordonna que les nôtres se
rapprochassent davantage, et vinssent s'établir en
dessous de lui, au bas de son palais, où on leur ferait fournir un marché de denrées. Les nôtres donc,
ayant appris cette nouvelle, quittèrent leurs barri-
cades, et selon l'ordre qu'ils en recevaient, s'avancèrent sans crainte; mais voilà que les Pincenates
se mirent à leur poursuite, tandis que d'autres s'efforçaient de s'emparer de l'emplacement qu'ils abandonnaient. Alors les nôtres, revenant promptement
et avec courage sur leurs pas, attaquèrent vigoureusement et ceux qui les poursuivaient et ceux qui
voulaient se rendre maîtres de leurs positions. Là
beaucoup d'hommes de pied voulant fuir plus rapidement, jetèrent leurs effets et en perdirent quelques-uns. Alors quelques députés du roi, enflammés
d'une plus vive colère, tels que Everard de Breteuil, Manassé de Beuil, Anselme, porte-mets du
comte de Flandre, et d'autres encore, jugeant plus
honorable pour eux de mourir que de souffrir là-

chement la mort de leurs compagnons, s'armèrent, sortirent de la ville, allèrent se réunir aux leurs et partager tous leurs périls. Pendant ce temps le maître du Temple, le seigneur Everard des Barres, Barthélemi le chancelier, Archambaud de Bourbon et quelques autres allèrent trouver l'empereur, et ne pouvant le vaincre par la force, ils parvinrent à le persuader par la raison. L'empereur leur jura qu'il avait tout ignoré, leur demanda pardon pour les siens, fit loger tous les nôtres auprès de son palais, et les délivrant de toute inquiétude, donna ordre que les marchés leur fussent ouverts. Les députés auraient obtenu ainsi satisfaction, s'ils n'eussent reconnu qu'un nouveau crime s'était ajouté à un crime, car ils apprirent que l'empereur était en paix avec les Turcs. Ils acquirent la certitude que celui-là même qui avait écrit au roi qu'il marcherait avec lui contre les nations infidèles, et qu'il venait de remporter sur celles-ci une nouvelle et glorieuse victoire, avait conclu avec ces mêmes nations une trève de douze ans. Ce qui prouvait encore mieux la perfidie des Grecs et y mettait le comble, c'est qu'on ne pouvait marcher en sûreté à travers leur pays qu'en se réunissant en grandes troupes. L'évêque de Langres, le comte de Varennes et quelques autres qui avaient envoyé à l'avance un petit nombre d'hommes à Constantinople pour y préparer leurs armes et y rassembler des vivres, éprouvèrent des pertes considérables, et eurent à déplorer la mort ou les blessures de leurs envoyés. De tels événemens arrivèrent bien plus d'une fois; et du moment que nous fûmes entrés sur le territoire des Grecs, nous eûmes sans cesse à souffrir de leurs brigandages: car ils nous attaquaient ainsi, étant d'ailleurs inférieurs en forces.

Tout cela cependant eût pu être toléré, et l'on eût pu même dire que les maux que nous souffrions étaient mérités, en retour des maux que nous faisions souffrir, si les Grecs n'y eussent joint le blasphème. Par exemple, si nos prêtres avaient célébré la messe sur leurs autels, aussitôt après les Grecs faisaient des cérémonies expiatoires et des ablutions, comme si les autels eussent été profanés. Tous ont de riches chapelles qui leur appartiennent en propre, ornées de peintures, de marbres et de flambeaux; en sorte que chacun d'eux pourrait dire avec justice : « Seigneur, « j'ai chéri la splendeur de ta maison, » si le flambeau de la foi orthodoxe brillait également en eux. Mais, ô douleur! nous avons appris qu'ils commettent un crime digne d'être puni de mort, savoir, que toutes les fois qu'ils s'unissent en mariage avec quelqu'un des nôtres, avant de célébrer le mariage, ils rebaptisent celui qui a été baptisé selon le rit romain. Nous savons d'eux encore d'autres hérésies, et sur la célébration du saint sacrifice, et sur leur opinion relativement à la manière dont procède le Saint-Esprit. Aucune de ces choses ne souillerait nos pages, si notre sujet ne nous avait porté à en parler.

Tels étaient les motifs pour lesquels les Grecs avaient encouru la haine des nôtres; car leurs erreurs avaient fini par être connues, même des laïques. C'est pourquoi ceux-ci jugeaient qu'ils n'étaient point chrétiens, que c'était moins que rien de tuer des Grecs; et c'est pourquoi aussi il était plus difficile d'empêcher les nôtres de se livrer au vol et au pillage.

Revenons maintenant à notre roi, qui recevait presque tous les jours de nouveaux députés de l'empereur, et se plaignait en même temps de ne pas voir revenir les siens, ignorant entièrement ce qu'on faisait à leur égard. Les députés de l'empereur donnaient toujours de bonnes nouvelles, mais ne les confirmaient pas par les faits; et d'ailleurs on ne les croyait pas, parce que tous employaient toujours en commençant ce même langage d'une excessive adulation. Le roi recevait leurs *polychronies* [1], mais sans en faire aucun cas. C'est ainsi qu'ils appellent les révérences qu'ils adressent non seulement aux rois, mais même indistinctement aux hommes les plus considérables, courbant très-bas la tête et le corps, ou bien mettant les deux genoux en terre, ou même encore se prosternant de toute la longueur de leur corps. Quelquefois aussi l'impératrice écrivait à la reine; et de plus, en ce temps, tous les Grecs étaient comme brisés et changés en femmes, renonçant à toute force virile dans leur langage aussi bien que dans leur cœur. Ils nous promettaient par serment et avec légèreté tout ce qu'ils pensaient que nous pouvions désirer : mais ils ne réussissaient point à nous inspirer de confiance, ni à garder pour eux-mêmes la moindre dignité. Car c'est chez eux une opinion généralement reçue qu'on ne saurait reprocher à personne le parjure qu'on se permet pour la cause de l'empire sacré.

Que personne ne pense que je poursuis injustement une race détestable, et que j'invente, en haine de ces hommes, des choses que je n'ai point vues. Quicon-

[1] *Vivat*, acclamations, souhaits complimenteurs.

que aura connu les Grecs, et sera interrogé sur leur compte, reconnaîtra que, lorsqu'ils tremblent, ils s'avilissent dans l'excès de l'abaissement, et que, lorsqu'ils prennent la supériorité, ils s'enorgueillissent en opprimant durement ceux qui leur sont soumis. Ici ils employèrent tous leurs efforts pour déterminer le roi à diriger sa marche d'Andrinople vers le bras de Saint-George de Sestos, afin qu'il passât la mer plus promptement, et à leur plus grand avantage. Mais le roi ne voulut point être le premier à faire ce que les Français n'avaient jamais fait, du moins à sa connaissance. Il continua donc à marcher, mais non sous les mêmes auspices, sur les traces des Allemands qui nous avaient précédés. Arrivé à une journée de marche de Constantinople, il trouva ses députés qui venaient à sa rencontre, et qui lui racontèrent au sujet de l'empereur les faits que nous avons déjà rapportés en partie. Il y eut alors des gens qui conseillèrent au roi de rétrograder, de s'emparer de ce territoire très-opulent, ainsi que des villes et des châteaux dont il était couvert, d'écrire ensuite au roi Roger, qui dans le même temps attaquait l'empereur très-vivement, et d'attendre qu'il pût venir le secourir avec une flotte, pour aller assiéger la ville même de Constantinople. Mais, pour notre malheur, et même pour le malheur de tous les sujets de Pierre l'apôtre, ces conseils ne prévalurent point auprès du roi. Nous nous remîmes donc en marche, et voilà, lorsque nous fûmes près de la ville, tous les nobles et les riches, tant du clergé que du peuple, accoururent en foule à la rencontre du roi, et le reçurent avec les honneurs qui lui étaient dus, le suppliant humblement de se rendre auprès de l'empereur, et de répondre à ses desirs, en se montrant et entrant en conférence avec lui. Le roi donc, prenant compassion de la frayeur de l'empereur, et obtempérant à sa demande, entra dans la ville, suivi d'un petit nombre des siens, et trouva sous le portique du palais l'empereur qui vint l'y recevoir d'une manière assez convenable. Les deux princes étaient à peu près contemporains et de même taille, et ne différaient que par des habitudes et des vêtemens dissemblables. Après les embrassemens et les baisers donnés et reçus de part et d'autre, ils pénétrèrent dans l'intérieur du palais, et s'assirent également sur deux siéges déjà préparés. Là, chacun d'eux étant entouré des siens, ils s'entretinrent par l'intermédiaire d'un interprète. L'empereur s'informa de la santé et des desirs du roi, lui souhaita les choses qui viennent de Dieu, lui promit celles qui étaient en son pouvoir; et plût à Dieu que ses promesses eussent été sincères autant qu'elles étaient honorables pour le roi! Si les gestes du corps, la bonne grâce du visage, et les paroles rendaient témoignage de l'intérieur du cœur, tous les assistans eussent pu affirmer que l'empereur chérissait le roi d'une vive affection ; mais de tels argumens ne sont que probables, et jamais rigoureusement certains. Après cette réception, ils se séparèrent l'un de l'autre comme des frères; et les nobles de l'empire accompagnèrent le roi hors du palais, et jusqu'à celui qui lui avait été préparé pour son logement.

LIVRE QUATRIÈME.

Constantinople, qui fait la gloire des Grecs, ville renommée pour ses richesses, et plus riche encore que sa réputation, est faite en triangle, et dans la forme d'une voile de vaisseau. Dans l'angle intérieur on voit Sainte-Sophie, et le palais de Constantin, dans lequel est la chapelle qu'honorent les très-saintes reliques. Deux des côtés du triangle sont battus des flots de la mer. En arrivant dans cette ville, nous avions à notre droite le Bras de Saint-George, et un certain torrent, que ce même bras alimente, et qui remonte à quatre milles environ. Là se trouve le palais que l'on appelle Blachernes, qui, établi sur un terrain bas, mais construit à grands frais et avec art, s'élève à une hauteur suffisante, et offre à ses habitans un triple agrément, par le triple voisinage de la mer, de la plaine et de la ville, que l'on peut voir tour à tour du même lieu. Sa beauté extérieure est presque incomparable, et celle de l'intérieur surpasse beaucoup tout ce que je puis en dire. De toutes parts on n'y voit que dorures et peintures de couleurs variées; la cour est pavée en marbre avec une habileté exquise, et je ne saurais dire ce qui contribue le plus à donner un grand prix ou une grande beauté à ce palais, de l'art merveilleux qui s'y déploie, ou des précieux matériaux qu'on y trouve. Le troisième côté du triangle de la ville confronte les champs, mais est garni d'une double muraille et de tours, et s'étend depuis la mer jusqu'au palais, sur une longueur de deux milles environ. Ce côté cependant n'est point très-fortifié, les tours ne sont pas très-élevées, mais les habitans, à ce que je pense, se confient et dans leur grande multitude et dans le repos dont ils ont joui de toute ancienneté. En dedans, et au pied des murailles, sont des terrains vacans, sur lesquels s'exercent la charrue et le hoyau, et distribués en jardins, qui fournissent aux habitans des légumes de toute espèce. Des canaux souterrains, venant du dehors, apportent de l'eau douce dans la ville en grande abondance. La ville cependant est sale et puante, et condamnée sur plusieurs points à des ténèbres perpétuelles. En effet, les riches couvrent les voies publiques de leurs constructions, et abandonnent les cloaques et les lieux obscurs aux pauvres et aux étrangers. Là se commettent les meurtres, les brigandages, et tous les autres crimes qui recherchent l'obscurité. Comme on vit sans justice dans cette ville, où il y a à peu près autant de seigneurs que d'hommes riches, autant de voleurs que de pauvres, nul scélérat n'éprouve ni crainte ni sentiment de honte; car le crime n'est jamais puni par la loi, ni jamais commis visiblement et en plein jour. En toutes choses donc il y a excès dans cette ville; et comme elle est supérieure à toutes les autres en richesses, elle leur est supérieure aussi en vices.

On voit à Constantinople un grand nombre d'églises, moins grandes, mais non moins belles que

Sainte-Sophie, et qui, indépendamment de leur admirable beauté, sont encore respectables par les nombreuses reliques de saints qu'elles possèdent. Il entrait dans ces églises autant de monde qu'il en pouvait tenir, les uns attirés par la curiosité, les autres par une fidèle dévotion. Le roi lui-même, accompagné par l'empereur, visita les lieux saints, et, à son retour, cédant aux vives instances de ce dernier, il alla prendre un repas avec lui. Ce festin, qui rassemblait d'illustres convives, était propre, par son merveilleux arrangement, par la délicieuse recherche des mets, et par les jeux voluptueux qu'on y trouva réunis, à satisfaire à la fois les oreilles, la bouche et les yeux. Plusieurs des hommes du roi eurent des craintes pour lui; mais ce prince, qui s'était mis sous la garde de Dieu, plein de foi et de courage, ne ressentit lui-même aucune alarme. Celui qui n'a pas l'intention de nuire ne croit pas aisément qu'on puisse vouloir lui nuire; et quoique les Grecs ne nous aient donné en cette occasion aucune preuve de leur perfidie, je crois cependant qu'ils ne se fussent pas montrés tellement empressés à nous servir, s'ils n'eussent eu que de bonnes pensées. En ce moment, ils dissimulaient leurs ressentimens, pour s'y mieux livrer après que nous aurions traversé le Bras de Saint-George. On ne pouvait même leur reprocher de fermer à la multitude les portes de la ville; car des insensés leur avaient brûlé beaucoup de maisons et de terres plantées en oliviers, soit par suite de la difficulté d'avoir du bois, soit par insolence, ou dans des scènes d'ivresse. Le roi leur faisait très-souvent couper les oreilles, les mains et les pieds; mais cela même était insuffisant pour réprimer leurs transports furieux. Il fallait donc de deux choses l'une, ou faire périr à la fois plusieurs milliers d'hommes, ou tolérer un grand nombre de leurs méchantes actions.

Pendant ce temps, nos marchés étaient assez abondamment approvisionnés, par mer et devant le palais; et même dans les tentes, on nous faisait des conditions assez avantageuses, si du moins cela eût pu durer. Ainsi nous achetions une chemise pour moins de deux deniers, et trente chemises pour trois sous moins une marque; mais après que nous eûmes dépassé la ville à trois journées de marche, nous payions pour une chemise cinq ou six deniers, et pour douze trois sous et une marque.

Tandis que le roi attendait l'arrivée de ceux qui venaient par la Pouille, et qui traversaient la mer entre Brindes et Durazzo, survint la fête solennelle du bienheureux Denis, et le roi la célébra avec le zèle respectueux qu'il lui devait. L'empereur en fut informé par avance (car les Grecs célèbrent aussi cette fête), et envoya au roi l'élite de ses clercs, en grand nombre, leur faisant donner à chacun un grand cierge, peint en or et en diverses couleurs; ce qui augmenta beaucoup l'éclat de cette solennité. Ces clercs différaient des nôtres par les paroles qu'ils prononçaient, et par la qualité de leurs voix; mais leurs douces modulations étaient fort agréables. Le mélange des voix, une voix plus forte s'unissant à une voix plus claire, une voix d'eunuque à une voix d'homme (car il y avait parmi eux beaucoup d'eunuques), était propre à charmer les Français. En outre, leurs gestes décens et modestes, leurs battemens de mains, leurs inflexions de corps flattaient agréablement les yeux. Nous avons rapporté cet acte de complaisance de l'empereur, pour faire mieux ressortir la perfidie de ce prince, qui faisait semblant d'avoir pour nous l'affection que l'on a coutume de témoigner à ses plus tendres amis, et qui, dans le fond de son cœur, avait à notre égard des intentions telles que nous n'eussions pu le satisfaire que par la mort de nous tous. Certainement nul ne peut connaître les Grecs, s'il ne les éprouve lui-même, ou s'il n'est doué de l'esprit de prophétie.

L'évêque de Langres, ne comptant nullement sur leur bonne foi, dédaignant leurs empressemens obséquieux, et prédisant les malheurs que nous avons éprouvés par la suite, donnait le conseil de s'emparer de la ville. Il représentait que les murailles étaient peu solides, puisqu'il en était tombé une bonne partie sous les yeux même des nôtres, que le peuple était lâche et impuissant, qu'on pourrait, sans aucun retard et sans peine, rompre les canaux et détourner les eaux douces. Cet homme, sage d'esprit, sacré par son caractère religieux, disait en outre qu'après la prise de cette ville nous n'aurions pas même besoin d'attaquer les autres, qui toutes ne manqueraient pas d'offrir un hommage empressé à celui qui posséderait la capitale. Il ajoutait qu'une telle affaire ne concernait point la Chrétienté de fait, mais seulement de nom, puisque, quelques années auparavant, l'empereur, qui eut dû prêter ses secours aux Chrétiens, et non leur être contraire, avait osé lui-même attaquer le prince d'Antioche. « D'abord il s'empara, disait « l'évêque, de Tarse, de Mamistra, d'un grand nom-

« bre de châteaux, et d'un très-vaste territoire ; et
« ayant expulsé les évêques catholiques des villes, il
« leur substitua des hérétiques, et alla de là assiéger
« Antioche. Tandis qu'il eût dû prendre avec lui des
« troupes de Chrétiens, pour rejeter plus loin les
« Païens, il s'appuya sur le secours de ceux-ci pour
« exterminer les Chrétiens. Mais Dieu, qui connais-
« sait ces choses, Dieu, juge et vengeur, voulut que
« cet empereur se blessât lui-même d'une flèche em-
« poisonnée, et qu'une petite blessure mît un terme
« à son indigne vie. Celui qui règne maintenant, hé-
« ritier des conquêtes et des crimes du précédent,
« de même qu'il retient les propriétés légitimes des
« églises, et les autres choses que son père impie
« avait usurpées, aspire également à tout ce que son
« père avait convoité : déjà même il a extorqué aux
« princes un hommage, et, élevant autel contre au-
« tel, dédaignant le patriarche de Pierre, il a ins-
« titué aussi son patriarche dans cette ville. C'est à
« vous maintenant de juger si vous devez ménager
« celui sous le règne duquel la croix du Christ et
« son sépulcre n'ont aucune garantie de stabilité, et
« dont la ruine ne leur fera courir aucune chance
« défavorable. »

L'évêque ayant ainsi parlé, ce qu'il disait plut à
certaines personnes. Mais un plus grand nombre, à
qui ce discours ne convenait pas, répondirent par ces
argumens et d'autres semblables : « Ignorant leur loi,
« nous ne pouvons porter un jugement sur la foi de
« ces hommes. Si l'empereur a attaqué Antioche, il
« a mal fait, et cependant il se peut qu'il ait eu de
« justes motifs, que nous ne connaissons pas. Il est

« certain que le roi s'est entretenu récemment avec
« le pape, et que celui-ci ne lui a donné à ce sujet,
« ni ordres ni conseils. Nous nous sommes réu-
« nis nous et lui pour visiter le sépulcre du Sei-
« gneur, et pour expier nos crimes, selon les ordres
« du souverain pontife, par le sang ou par la conver-
« sion des Païens. Or, nous pouvons bien maintenant
« attaquer cette très-riche cité de Chrétiens et nous
« enrichir; mais pour cela il faut et massacrer, et
« être massacrés. Si donc massacrer des Chrétiens
« est une expiation à nos péchés, prenons les armes.
« De plus, si notre ambition ne doit point nuire à
« ceux d'entre nous qui recevront la mort, si dans
« ce pèlerinage il vaut autant périr pour gagner de
« l'argent, que nous montrer soumis au souverain
« pontife et accomplir notre vœu, les richesses nous
« plaisent aussi; jetons-nous donc au milieu des
« dangers, sans redouter la mort. »

Telles étaient leurs contestations; et ceux qui sou-
tenaient chacune de ces opinions alléguaient également la justice. Je crois cependant que l'évêque eût
remporté la victoire, si les Grecs n'eussent prévalu
plus par leurs artifices que par leurs forces. Se mé-
fiant de nos longs retards, ils n'osaient nous presser
de partir; mais ils nous retirèrent en partie l'usage
des marchés, et ils excitaient les nôtres à traverser
la mer, par les nouvelles qu'ils nous faisaient venir
des Allemands. D'abord ils rapportèrent que les Turcs
avaient assemblé une nombreuse armée, et que les
Allemands leur avaient tué quatorze mille hommes,
sans éprouver eux-mêmes aucune perte. Un autre
jour, et à la suite d'un plus heureux événement, ils

nous pressaient plus vivement de hâter cette malheureuse traversée. Ils nous disaient que les Allemands étaient arrivés à Iconium, et que, même avant leur arrivée, le peuple de cette ville s'était enfui, frappé de terreur ; ajoutant que comme les Allemands se hâtaient de se porter en avant, un empereur avait écrit à l'autre pour l'inviter à venir lui-même posséder et défendre ce qui avait été conquis, sans qu'il prît aucune peine. Ces nouvelles répandaient l'agitation dans l'armée, et l'on y murmurait sur les lenteurs du roi, les uns étant envieux des profits que faisaient les Allemands, les autres jaloux de leurs succès. Le roi donc vaincu et par les récits des Grecs, et par les plaintes des siens, s'embarqua pour passer la mer avant l'arrivée de ceux qu'il avait jusqu'alors attendus. L'empereur, qui l'avait ardemment desiré, lui fit fournir très-promptement un grand nombre de navires. Or le roi, lorsqu'il eut traversé le Bras de Saint-George, passa quinze jours à attendre une partie de son armée, et autres quinze jours encore à supporter les perfidies des Grecs. Ceux-ci avaient alors obtenu ce qu'ils desiraient, et commençaient à oser dévoiler les pensées qu'ils avaient nourries. Toutefois les actes de folie des nôtres leur fournirent des prétextes pour couvrir leur méchanceté. Aussi beaucoup de gens disaient-ils que ce qu'ils firent contre nous ne provenait pas de malice, mais d'un desir de vengeance. Celui qui ne connaît que le côté d'une affaire ne juge qu'à demi, et qui n'a pas étudié à fond une question ne saurait porter un jugement raisonnable. Les Grecs pouvaient bien être offensés, mais jamais être apaisés.

Nous passâmes donc la mer, suivis de près par des navires chargés de vivres et par des changeurs. Ceux-ci étalèrent tous leurs trésors sur le rivage; leurs tables brillèrent d'or, et furent embellies des vases d'argent qu'ils avaient achetés des nôtres. Il venait vers eux de notre armée des gens qui faisaient des échanges pour ce dont ils avaient besoin, et à eux se joignaient des hommes avides de ce qui ne leur appartenait point.

Un certain jour donc, un homme de Flandre, digne d'être battu de verges ou brûlé par les flammes, voyant ces immenses richesses, et aveuglé par une cupidité effrénée, se mit à crier : *haro, haro*, et enlevant tout ce qui lui convenait, il excita ses semblables au même crime, tant par son audace que par l'appât d'un si précieux butin. Tandis que les insensés se répandaient de tous côtés, les autres qui avaient de l'argent à sauver se précipitaient aussi de toutes parts. Les cris et les transports de fureur allaient croissant, les tables étaient renversées, l'or foulé aux pieds et volé : redoutant la mort, et dépouillés, les changeurs prirent la fuite; les vaisseaux accueillirent les fugitifs, et quittant aussitôt le rivage, les ramenèrent dans la ville avec beaucoup de nos hommes, qui y allaient acheter des vivres. Ceux-ci à leur arrivée furent battus et dépouillés; tous ceux qui étaient demeurés encore dans la ville comme des hôtes, furent pillés comme des ennemis. Le roi apprit ces faits, et enflammé de colère, réclama aussitôt le premier malfaiteur, qui lui fut livré par le comte de Flandre, et pendu sur-le-champ, en face même de la ville. Ensuite le roi s'empressa de faire rechercher tout ce qui était perdu, d'accorder grâce à ceux qui venaient rendre quelque chose, et de menacer du plus rude châtiment ceux qui retiendraient seulement un objet volé. Et afin qu'ils n'eussent point à redouter sa présence, ou à rougir devant lui, le roi donna ordre que tout fût rapporté à l'évêque de Langres. Dès le lendemain, on rappela ceux qui la veille avaient pris la fuite, et on leur fit rendre en totalité ce qu'ils affirmaient par serment avoir perdu. La plupart d'entre eux réclamaient plus qu'il ne leur était dû; mais le roi aima mieux fournir lui-même ce qui manquait, que perdre le repos de son armée.

Cela fait, le roi choisit des députés chargés d'aller auprès de l'empereur réclamer ses hommes et les choses qu'ils avaient perdues, et de traiter pour le rétablissement des marchés auprès de l'armée; ces députés furent Arnoul, évêque de Lisieux, illustre par son éloquence et par sa religion, et Barthélemi le chancelier. Et comme le roi, toujours empressé à poursuivre la réparation des malheurs, hâtait leur départ, ils traversèrent la mer d'assez bon matin, entrèrent dans le palais par les soins des portiers, mais ne purent parvenir à s'entretenir avec l'idole de ce lieu. Ce jour-là ils durent se servir de consolateurs l'un à l'autre, n'eurent pour tout aliment que la vue des peintures; et lorsque la nuit fut venue, le pavé de marbre fut leur matelas et leur lit. Le jour suivant, le profane empereur s'étant levé vers la troisième heure, les députés appelés devant lui se présentèrent à jeûn et ayant passé la nuit sans dormir, et s'acquittèrent de leur mission au sujet des satisfactions données aux hommes de l'empereur, et des

griefs que les nôtres avaient à produire. L'évêque
même, par son discours plein de sagesse et de douceur, eût peut-être réussi à rendre l'empereur plus
traitable, s'il eût été possible qu'un homme opérât un
enchantement sur un tel serpent. Mais sourd comme
l'aspic et gonflé de venin, il parut tout autre que ce
qu'on l'avait vu auparavant, ou plutôt il se découvrit
tel que nous n'avions pu le reconnaître sous une enveloppe de perfidie. L'évêque cependant le pressa,
et obtint du moins quelque chose : on rendit à l'armée ses marchés, et l'on permit aux pèlerins, qui
avaient tout perdu, de ressortir de la ville. L'empereur
dit en outre qu'il s'entretiendrait encore avec le roi,
et qu'il lui enverrait au plus tôt des députés ; et l'évêque repartit, pressé par le besoin, et pour ne pas faire
un jeûne de trois jours auprès de l'empereur. Celui-ci
feignait d'avoir encore quelques bontés, afin de nous
mieux nuire, et nous accordait des marchés, mais avec
parcimonie, promettant d'entrer en conférence avec
le roi, mais tardivement. Tandis donc qu'il envoyait
et renvoyait encore des députés, plusieurs jours se
passèrent, et les Français épuisaient les provisions
qu'ils avaient préparées pour leur voyage. L'empereur
voulait que le roi revînt dans son palais ; le roi voulait que les deux souverains se rendissent également
à la conférence, soit sur le rivage ou sur la mer.
Enfin l'empereur fit connaître par ses députés ce
qu'il avait habilement différé d'annoncer, et demanda
comme épouse pour un sien neveu une parente que
la reine avait auprès d'elle, et pour lui-même l'hommage des barons. A ces conditions il promettait de
nous fournir des guides pour le voyage, et de nous

faire trouver partout des marchés et des moyens d'échange convenables : si un château ou une ville refusaient de nous en procurer, nous serions autorisés à nous en emparer, et après avoir ainsi dépouillé ces villes, nous les abandonnerions à l'empereur, toutes dégarnies. L'empereur offrait en outre au roi des présens dignes de lui, et à chaque baron d'autres présens proportionnés à sa dignité. Après que l'on eut reçu ces propositions, il fallut de nouveau s'arrêter, tant parce que le comte de Maurienne et le marquis de Montferrat, oncles du roi [1], le comte d'Auvergne, et beaucoup d'autres que nous attendions, avaient dressé leurs tentes au dehors de la ville [2] et en face de nous, que parce que nos barons n'étaient pas d'accord sur les offres de l'empereur.

Les Grecs, qui avaient coutume de presser notre départ, le retardaient en ce moment par leurs prohibitions. Aussi, d'illustres chevaliers se dispersèrent dans les montagnes, et profitant de ces délais, et prévoyans pour le voyage, ils rapportèrent à l'armée beaucoup de butin, et achetèrent des navires pour l'usage de leurs hommes, au préjudice des Grecs. Ils se procurèrent ainsi ce que les Grecs leur avaient refusé, et traversant le Bras de Saint-George, ils allèrent recevoir ceux qu'on avait attendus.

[1] Le comte de Maurienne, Amédée II, premier comte de Savoie, était fils de Humbert II et de Gisèle, (fille du comte de Bourgogne), qui marièrent leur fille Adélaïde à Louis-le-Gros, père de Louis VII. Après la mort de Humbert, Gisèle sa veuve épousa en secondes noces Reinier, marquis de Montferrat, et en eut un fils, Guillaume III, dit le Vieux, marquis de Montferrat, dont il est ici question. Ainsi le comte de Maurienne et le marquis de Montferrat étaient frères utérins, et oncles du roi Louis VII, comme frères utérins de sa mère Adélaïde.

[2] Constantinople.

Tandis qu'on était encore dans l'indécision sur les demandes de l'empereur, Robert, comte du Perche, et frère du roi, enleva furtivement la parente de la reine, pour se soustraire, ainsi que quelques barons, à l'hommage demandé par l'empereur, et soustraire sa parente au mariage proposé pour le neveu de celui-ci. Robert se porta en avant vers Nicomédie, et le roi demeura avec les évêques et les autres barons, pour discuter les propositions de l'empereur. Quelques-uns, et surtout l'évêque de Langres, disaient : « Voilà, l'impie découvre enfin ce qu'il avait d'abord
« tenu caché. Il demande votre hommage, à vous
« dont il eût pu se faire qu'il devînt le serviteur,
« nous promettant à notre grande honte ce que la
« victoire eût dû nous faire obtenir. Quant à nous,
« très-chers amis, nous devons préférer l'honneur aux
« profits : sachons conquérir par la force ce que l'em-
« pereur nous propose comme à des hommes lâches
« et cupides : il serait honteux pour nous, qui avons
« maintenant un si illustre seigneur, de faire hom-
« mage à un Infidèle. » D'autres au contraire, qui eurent l'avantage par le nombre et par le raisonnement, répondaient à ce discours : « D'après la cou-
« tume, nous pouvons avoir, après le roi, plusieurs
« seigneurs, de qui nous tenons des fiefs, en même
« temps que nous demeurons avant tout fidèles au
« roi. Si nous jugeons que ce soit honteux pour nous,
« détruisons cette coutume. Maintenant l'empereur,
« craignant pour lui-même, nous demande notre
« hommage. Or, s'il est honteux pour nous d'exciter
« en lui de telles craintes, ou si c'est un déshonneur
« de faire pour l'empereur ce que nous faisons pour

« des hommes moins considérables, n'y pensons plus.
« Mais si les craintes de l'empereur et nos coutumes
« habituelles ne sont, ni une insulte pour le roi, ni
« une honte pour nous, suivons donc cette coutume,
« devant y trouver notre avantage ; ménageons les
« craintes de l'empereur, et recherchons notre plus
« grand intérêt, en nous assurant pour notre voyage
« les approvisionnemens nécessaires. Nul d'entre
« nous ne connaît ce pays-ci ; nous avons donc besoin
« d'un guide pour nous conduire ; nous marchons
« contre les Païens, demeurons du moins en paix
« avec les Chrétiens. »

Pendant que ces discussions se prolongeaient, presque tous ceux que le roi avait attendus traversèrent le Bras de Saint-George. Il me serait trop douloureux de rapporter ici leurs noms, les ayant vus mourir d'une mort prématurée ; et peut-être aussi serait-ce ennuyeux pour ceux qui me liraient, et qui cherchent dans cet écrit ou leur instruction, ou des exemples de valeur.

Comme jusqu'alors l'empereur seul avait causé nos retards, le roi donna enfin l'ordre de lever le camp. Dès que l'empereur en fut informé, il envoya en avant des messagers, et partit en hâte à la suite du roi, lui faisant indiquer un certain château pour la conférence qu'il lui proposait, et ayant soin de le choisir dans le voisinage de la mer, et d'y rassembler une flotte. Or le roi, émule des Allemands, dont il apprenait avec joie les hauts faits, et empressé d'acquérir aussi une bonne renommée, ne voulut ni tarder davantage, ni refuser la conférence. Faisant donc marcher son armée en avant, il revint sur ses pas, conduisant avec lui l'élite de ses barons et une troupe nombreuse et choisie d'hommes d'armes. Il ne pouvait voir sans peine que l'empereur demandât l'hommage de ses barons; mais en même temps il pensait que ce qu'il allait promettre serait utile au service de Dieu. Si l'empereur eût été vraiment chrétien, on eût dû lui faire cet hommage sans aucune contestation; mais il disait qu'ayant déjà éprouvé notre race, il redoutait sa présence dans son Empire; et le roi pensa que refuser de lui donner toute sécurité en accédant à ses demandes, ce serait refuser pour les siens tout ce qui pourrait leur être avantageux. Or, empressé de marcher contre les Païens, le roi aima mieux se soumettre, quoiqu'à regret, aux volontés de l'empereur, que retarder par de nouveaux délais une entreprise formée pour le service de Dieu.

Les souverains se réunirent donc, et se proposèrent d'abord leurs conditions, savoir : que le roi n'enlèverait à l'empereur ni châteaux ni villes qui eussent été de son domaine. Cette demande était assez raisonnable et modérée; mais elle fut suivie d'une promesse aussi libérale en apparence que trompeuse dans le fait. Pour que les faveurs impériales répondissent aux garanties de paix que donnait le roi, l'empereur promit en outre que deux ou trois de ses grands marcheraient avec le roi, le conduiraient par le chemin le plus direct, et lui feraient fournir en tous lieux des marchés en suffisance. Où l'on n'en trouverait pas, l'empereur consentait au pillage des châteaux et à l'occupation des villes, sans pouvoir élever de plaintes, pourvu toutefois qu'après avoir enlevé les dépouilles, on lui abandonnât le territoire ainsi dégarni.

A cette même époque, le roi de la Pouille, Roger, attaquait l'empereur, fort mal à propos pour lui, avait des succès, et le chassait de plusieurs lieux. L'empereur n'eût pas manqué de prodiguer tous ses trésors au roi, s'il eût pu le déterminer à lui prêter son assistance contre Roger; mais comme il ne put rien obtenir du roi, ni par les plus instantes prières, ni par des promesses vraiment inconcevables, les deux princes traitèrent ensuite sur les bases ci-dessus rapportées. Ensuite l'empereur ayant reçu l'hommage des barons, et offert au roi des présens dignes de lui, celui-ci partit pour rejoindre son armée, et l'autre, sacrilége et entaché d'un nouveau parjure, affranchi désormais de toute crainte, demeura où il était, ne nous fit ouvrir que pendant quelques jours des marchés dont nous avions grand besoin depuis long-temps, et ne nous donna point les guides qu'il avait promis pour notre voyage.

En ce jour donc le soleil vit un crime qu'il ne put tolérer; mais afin de ne pas paraître mettre ce crime au niveau de la trahison qui fut faite à notre Seigneur, il éclaira le monde à moitié, et voila l'autre moitié de sa face. L'armée, qui marchait en avant sans son roi, et qui vit pendant une grande partie du jour le soleil présentant la forme de la moitié d'un pain, craignait que celui qui brillait par dessus tous les autres par sa foi, qui brûlait de charité, qui possédait déjà les cieux en espérance, n'eût été dépouillé d'une partie de son éclat par quelque perfidie des Grecs.

Mais voici un autre événement également déplorable, et qui survint en même temps. L'empereur des Allemands, trahi par son guide, qui l'abandonna secrètement au milieu des gorges des montagnes, après avoir perdu plusieurs milliers des siens percés par les flèches des Turcs, se vit obligé de rétrograder, comme nous le raconterons par la suite. Lorsque nous fûmes informés de ces faits, nous comprîmes mieux ce que signifiait le prodige céleste que j'ai rapporté plus haut, et nous pensâmes que notre roi et celui des Allemands ne faisaient qu'un soleil, attendu que tous deux brillaient de l'éclat d'une même foi, et que ce soleil avait brillé à moitié et voilé en même temps les rayons de l'autre moitié de son disque, lorsque le roi poursuivait sa marche avec son ardeur accoutumée, tandis que les Allemands rétrogradaient.

LIVRE CINQUIÈME.

Constantinople, orgueilleuse de ses richesses, habituée aux perfidies, corrompue dans sa foi, redoute tous les hommes à cause de ses trésors, et est également redoutable à tous pour ses artifices et son infidélité. Si elle était exempte de ces vices, son climat doux et salubre, la fertilité de son sol et les avantages de sa position la rendraient préférable à tous les autres lieux pour la propagation de la foi. Elle a auprès d'elle le Bras de Saint-George, qui est une mer pour l'abondance des poissons et pour la qualité salée de ses eaux, et comme un fleuve pour la largeur, attendu qu'on peut le traverser d'une rive à l'autre, et sans aucun péril, sept ou huit fois en une journée. Au delà est la Romanie, très-vaste territoire, hérissé de montagnes couvertes de rochers, qui s'étend vers le midi jusqu'à Antioche, et confine vers l'orient à la Turquie. Après avoir entièrement appartenu aux Grecs, ce pays est maintenant possédé en grande partie par les Turcs, qui en les expulsant ont dévasté toute la contrée : dans les places fortes que les Grecs conservent encore, ils partagent les revenus avec les Turcs. Telles sont les conditions auxquelles ils retiennent encore quelque chose de ce qu'avait affranchi la valeur des Français qui allèrent conquérir Jérusalem; et sans doute ce lâche peuple eût tout perdu, s'il ne se rachetait sans cesse avec de l'or, se défendant à l'aide des troupes qu'il enrôle chez divers peuples. Il ne cesse cependant d'éprouver des pertes; car les forces étrangères ne sauraient suffire à défendre celui qui n'a point de force en lui-même : mais possédant beaucoup, il ne peut perdre tout à la fois.

Nous en vîmes un premier exemple dans la ville de Nicomédie, qui, maintenant obstruée de ronces et de broussailles, montre, par ses ruines superbes, et son antique gloire et la lâcheté de ses maîtres actuels. En vain elle avait pour la défendre un certain affluent de la mer, qui, remontant du Bras de Saint-George, vient se terminer dans cette ville, après un cours de trois journées de marche. De ce point partent trois routes se dirigeant vers Antioche, inégales en longueur et dissemblables aussi en mérite. Celle qui prend à gauche est la plus courte, et si l'on n'y trouvait pas d'obstacles, on la parcourrait en trois semaines. Après douze journées de marche, elle passe à Iconium, très-noble cité, résidence du soudan, et au delà, à cinq journées de marche, on quitte le territoire des Turcs pour entrer dans celui des Francs. Une armée vigoureuse, fortifiée par la foi et comptant sur son nombre, mépriserait ces obstacles; mais en hiver les neiges qui couvrent les montagnes suffiraient à l'effrayer. La route de droite est meilleure, et offre plus de ressources; mais ceux qui la suivent y trouvent une triple cause de retard, dans les anfractuosités des bords de la mer, et dans les fleuves et les torrens, fort dangereux en hiver et qui remplacent les neiges et les Turcs. La route du milieu a moins d'avantages et moins d'inconvéniens que chacune des deux autres : plus longue et plus sûre que la plus courte, elle est aussi plus courte et plus sûre, mais en même temps plus pauvre que la plus longue.

Les Allemands qui avaient marché devant nous s'étaient séparés : le plus grand nombre, marchant avec l'empereur par la gauche, s'était dirigé vers Iconium, sous de sinistres auspices. Les autres prirent à droite avec le frère de l'empereur, et tout aussi tourna malheureusement contre eux. Pour nous, le sort nous jeta dans la route du milieu, et nous eûmes ainsi moins des inconvéniens des deux autres routes.

Après que nous eûmes laissé Nicée sur notre gauche, et comme nous étions établis sur les bords du lac de cette ville, des bruits qui circulèrent d'abord chez les Grecs, nous apprirent que les Allemands marchaient en hâte vers nous, et étaient poursuivis ; et bientôt nous vîmes paraître des députés envoyés par leur empereur auprès du roi, et qui nous rapportèrent, en pleurant, que les Allemands s'étaient réfugiés à Nicée, ce à quoi nous ne nous attendions nullement, et qui détruisit toutes nos espérances.

En apprenant ces nouvelles, les nôtres furent frappés de stupeur, et s'affligèrent grandement de la défaite si prompte d'une si forte armée et de ce triomphe si facilement remporté sur nos compagnons par les ennemis de Dieu et les nôtres. On leur demanda des détails et les causes qui avaient amené un si grand malheur ; mais ils ne répondirent que vaguement et sans précision ; car dans une telle confusion il n'y a ni ordre ni mesure, et l'on ne peut attribuer de cause à ce qui n'a été précédé d'aucun fait qui semble suffisant. Ces malheurs toutefois avaient bien eu un commencement et une fin, comme nous l'apprîmes ensuite par les récits de ceux qui parvinrent à échapper au désastre. D'abord ils s'accusaient eux-mêmes, et non sans justice; car se confiant beaucoup trop en leurs propres forces, ils avaient offensé Dieu très-souvent, et même plus souvent que de coutume. En second lieu, ils ne parlaient qu'avec exécration de l'idole de Constantinople [1], qui leur ayant donné un traître pour les guider dans leur marche, travailla, autant qu'il était en son pouvoir, à détruire la foi des Chrétiens, et à renforcer les Païens, en cherchant à refroidir la ferveur des nôtres, et en ranimant le courage de leurs ennemis intimidés.

Conduits donc à Nicée par leur guide, les Allemands avaient reçu l'ordre de se charger de vivres pour huit jours, afin de pouvoir arriver ainsi à Iconium. Les huit jours écoulés et les provisions épuisées, ils se crurent aussi parvenus au terme de leur voyage; mais les montagnes et les rochers au milieu desquels ils étaient enfoncés eussent dû leur faire conjecturer la longueur indéfinie de leur route. Séduits cependant par leur conducteur, ou plutôt par leur bourreau, souffrant de plus en plus et de jour en jour durant trois jours consécutifs, ils s'engagèrent encore plus avant dans des montagnes où l'on ne trouvait point de chemin. Enfin, tenant déjà pour ensevelie cette armée encore toute vivante, une nuit le traître s'enfuit en suivant des sentiers qui lui étaient connus, et alla inviter une immense multitude de Turcs à venir s'enrichir de butin. Le lendemain au

---

[1] L'empereur.

point du jour, tandis que les porte-bannières, déjà font irrités contre leur guide, le cherchaient et ne le trouvaient pas, tout à coup ils reconnurent que les Turcs avaient occupé les escarpemens des montagnes, et regrettèrent vivement que celui qu'ils cherchaient se fût enfui, sans recevoir la juste récompense de son crime.

Bientôt l'empereur fut instruit de ce qui se passait, tant par les rapports des siens que par l'éclat du jour. Dans cette position difficile il consulte aussitôt ses sages, mais trop tard, puisqu'il ne s'agit plus de choisir entre un mal et un bien, mais plutôt entre divers maux le moindre. Il fallait se porter en avant, ou rétrograder; mais la faim, l'ennemi et les labyrinthes inconnus de ces montagnes s'opposaient également à une marche en avant, et d'autre part la faim et la crainte du déshonneur empêchaient aussi de reculer. Si ce dernier parti présentait quelque chance de succès dans la tentative d'évasion, ce ne pouvait être qu'un opprobre; mais dans l'autre parti on trouvait une mort certaine, sans gloire et sans espoir de faire connaître la vérité. Que fera donc le courage de ces hommes à jeun? Se réfugieront-ils dans le zèle du service de Dieu, lorsqu'ils ne peuvent rien pour eux-mêmes? S'avanceront-ils inutilement, pour trouver aussitôt la mort, tandis qu'en se conservant ils pourront encore servir Dieu? Certes ils préféreraient une mort glorieuse à une vie honteuse; mais si la honte s'attache également à l'une et l'autre de ces déterminations, sans doute il vaut mieux se conserver honteusement pour de nouveaux exploits, que finir honteusement et sans aucun remède.

Cédant à de telles considérations, les Allemands font alors ce qu'ils n'ont point coutume de faire : ils se retirent, condamnant cette retraite dans leur esprit, mais pliant sous l'empire des circonstances et avec l'espoir de réparer leurs malheurs; ils font donc ce qui leur est possible; ils font ce qu'ils doivent faire. Tous s'arment donc de patience contre la faim. Ils n'avaient avec eux que des hommes épuisés de besoin, des chevaux mourant d'inanition, et un certain comte illustre, nommé Bernard, résistait seul avec les siens aux ennemis acharnés à leur poursuite. Tandis donc qu'ils rétrogradaient ainsi en bon ordre, leur marche était encore ralentie par ceux qui allaient de tous côtés cherchant des vivres, et en outre la fatigue et la disette les affaiblissaient de plus en plus. Les Turcs les tâtaient de temps en temps, et s'étant assurés de leur faiblesse, ils devinrent de jour en jour plus pressans et plus hardis. Enfin, tandis que l'illustre comte, digne de nos éloges et de nos larmes, attendait sans cesse les hommes fatigués et soutenait les faibles, l'armée traversa une certaine montagne, et comme la nuit survint, le comte demeura lui-même en arrière. Les Turcs l'enveloppèrent en ce même lieu, en se tenant à une certaine distance, et lui lançant des flèches, lui tuèrent des hommes plus facilement qu'ils n'avaient espéré, sans courir eux-mêmes aucun danger; car le comte n'avait ni arcs ni arbalètes, et les chevaux de ses hommes d'armes, épuisés de faim et de fatigue, avaient perdu toute agilité. Les Turcs ne voulaient pas en venir aux mains; et de son côté le comte n'avait pas d'armes pour se défendre de loin, et les chevaux n'ayant pas mangé ne pouvaient porter ses hommes contre les ennemis. Déplorable situation de cette ardente jeunesse qui, couverte de peaux de moutons en guise de boucliers, tirant souvent le glaive et s'élançant avec courage contre l'ennemi, rencontrait en son chemin la mort volant au devant d'elle!

Lorsque le saint pape avait défendu d'emmener des chiens et des faucons, et imposé même aux chevaliers la forme de leurs armes et de leurs vêtemens, il en avait ordonné très-sagement et très-utilement pour les intérêts de tous, et ceux qui n'avaient pas obéi à ses commandemens avaient agi en insensés et s'étaient rendus inutiles. Plût à Dieu qu'il eût aussi donné de pareils ordres pour les hommes de pied, et que, retenant les faibles, il eût donné à tous les hommes forts au lieu de la besace le glaive, et l'arc au lieu du bâton! car les faibles et les hommes sans armes sont toujours un fardeau pour les leurs et une proie facile pour les ennemis.

Le lendemain, lorsqu'on demanda le comte, qui avait coutume de se présenter toujours spontanément pour travailler à la défense de ses compagnons, on apprit que la veille au soir il n'avait pas rejoint l'armée, et qu'il était mort en chemin avec tous les siens, sous les flèches des Turcs. Tous déplorèrent la mort de celui dont la vigueur et les conseils leur avaient inspiré le plus de confiance, d'autant plus qu'ils se voyaient tous menacés d'une mort semblable. Tous ceux qui le purent cependant s'armèrent alors et pressèrent leur marche, tourmentés plus vivement que jamais par la faim et par les ennemis. Les Turcs en vinrent bientôt à ne plus rien craindre de loin, lorsqu'ils eurent reconnu que les Allemands n'avaient point d'arcs et que leurs chevaux ne pouvaient courir. Alors non seulement ils harcelèrent ceux qui étaient les derniers, mais même ils lancèrent leurs flèches sur ceux qui marchaient les premiers et sur ceux du milieu. Je ne saurais décrire tous les désastres de cette marche, dans laquelle l'empereur lui-même fut blessé de deux flèches : tandis que les uns se hâtaient, les plus faibles demeuraient en arrière, et les flèches, tombant comme la grêle au milieu de cette foule, frappaient de mort ceux qui n'avaient point d'armes.

Enfin ils arrivèrent ainsi et presque mourans à Nicée. Pressés par la faim, ils coururent alors à la recherche des vivres, et les Grecs, comme il leur était facile en de telles circonstances, les leur vendaient excessivement cher, leur demandant même leurs épées et leurs cuirasses, et non de l'or, afin de dépouiller entièrement l'armée. La plupart des hommes, ayant perdu et leurs forces et leurs effets, et voulant retourner dans leur patrie, se rendirent à Constantinople; mais avant qu'ils eussent pu obtenir ou des marchés ou des moyens de transport pour passer la mer, plus de trente mille d'entre eux, à ce que nous avons entendu dire, moururent de faim.

L'empereur se voyant privé de toute assistance humaine, mais comptant toujours sur celle de Dieu, et s'armant de constance, se rendit auprès du roi, et lui demanda de s'associer avec lui pour le service de Dieu. Les députés envoyés en avant par lui trouvèrent le roi, comme nous l'avons déjà dit, sur les bords du lac de Nicée, et lui rapportèrent les choses que nous avons racontées, lui demandant de

marcher à la rencontre de l'empereur, qui venait sur
leurs traces, et de lui prêter secours et conseil dans sa
détresse. Le roi s'affligea des malheurs de son compagnon comme s'ils lui eussent été personnels, et, prenant avec lui une nombreuse escorte de barons, pour
se rendre aux vœux de l'empereur, il marcha promptement à sa rencontre. Ils s'embrassèrent l'un l'autre,
et se donnèrent des baisers, tout mouillés des larmes
de la compassion. Enfin ils arrêtèrent que le roi attendrait l'empereur dans le château dit Lupar, et que
ce dernier, après avoir pris des vivres à Nicée, viendrait le rejoindre.

Les Grecs commencèrent alors à vouloir refuser
aux nôtres l'usage des marchés; mais ces derniers ne
pouvaient voir ainsi l'abondance devant eux, et demeurer dans le besoin. La plupart d'entre eux se dispersèrent donc, et enlevèrent ce qu'ils eussent plus
volontiers acheté, tandis que d'autres, comme pour
être plus justes, se bornaient à acheter le butin, puisqu'aussi bien ils n'avaient pas d'autres moyens de
pourvoir à leur subsistance. Les nôtres arrivèrent
ainsi au château de Lupar, et, selon les conventions,
y attendirent les Allemands, que les Grecs, pendant
ce temps, massacraient ou dépouillaient journellement de leurs effets; afin que la sauterelle dévorât
les restes de la chenille. Enfin l'empereur et les chevaliers fatigués, ne pouvant s'échapper, quoique les
ennemis ne fussent qu'en petit nombre, résistèrent
vigoureusement les armes à la main[1], et, descendant

---

[1] Telle est cette phrase dans le texte; mais son obscurité donnerait
lieu de présumer qu'il y manque quelque chose, qui devait expliquer à
quelle occasion l'empereur se trouva exposé de nouveau à ces périls.

sur le chemin, s'avancèrent péniblement, mais en combattant avec courage. Les pauvres, qui n'étaient pas empêchés par leurs bagages de prendre la fuite, se hâtèrent de rejoindre le roi, ne craignant point, grâce à leur misère, l'avidité des ennemis. L'empereur envoya des députés au roi pour le supplier de venir au plus tôt à sa rencontre avec un corps de chevaliers, soit pour enterrer les cadavres de ses morts, soit pour conserver un reste de vie à ceux qui n'avaient pas encore succombé. Le connétable Ives de Nesle, comte de Soissons, fut chargé par le roi de s'y rendre en toute hâte; mais les Grecs ayant pris la fuite, il n'eut aucune peine à dégager les Allemands. Et certes, comme les Allemands nous le dirent plus tard, si le connétable n'était arrivé aussi promptement, ils se trouvaient tous au lieu même et au moment de leur dernière heure. Hélas! quel déplorable sort, que ces Saxons, ces Bataves féroces, et tous ces autres Allemands, devant qui trembla jadis toute la puissance de Rome, comme nous le lisons dans les antiques histoires, aient de notre temps si misérablement succombé sous les artifices des lâches Grecs! Je rapporterai aussi, quand il en sera temps, la chute des Français; et ce sera un double sujet de cruelles lamentations, et les deux peuples auront en cela de quoi pleurer à jamais, si les fils ne vont venger la mort de leurs pères. Quant à nous, qui avons eu à souffrir des crimes des Grecs, c'est de la justice divine que nous attendons la vengeance, espérant que nos peuples sauront, selon leur usage, ne pas supporter long-temps des insultes aussi déshonorantes. C'est par là que nous nous consolons dans la tristesse de nos cœurs; et afin que nos descendans n'ignorent point les criminelles perfidies des Grecs, nous continuerons le récit de nos infortunes.

L'empereur donc ayant été amené auprès des tentes du roi, et s'étant établi sur la rive opposée d'un certain fleuve, le roi passa ce fleuve en bateau, et rempli de courage, de piété et de force, versant des larmes, il se rendit à pied auprès de l'empereur pour le consoler. Celui-ci, tel qu'un homme échappé au naufrage, et qui vient d'atteindre au port, accueillit les paroles du roi avec une vive reconnaissance, lui demanda bien humblement les choses dont il avait besoin, et se mettant à parler de ses malheurs, il les raconta au roi avec une assez grande fermeté de cœur. « Seigneur roi, lui dit-il, que la nature m'a donné « pour voisin et pour parent, que Dieu m'a conservé « pour me protéger dans une pressante nécessité, je « n'entreprendrai point de vous raconter mes infor- « tunes, car il est bien inutile de dire à quelqu'un « ce qu'il voit suffisamment par lui-même. Mes maux « sont grands sans doute; mais sachez que je ne m'ir- « rite point contre Dieu, mais contre moi. Dieu est « juste en effet; moi seul et mon peuple nous som- « mes insensés. Lorsque je conduisais hors de mon « royaume une armée nombreuse et chargée d'ar- « gent, si j'eusse rendu de justes actions de grâces « au dispensateur de ces biens, peut-être celui qui me « les avait donnés me les eût aussi conservés. Au mo- « ment d'entrer dans des contrées barbares, si j'eusse « réformé ma vie présente, et donné satisfaction pour « le passé, en versant des larmes avec piété, Dieu « n'eût pas puni en moi les vices qu'il trouvait à re-

« prendre. Lorsque j'espérais de triompher des Turcs,
« si je ne me fusse pas enorgueilli de mes forces, si
« j'eusse mis humblement ma confiance dans le Dieu
« des armées, Dieu n'eût pas châtié mon insolence.
« Et cependant je suis encore sain et sauf, par sa
« grâce; je possède encore des richesses, et je per-
« siste à vouloir me consacrer à son service, croyant
« que je ne serais point échappé à tant de périls, ri-
« che encore et en bonne santé, si Dieu n'eût prévu
« que je pourrais encore être bon à quelque chose
« pour son service. Désormais donc je ne veux plus
« me séparer de votre société; accueilli par vous, je
« ne veux être placé ni le premier ni le dernier, car
« je ne pourrais repousser seul les ennemis que je
« rencontrerais, ni soutenir les efforts de ceux qui
« viendraient sur les derrières, sans faire tort à ceux
« des nôtres qui seraient au milieu. A ces conditions,
« que mes tentes soient placées partout où vous le vou-
« drez. Je vous demande seulement de permettre que
« mes compagnons d'armes se réunissent aux vôtres. »

Après que l'empereur, encore tout agité de ses ré-
centes douleurs, eut prononcé ces paroles, dont l'é-
vêque de Metz donna l'interprétation, et porté dans
tous les cœurs une émotion manifestée par des larmes, le roi, de l'avis des évêques et des barons, ad-
joignit à l'empereur ses deux oncles, le comte de
Maurienne et le marquis de Montferrat, ses parens,
l'évêque de Metz et le comte Renaud, frère de celui-
ci, et quelques autres hommes encore, et, afin de
l'avoir toujours dans son voisinage, et de pouvoir
prendre ses conseils, le roi décida en outre que l'empereur et lui logeraient toujours ensemble.

LIVRE SIXIÈME.

Le roi donc, chérissant l'empereur pour sa personne même, l'élevant presque au dessus de lui à raison de son âge, et le respectant pour ses malheurs, leva son camp, et après la fête du bienheureux Martin arriva au château que l'on appelle Esserou. Moi cependant, tandis que la douleur de l'empereur était encore récente et qu'il gardait souvenir des bons offices du roi, j'allai trouver ce dernier, je lui représentai l'insulte que l'empereur faisait au bienheureux Denis, au sujet des châteaux d'Estufin et d'Eschlingen, et je remis en sa mémoire l'excommunication qu'il savait que le pape avait prononcée à la fête de Pâques sur ce point. Le roi, tout joyeux de trouver une bonne occasion de servir son patron, ordonna sans aucun délai qu'on lui fît connaître les détenteurs de ces châteaux. Je lui répondis alors que l'empereur lui-même possédait une tour dans le château, et que le duc Frédéric, qui était aussi présent, avait une autre tour et possédait le reste en particulier. Ayant appris cela, le roi s'adressa à l'un et à l'autre, lui-même et par les siens, d'abord en particulier et ensuite publiquement, les priant et les suppliant en son nom, pour apaiser Dieu et le glorieux martyr, sollicitant pour cette même affaire les familiers de l'empereur et renouvelant fréquemment ses instances. L'empereur répondit d'abord vaguement, espérant que le roi, ennuyé de ces incertitudes, abandonnerait son entreprise ; mais celui-ci ne renonça à cette demande aussi raisonnable que conforme aux intérêts de la religion, que lorsque l'empereur eut bien fait connaître à quel point il était impossible de le ramener de son erreur, et combien il était ingrat après avoir reçu tant de bienfaits. Quoique ceci ne se rapporte pas au sujet que je traite, il est convenable, mon père Suger, que vous le sachiez, afin que vous puissiez continuer très-dévotement vos instances pour celui qui vous honore lorsqu'il est présent, comme il vous chérit quand il est absent.

Le roi cependant, conformément à ses résolutions, dirigeait sa marche vers Philadelphie. Il y avait, pour y arriver, huit grandes journées de marche ; mais le roi n'avait pas les vivres dont il avait besoin pour ce temps. L'empereur en ayant été informé, prononça en présence du roi et des barons un discours dans lequel il nous expliqua entièrement, et peut-être sans s'en douter, la cause de ses malheurs. « Comme
« c'est le fait du courage, dit-il, d'imiter les exploits
« des hommes vaillans, de même c'est le fait de la
« sagesse de s'instruire par l'expérience des malheurs
« d'autrui. Naguère j'avais une armée à laquelle nul
« peuple infidèle n'eût pu résister, et cette armée
« vaincue par la faim est tombée devant ceux qu'elle
« eût domptés si elle eût eu des vivres. En ceci nous
« sommes tous deux d'égale condition ; de même que
« vous ne redoutez la puissance d'aucun peuple, de
« même aussi vous n'avez pas de traits pour résister

« à la faim. Voici, on vous propose deux routes,
« dont l'une plus courte ne présente aucune ressource,
« dont l'autre plus longue abonde au contraire en
« toutes sortes de produits. Certes il vaut bien mieux
« vivre long-temps et honorablement au milieu de
« l'opulence, que périr promptement et honteuse-
« ment dans la misère. Il vaut bien mieux différer
« pour maintenir dans l'abondance une armée forte
« et vigoureuse, que pour attendre les ressources qui
« viendront relever une armée fatiguée et épuisée de
« faim. Je vous conseille donc de tenir toujours les
« bords de la mer et de conserver toute la force de
« votre armée pour le service de Dieu, quoique vous
« deviez vous y employer plus tard. »

Le roi se rendit à ces paroles, plus fondées en vraisemblance que dans le fait; et pour éviter d'essuyer
sur-le-champ quelques pertes et de courir des dangers, il n'arriva qu'avec peine en trois jours, à Démétrie, ville située sur les bords de la mer, tandis
que la portion de l'armée qui suivit la route directe
y parvint en une demi-journée. En effet le roi se dé-
tournant de ce chemin, s'engagea dans certains défilés, rencontra des montagnes hérissées de rochers,
et comme il fallait les tourner ou les gravir, il ne
pouvait aller où il voulait, et se rapprochait alternativement des astres, ou de l'enfer. Enfin, le troisième
jour au matin, nous découvrîmes une petite ferme,
habitée par des paysans n'ayant d'autres compagnons
que des bêtes féroces ; tous s'enfuirent, à l'exception
d'un seul que nous fîmes prisonnier, et avec l'assistance duquel nous arrivâmes le même jour en face
de Démétrie, et auprès de nos compagnons d'armes,

qui déjà éprouvaient de vives craintes pour nous.

Ce fut au milieu de ces montagnes que nous éprouvâmes la première perte, qui fut bien considérable. Nos bêtes de somme étant mortes, nous enrichîmes les Grecs habitans de ces forêts de notre or, de notre argent, de nos armes et de nos vêtemens; mais comme nous nous sauvâmes, nous supportâmes ce malheur avec fermeté. Nous avions rencontré en ce pays un torrent tortueux et très-rapide, qu'il nous fallut traverser à gué huit ou neuf fois en un jour; si la plus légère pluie était venue l'élever un peu plus, aucun de nous n'eût pu avancer ni reculer, et il nous eût fallu attendre chacun à notre place le terme de notre vie, en déplorant nos péchés antérieurs. Après cela nous retrouvâmes les anfractuosités des bords de la mer; presque tous les jours nous rencontrions des montagnes escarpées et couvertes de rochers, et des lits de torrens très-profonds, qu'il était difficile de franchir, même quand ils étaient à sec, et tels que s'ils eussent été comblés par les pluies ou les neiges, il n'y eût eu aucune possibilité d'échapper, soit à pied, soit à cheval.

Nous trouvâmes aussi plusieurs villes détruites, et d'autres sur les bords de la mer, dont les Grecs avaient resserré les antiques dimensions, en les fortifiant de murailles et de tours. Nous nous procurions là des vivres, mais non sans peine, à cause de l'indiscrétion de la multitude que nous conduisions, et de plus, fort chèrement, à cause de la cupidité des vendeurs. Quelqu'un de ceux qui n'ont pas assisté à ces événemens dira peut-être que nous aurions dû prendre ces vivres et enlever sans payer ce que nous ne pouvions avoir à des prix raisonnables ; mais ces vendeurs avaient des tours et de doubles murailles pour se défendre, et sur mer des vaisseaux pour s'enfuir. Qu'aurions-nous obtenu si les nôtres eussent réussi à s'emparer de quelqu'une de ces villes, non sans un délai quelconque, sans péril et sans fatigue, et si en même temps les citoyens l'eussent abandonnée, emportant toutes les dépouilles ? Les animaux qui se trouvaient dans les campagnes, on les cachait dans les montagnes ; et les habitans, sortant de leurs maisons et montant sur des navires, nous vendaient leurs denrées aussi cher qu'ils le voulaient, dépouillant ainsi des hommes appauvris par un tel voyage, de l'or, de l'argent, des armes, des vêtemens qui leur restaient. Aussi lorsque les nôtres pouvaient trouver des navires, y en avait-il qui y montaient sans craindre le double danger qui se présentait, prêts à aller partout où les transporteraient les artifices des Grecs ou les tempêtes de l'hiver. D'autres, que leur condition avait condamnés à la servitude, trouvaient encore plus commode de passer au service des Grecs.

N'oublions pas de dire que dans cette même marche, au grand étonnement des indigènes, et contre notre habitude, il nous arriva de passer trois fleuves à gué très-facilement, et qu'aussitôt après notre passage chacun de ces fleuves fut gonflé par les pluies, en sorte qu'on regarda comme un miracle et un fait très-extraordinaire, que les pluies et l'hiver nous eussent ainsi ménagés.

Enfin, ayant dépassé Smyrne et Pergame, nous arrivâmes à Éphèse, ville qui, entre autres débris de son antique gloire, possède de vénérables reliques, le sé-

pulcre du bienheureux Jean, construit sur un petit
tertre et entouré d'un mur destiné à lui servir de
défense contre les Païens. Là le roi reçut des lettres
et des députés par lesquels l'empereur grec lui faisait
annoncer que les Turcs rassemblaient contre lui des
forces innombrables, et lui conseillait de se réfugier
dans ses propres châteaux. Mais le roi ayant dé-
daigné également et d'avoir peur des Turcs, et de
recevoir les témoignages de la faveur impériale, les
députés lui présentèrent d'autres lettres tout aussi
dignes de mépris, par lesquelles l'empereur exposait
les dommages que le roi lui avait faits, et l'avertissait
que désormais il ne pourrait plus contenir ses sujets
et arrêter leur vengeance. Méprisant trop ces messages
pour faire une réponse, le roi se porta en avant, dans
l'intention de célébrer la Nativité du Seigneur dans
la vallée de Decervion; et en même temps l'empereur allemand, se repentant de n'avoir pas visité l'empereur de Constantinople, partit pour aller passer
l'hiver auprès de lui.

La veille donc de la Nativité du Seigneur, le roi
ayant fait dresser ses tentes dans cette très-riche vallée, les Turcs, conduits par les Grecs, tendirent pour
la première fois des pièges à nos chevaux réunis dans
les pâturages. D'illustres chevaliers, leur résistant
avec autant de courage que de sagesse, rapportèrent
joyeusement les prémices de quelques-unes de leurs
têtes, et, frappés de terreur, les Turcs nous laissèrent
en paix pendant les jours de fête. Tandis que nous
étions ainsi en repos, uniquement occupés à chanter
les louanges de Dieu, l'air devint plus obscur, comme
s'il eût voulu se décharger sous nos yeux de toute lu-

midité, par un effet de la bonté de Dieu (car dès ce moment, et jusqu'à notre arrivée à Satalie, l'atmosphère ne fut plus, par la volonté de Dieu, ni froide et hérissée de frimas, ni nébuleuse et chargée de pluies). Il tomba donc beaucoup de pluie, dont les courans d'eau grossirent beaucoup dans les vallées, en même temps que les montagnes se couvraient de neige. Enfin au bout de quatre jours les eaux s'écoulèrent, la pluie cessa, et l'air étant devenu serein, le roi, craignant d'être arrêté par les torrens, soit que les neiges vinssent à fondre, soit qu'il tombât du ciel de nouvelles pluies, abandonna la vallée d'Ephèse, et se pourvoyant de vivres, s'achemina promptement vers Laodicée.

Dans le chemin que nous avions à faire coulait entre des montagnes escarpées le fleuve du Méandre, large et profond lors même qu'il est réduit à ses propres eaux, et en outre enflé à ce moment par des eaux étrangères. Ce fleuve partage en deux une vallée assez large, et les deux rives offrent également un chemin facile à une nombreuse multitude. Les Turcs occupèrent donc ces deux rives, pensant, les uns à accabler de flèches notre armée et à l'inquiéter dans sa marche, les autres à défendre les gués du fleuve, et tous comptant, s'ils étaient obligés de se retirer devant les nôtres, pouvoir se réfugier dans les montagnes, en toute sûreté. Arrivés en ces lieux, nous reconnûmes que les Turcs avaient occupé les rochers des montagnes, tandis que d'autres se répandaient dans la plaine pour harceler notre armée, et que d'autres encore se rassemblaient de l'autre côté du fleuve pour nous empêcher de passer. Alors le roi, ayant placé au milieu tous ses bagages et tous les hommes faibles, mit ses hommes d'armes en avant, en arrière et sur les flancs de son armée, marchant ainsi en sûreté, mais faisant peu de chemin pendant deux jours. Les ennemis nous suivant par côté retardaient notre marche par leurs artifices plus que de vive force, car ils étaient prompts et habiles à fuir, et ardens à poursuivre. Comme donc ils nous harcelaient sans cesse avec insolence et se retiraient ensuite avec autant de légèreté que d'adresse, le roi, voyant qu'il ne pouvait ni demeurer en paix, ni engager un combat, résolut de passer le fleuve; mais il ne connaissait pas les gués, et comme les Turcs défendaient les passages, une telle entreprise présentait beaucoup de périls.

Vers midi de la seconde journée de marche, les Turcs (ainsi qu'ils en étaient convenus entre eux) rassemblèrent un corps de troupes à la suite de notre armée, et un autre corps sur une rive du fleuve, vers un point où les nôtres pouvaient entrer facilement dans l'eau, mais d'où il devait leur être plus difficile de sortir pour marcher sur l'ennemi. Alors les Turcs ayant fait passer trois de leurs hommes pour lancer des flèches contre les nôtres, au moment où ceux-ci tiraient leurs arcs, les deux corps ennemis se mirent en même temps à pousser de grands cris, et leurs émissaires se sauvèrent comme ils purent. Tout aussitôt les illustres comtes Henri, fils du comte Thibaut, Thierri de Flandre, et Guillaume de Mâcon s'élancèrent à la poursuite de ces hommes avec la rapidité de l'éclair, et franchissant une rive escarpée, au milieu d'une grêle de flèches, ils enfoncèrent le corps d'armée des Turcs plus promptement que je ne puis le dire. De son côté, et avec le même bonheur, le roi rendant les rênes à son cheval et se jetant à la rencontre de ceux qui tiraient sur les derrières, les mit en fuite, les dispersa et repoussa dans les gorges des montagnes ceux que la rapidité de leurs chevaux favorisa le plus. Ainsi chacune de ces deux attaques réussit promptement et facilement, et couvrit de cadavres les deux côtés de la plaine, jusque dans les retraites des montagnes. On fit prisonnier un émir, qui fut conduit devant le roi et mis à mort, après avoir été interrogé.

Il y avait non loin de nous une certaine petite ville appartenant à l'empereur, et qui porte en diminutif le nom d'Antioche[1]. Elle servit de refuge aux Païens qui se sauvaient devant nous : par où l'empereur se transforma pour nous de traître artificieux en ennemi déclaré. Le roi eût voulu attaquer cette ville pour prendre les fuyards qui s'y étaient enfermés ; mais il n'avait presque plus de vivres, et ne pouvait trouver de dépouilles à enlever dans une si pauvre cité.

Il y eut dans notre armée des hommes qui dirent avoir vu, au moment du passage du fleuve, un chevalier tout vêtu de blanc (qu'ils n'avaient point vu auparavant et ne virent plus après), et qui, marchant au devant des nôtres, porta les premiers coups dans le combat. Je ne voudrais, quant à ce fait, ni tromper ni me tromper ; tout ce que je sais, c'est que dans une telle crise, nous n'eussions point emporté une victoire si facile et si brillante sans l'assistance de la puissance divine ; et que la pluie de fer que nos ennemis faisaient tomber sur nous, n'eût pas manqué

---

[1] Antiochette.

de répandre partout les blessures et la mort, si Dieu n'eût voulu nous donner la victoire sans perte pour nous, puisque Milon de Nogent fut le seul qui périt, noyé dans les eaux du fleuve.

Sur le chemin que nous parcourions se trouvaient les limites des territoires des Turcs et des Grecs; mais nous savions que les uns et les autres étaient également nos ennemis. Les premiers donc, pleurant leurs morts, convoquèrent d'autres Turcs dans les environs, pour venir dans sept jours en plus grand nombre et avec plus d'audace prendre vengeance de nous; mais nous arrivâmes le troisième jour à Laodicée, bien rassurés contre ces insolens desseins.

Ici je me rappelle ce comte Bernard, qui revenant d'Iconium avec l'empereur allemand, sacrifia sa vie pour ses frères; et ce qui me le rappelle c'est un autre comte du même nom, qui marchant avec l'évêque de Freysingen, frère de l'empereur, subit aussi le même sort, et périt par une semblable trahison. En effet, le commandant de cette ville de Laodicée ayant promis de conduire les Allemands hors des montagnes, les mena, à travers un pays sans chemins, au milieu des embuscades des Turcs : là le comte ayant été tué avec plusieurs autres, ceux qui purent s'enfuir se sauvèrent en se cachant, et le commandant de Laodicée, ainsi que les Grecs qu'il avait menés avec lui, partagèrent avec les Turcs les dépouilles des Allemands. Ce même commandant, soit qu'il redoutât le roi à raison de son crime antérieur, soit qu'il voulût nous nuire d'une autre manière, fit sortir de la ville tout ce qui pouvait être utile, et évitant d'employer un artifice déjà connu, il médita une autre perfidie non moins funeste. Ce scélérat savait que de Laodicée à Satalie (où nous arrivâmes ensuite, après plus de quinze journées de marche) nous ne pourrions trouver de vivres en aucun lieu, et que nous serions par conséquent tous réduits à mourir de faim, s'il nous devenait impossible d'acheter des denrées à prix d'argent, ou d'en enlever de vive force dans une ville qu'il aurait fait dégarnir.

Or le roi consulta à ce sujet les évêques et les autres grands; car, quoique nul autre que lui-même ne doutât de sa sagesse, il voulait toujours régler les intérêts communs d'après l'avis de beaucoup de personnes. Certes c'était en lui une humilité bien louable qu'il se mît ainsi lui seul après tous les autres, que jeune il recherchât les vieillards, qu'il soumît son opinion à l'expérience des hommes plus âgés, et que ce qu'il pouvait faire comme seigneur, ce qu'il savait comme sage, il en référât si généreusement à ses sujets.

Or ceux qui avaient coutume de discuter les affaires des autres, et de contester sur les diverses propositions, quelquefois avec une subtilité bien inutile, s'étonnaient cette fois de ne trouver aucune bonne idée dans cette occasion difficile, et s'affligeaient de ne pas voir comment on pourrait échapper à ce commun péril. Ils voulaient trouver des vivres dans une ville que l'on avait évacuée avec intention, ils demandaient des hommes vigoureux pour les enlever, ou des riches pour les acheter; mais comme ils ne pouvaient avoir ce qu'ils cherchaient, toutes leurs paroles étaient superflues. On résolut cependant d'aller rechercher les citoyens fugitifs dans les gorges des montagnes, de faire la paix avec eux, et de les ramener avec leurs denrées : ce dessein ne put être exécuté qu'en partie. On trouva bien les citoyens; mais on ne les ramena pas; et nous partîmes de Laodicée, après avoir perdu une journée, et ayant toujours les Turcs et les Grecs tout près de nous, en avant et en arrière de notre armée.

Les montagnes que nous traversions étaient encore toutes trempées du sang des Allemands, et nous voyions paraître devant nous ces mêmes ennemis qui les avaient massacrés. Le roi, plus éclairé, mais en vain, que ceux qui l'avaient devancé, voyant ici les escadrons des uns, là les cadavres des autres, disposa son armée en ordre de bataille. Et en ceci nous avons à garder une éternelle rancune contre Geoffroi de Rancogne, que le roi lui-même avait envoyé en avant avec son oncle le comte de Maurienne. Vers midi de notre seconde journée de marche, se présenta une montagne exécrable, difficile à traverser. Le roi avait résolu d'employer toute une journée à la franchir, et de ne pas s'y arrêter pour dresser ses tentes. Ceux qui y arrivèrent les premiers, et d'assez bonne heure, n'étant retenus par aucun embarras, et oubliant le roi qui veillait alors sur l'arrière-garde, gravirent la montagne, et, tandis que les autres ne les suivaient que de loin, dressèrent leurs tentes de l'autre côté, vers la neuvième heure. La montagne était escarpée et couverte de rochers; nous avions à la monter par une pente rude, son sommet nous semblait atteindre aux cieux, et le torrent qui coulait dans le fond de la vallée paraissait voisin de l'enfer. La foule cependant s'accumule sur le même point, les uns se pressent sur les autres; s'arrêtent, s'établissent, sans penser aux chevaliers qui sont en avant, et demeurent comme attachés sur la place, bien plus qu'ils ne marchent. Les bêtes de somme tombent de dessus les rochers escarpés, entraînant ceux qu'elles rencontrent dans leur chute, et jusque dans les profondeurs de l'abîme. Les rochers eux-mêmes, sans cesse déplacés, faisaient un grand ravage, et ceux de nos gens qui se dispersaient de tous côtés pour chercher les meilleurs chemins, avaient à craindre également et de tomber eux-mêmes et d'être entraînés par les autres.

Les Turcs et les Grecs cependant, tirant sans cesse leurs flèches pour empêcher ceux qui étaient tombés de se relever, se rassemblèrent pour se porter sur l'autre corps, se réjouissant fort d'un tel spectacle, dans l'espoir de l'avantage qu'ils en retireraient sur le soir. Le jour tombait, et le gouffre se remplissait de plus en plus des débris de notre armée. Mais bientôt ces succès ne suffisent plus à nos ennemis, et, prenant une nouvelle audace, ils reviennent sur notre corps d'armée, car déjà ils ne redoutent plus ceux qui sont à l'avant-garde, et ne voient pas encore ceux qui forment l'arrière-garde : ils frappent donc et renversent, et le pauvre peuple dénué d'armes tombe. On fuit comme un troupeau de moutons. Alors s'élèvent de grands cris qui montent jusqu'aux cieux, et parviennent en même temps aux oreilles du roi. Celui-ci fit, en cette circonstance, tout ce qui lui fut possible; mais le ciel ne lui envoya aucun secours, si ce n'est cependant que la nuit vint, et qu'en survenant elle mit quelque terme à nos maux.

Pendant ce temps, moi qui, en ma qualité de moine,

ne pouvais autre chose qu'invoquer le Seigneur, ou encourager les autres au combat, on m'envoya vers le camp de l'avant-garde; j'y racontai ce qui se passait : tous, remplis de consternation, prirent les armes; ils auraient bien voulu revenir en toute hâte sur leurs pas, mais à peine pouvaient-ils marcher, tant à cause de l'aspérité des lieux, que parce que les ennemis, se portant à leur rencontre, les empêchaient d'avancer.

Dans ce même temps, le roi, abandonné au milieu du péril avec quelques-uns de ses nobles, mais n'ayant auprès de lui ni chevaliers à sa solde, ni écuyers armés d'arcs (car il ne s'était point préparé pour traverser ces défilés, puisqu'il avait été convenu qu'on ne les passerait que le lendemain); le roi, dis-je, oubliant sa propre vie pour sauver ceux qui périssaient en foule, franchit les derniers rangs, et résista vigoureusement aux ennemis, qui faisaient rage sur le corps du milieu. Il attaqua donc témérairement le peuple infidèle, cent fois plus fort que lui, et secondé de plus par l'avantage du terrain. Sur ce point, en effet, les chevaux ne pouvaient pas, je ne dirai pas courir, mais même tenir en place, et la lenteur inévitable de l'attaque rendait les coups moins assurés. Occupant un terrain glissant, les nôtres brandissaient leurs lances de toutes leurs forces, mais sans pouvoir s'aider de la force de leurs chevaux, et dans le même temps les ennemis tiraient leurs flèches en toute sécurité, s'appuyant contre les arbres ou les rochers. Cependant la foule, dégagée par le roi, s'enfuit, emportant ses bagages ou emmenant avec elle ceux qui les portaient, mais aussi laissant en sa place le roi et les comtes exposés à tout le péril. Il serait vraiment trop déplorable de voir les seigneurs mourir pour sauver la vie de leurs serviteurs, si nous ne savions que le Seigneur de tous a aussi donné un pareil exemple. Ici donc les plus belles fleurs de la France se fanèrent avant d'avoir pu porter des fruits dans la ville de Damas : ce récit seul me fait fondre en larmes, et je gémis du plus profond de mon cœur. Un esprit sage cependant peut trouver quelque consolation dans cette pensée, que le souvenir de leur valeur passée vivra autant que le monde, et qu'étant morts avec une foi ardente et purifiés de leurs erreurs, ils ont mérité par une telle fin la couronne du martyre. Ils combattent donc, et chacun d'eux, pour ne pas mourir du moins sans vengeance, entasse autour de lui des cadavres ; mais les ennemis se recrutent sans cesse, et leur demeurent toujours fort supérieurs en nombre. Ceux-là tuent les chevaux, qui, s'ils ne pouvaient courir, servaient du moins aux chevaliers à supporter le poids de leurs armes : devenus hommes de pied, les croisés, couverts de leurs cuirasses, se noient dans les rangs épais des ennemis comme dans une mer, et, séparés les uns des autres, sont bientôt dépouillés et mis à nu.

Dans cette mêlée, le roi perdit son escorte, peu nombreuse, mais illustre. Et lui, conservant toujours un cœur de roi, agile autant que vigoureux, saisissant les branches d'un arbre, que Dieu avait placé là pour son salut, il s'élança sur le haut d'un rocher. Un grand nombre d'ennemis se jetèrent après lui pour s'emparer de sa personne, tandis que d'autres, plus éloignés, lui tiraient leurs flèches. Mais, par la volonté de Dieu, sa cuirasse le préserva de l'atteinte des flèches, et de son glaive tout sanglant, défendant son rocher pour défendre sa liberté, il fit tomber les mains et les têtes de beaucoup d'ennemis. Enfin ceux-ci, ne le connaissant pas, voyant qu'il serait difficile de le saisir, et craignant qu'il ne survînt d'autres combattans, renoncèrent à l'attaquer, et s'éloignèrent pour aller, avant la nuit, enlever les dépouilles du champ de bataille.

LIVRE SEPTIÈME.

Cependant la foule qui emportait les bagages n'était pas encore bien loin; car plus elle grossissait et serrait ses rangs, et plus sa marche se ralentissait, au milieu des précipices. Le roi l'ayant retrouvée après avoir marché à pied, monta de nouveau à cheval et poursuivit son chemin, par une soirée déjà obscure. Bientôt arrivèrent hors d'haleine des tentes de l'avant-garde les escadrons des chevaliers, qui voyant le roi seul, couvert de sang et accablé de fatigue, se prirent à gémir, apprenant ainsi ce qui était arrivé, sans avoir besoin de le demander, et pleurèrent amèrement, et sans espoir de consolation, ceux des compagnons du roi qu'ils ne retrouvaient plus, au nombre de quarante environ. Du nombre des absens étaient le comte de Varenne et son frère Evran de Breteuil, Manassé de Beuil, Gaucher de Montjay, et d'autres encore ; mais je ne rapporterai pas les noms de tous, pour ne pas allonger inutilement mon récit.

Ceux qui survivaient étaient encore pleins d'ardeur et maintenant nombreux; mais il faisait nuit, les ennemis occupaient l'autre côté de la profonde vallée, en sorte qu'il n'y avait aucun moyen, et que ce n'était point l'heure de se mettre à leur poursuite. Les chevaliers se rendirent donc vers les tentes avec le roi;

mais ils y arrivèrent fort tard, et ceux qui craignaient encore avaient assez de justes sujets de douleur pour s'affliger, et trouvaient cependant quelque consolation à voir du moins leur seigneur sain et sauf.

Cette nuit se passa sans qu'on fermât l'œil, chacun attendant quelqu'un des siens, qui ne devait jamais revenir, ou bien accueillant ceux qui arrivaient tout dépouillés, et se livrant à la joie, sans plus songer à ce qu'ils avaient perdu.

Tout le peuple cependant jugeait que Geoffroi avait mérité d'être pendu pour avoir désobéi aux ordres du roi relativement à la marche de la journée; et peut-être aussi le peuple eût-il voulu que l'on pendît également l'oncle du roi, qui avait commis la même faute que Geoffroi, et qui du moins protégea celui-ci contre la vindicte publique. Comme tous deux en effet étaient coupables, et qu'il fallait bien épargner l'oncle du roi, il devenait impossible de condamner l'autre.

Le jour du lendemain ayant brillé, sans pouvoir dissiper les ténèbres de notre douleur, nous fit voir l'armée ennemie, joyeuse, enrichie de nos dépouilles, et couvrant les montagnes de ses forces innombrables. Les nôtres cependant, appauvris de la veille, pleurant leurs compagnons et leurs effets perdus, devenus plus prudens, mais trop tard, se rangèrent en bon ordre pour conserver du moins ce qui leur restait, et se tinrent soigneusement sur leurs gardes. Or le roi ne pouvant supporter la misère des nobles, et pieusement compatissant pour les gens de moyenne condition, se montra si généreux pour soulager leur détresse, qu'on eût dit qu'il avait oublié qu'il eût lui-même perdu quelque chose, aussi-bien qu'eux. Déjà la faim tourmentait les chevaux, qui depuis plusieurs jours n'avaient mangé qu'un peu d'herbe et pas du tout de grain ; déjà aussi les vivres manquaient pour les hommes, et cependant ils avaient encore à faire douze journées de marche, et les ennemis, semblables aux bêtes féroces, qui deviennent plus cruelles lorsqu'elles ont goûté du sang, instruits de ces faits, nous harcelaient avec plus d'audace et d'avidité, depuis qu'ils s'étaient enrichis à nos dépens. Le maître du Temple, le seigneur Everard des Barres, homme respectable par son caractère religieux, et modèle de valeur pour les chevaliers, leur tenait tête avec l'aide de ses frères, veillant avec sagesse et courage à la défense de ce qui lui appartenait, et protégeant aussi de tout son pouvoir et avec vigueur ce qui appartenait aux autres. Le roi de son côté se plaisait à les voir faire et à les imiter, et voulait que toute l'armée s'appliquât à suivre leur exemple, sachant que si la faim énerve les forces des hommes, l'unité d'intention et de courage peut seule soutenir les faibles.

On résolut donc d'un commun accord, dans cette situation périlleuse, que tous s'uniraient d'une fraternité mutuelle avec les frères du Temple, pauvres et riches s'engageant sur leur foi à ne point abandonner le camp et à obéir en toute chose aux maîtres qui leur seraient donnés. Ils reconnurent donc pour maître un nommé Gilbert, et celui-ci eut des adjoints, à chacun desquels il devait soumettre cinquante chevaliers. On leur prescrivit de souffrir avec patience les attaques des ennemis, qui nous harcelaient sans cesse, au lieu de se retirer tout aussitôt, et en outre lorsqu'ils auraient opposé une résistance, d'après les ordres qui leur seraient donnés, de revenir sur-le-champ en arrière, quand ils seraient rappelés. Dès qu'ils eurent reçu ces instructions, on leur assigna la place qu'ils devaient occuper, afin que celui qui était au premier rang ne se portât pas au dernier, et qu'il n'y eût aucune confusion entre ceux qui devaient veiller sur les flancs de l'armée. Quant à ceux que la nature ou leur mauvaise fortune avait mis à pied (car beaucoup de nobles, ayant perdu leurs effets et leur argent, marchaient contre leur usage avec le reste de la foule), ils furent rangés en arrière de tous les autres et pourvus d'arcs, afin qu'ils pussent les opposer aux flèches des ennemis.

Le roi, seigneur de la loi, voulait aussi se soumettre à la loi commune d'obéissance; mais nul n'osa lui donner aucun ordre, si ce n'est cependant d'avoir avec lui un corps nombreux, et, comme il était le seigneur et le protecteur de tous, de se servir de ce corps pour soutenir les points les plus faibles, en y envoyant du renfort.

Nous allions donc en avant, marchant selon la règle établie. Etant descendus des montagnes, nous nous réjouissions d'entrer dans la plaine, et mis à couvert par nos défenseurs, nous supportions, sans éprouver aucune perte, les attaques insolentes des ennemis. Nous rencontrâmes sur notre chemin deux rivières, distantes d'un mille l'une de l'autre et difficiles à traverser, à cause des marais profonds qui les entouraient. Ayant passé la première, nous attendîmes sur l'autre rive les derniers rangs de l'armée,

24

et pendant ce temps nous soulevions de nos bras les faibles bêtes de somme, qui enfonçaient dans les boues. Enfin les derniers chevaliers et gens de pied passèrent presque pêle-mêle avec les ennemis, toutefois sans faire aucune perte, se défendant mutuellement avec beaucoup de courage. Nous nous dirigeâmes ensuite vers la seconde rivière, ayant à passer entre deux rochers, du haut desquels l'armée pouvait être criblée de flèches. Les Turcs accoururent des deux côtés vers ces rochers; mais nos chevaliers occupèrent avant eux l'une des hauteurs. Les Turcs gravirent sur l'autre, et prenant leurs chapeaux sur leurs têtes ils les foulèrent aux pieds, voulant annoncer par ce geste, selon ce qui nous fut dit, qu'aucun sentiment de crainte ne leur ferait abandonner cette position. En cette circonstance cependant cette démonstration fut trompeuse ou ne voulait rien dire, car le corps de nos hommes de pied chassa tout de suite les Turcs de la place qu'ils tenaient. Tandis donc que ceux-ci abandonnaient le sommet du rocher, nos chevaliers pensèrent qu'il leur serait possible de les couper dans leur fuite entre les deux rivières. En ayant donc reçu la permission du maître, ils s'élancèrent tous à la fois à la poursuite des Turcs, et vengèrent sur tous ceux qu'ils purent atteindre, et la mort de leurs compagnons, et leurs propres pertes. Beaucoup de Turcs, étant ainsi poussés dans les boues, trouvèrent dans le même lieu et la mort et un tombeau.

Tandis que les nôtres, dans le transport de leur colère, immolaient ainsi les fuyards et les poursuivaient sans relâche, la faim leur semblait moins pressante et la journée plus heureuse. Les Turcs cependant et les Grecs avaient plusieurs manières de travailler à notre destruction, et c'est même pour cela seul qu'ils s'étaient unis, puisqu'auparavant ils étaient ennemis. Ceux d'entre eux qui faisaient paître leurs troupeaux de gros et de menu bétail, qu'ils rassemblaient en foule, détruisaient en avant de nous tout ce que le feu ne pouvait consumer; aussi nos chevaux, épuisés de fatigue ou mourans, demeuraient-ils sur le chemin avec les fardeaux qu'ils portaient, les tentes, les vêtemens, les armes et beaucoup d'autres effets : les nôtres alors les brûlaient pour qu'ils ne tombassent pas aux mains des ennemis, ne réservant que ce que les pauvres pouvaient transporter. L'armée mangeait de la chair de cheval et en avait même en abondance ; ceux des chevaux qui ne pouvaient plus servir pour le transport servaient du moins à apaiser la faim des hommes, et tous se contentaient de cet aliment, même les riches, quand ils pouvaient y joindre de la farine cuite sous les cendres. Par de tels moyens les maux de la famine furent du moins adoucis, et à l'aide de notre association fraternelle, quatre fois nous mîmes les ennemis en fuite, et remportâmes toujours la victoire; et à force de soins et de prudence nous arrivâmes ainsi jusqu'à Satalie, sans que nos forces eussent reçu aucun échec, si ce n'est cependant ce jour où l'on avait envoyé en avant Geoffroi de Rancogne, messager de mort et de dommage.

Dans cette ville de Satalie, un député de l'empereur grec, nommé Landolph, qui avait fait en partie le voyage avec les Turcs, comme il en convenait lui-même, attendait en espérance du moins notre destruction; ou bien, si nous devions arriver et lui faire nos plaintes contre l'empereur, il se préparait à nous faire une réponse évasive : mais comme personne n'avait comparu en justice, il ne fut fait aucune plainte; car à des hommes affamés et fatigués ce qu'il fallait surtout, c'étaient des vivres et du repos. Le député donc, complice des mêmes crimes, contraignit nos nobles à jurer encore la paix à l'empereur, afin d'obtenir l'ouverture des marchés.

A cette époque la pluie, qui nous avait épargnés durant notre marche, survint en grande abondance; nous en fûmes trempés en dessus et en dessous de nos tentes, lesquelles étaient petites, attendu que nous avions perdu les plus grandes; et dans le même temps nous célébrâmes la Purification de la bienheureuse Marie. Je puis affirmer que le roi, dans tout le cours de son voyage, n'a jamais manqué un seul jour ni la messe, ni les heures, soit que la pluie tombât avec violence, soit que les ennemis nous harcelassent vivement.

Nous eûmes donc à Satalie des vivres en abondance, mais plus chers que d'ordinaire. Quant aux chevaux que nous avions conservés, nous ne pouvions à aucun prix nous procurer pour eux les denrées nécessaires à leur subsistance, et c'était, au dire de beaucoup des nôtres, par un effet de la perfidie des Grecs. Ceux-ci alors nous représentaient l'aspérité des localités, et nous disaient qu'ils n'avaient rien à nous fournir.

En dehors de la ville il y avait une plaine rocailleuse qui s'étendait jusqu'à un certain fleuve, au delà duquel les ennemis arrêtaient les denrées et les fourrages qui nous venaient de plus loin ; en sorte que nos chevaux n'avaient pas même d'herbe à manger, s'ils n'étaient conduits au dehors et ramenés par des chevaliers, munis de leurs armes.

Voyant que le petit nombre de chevaux que nous avions conservés ne pouvaient se rétablir tranquillement de leurs fatigues, mais plutôt mouraient de faim, et qu'il n'y avait aucun moyen de trouver des denrées dans la ville, le roi convoqua ses barons et leur proposa de partir, disant « que là où les chevaux mou-
« raient de faim, les chevaliers ne pouvaient demeu-
« rer en repos ; de plus qu'on pourrait se repentir de
« retarder, en s'arrêtant ainsi, l'accomplissement de
« ses vœux, et qu'il était du devoir d'hommes rem-
« plis de dévotion de marcher sans relâche vers le
« but de leurs efforts, quoiqu'ils fussent malades et
« fatigués, afin de recevoir la couronne du martyre
« que Dieu accorde à ceux qui perdent la vie dans
« de telles entreprises. » Les barons, gardant toute obéissance à leur seigneur et poursuivant, autant que possible et avec constance, l'accomplissement de leurs vœux, dirent alors au roi : « Comme il appartient au
« roi de commander des exploits vigoureux, de même
« il est du devoir d'un sage chevalier d'entreprendre
« tout ce qui est possible. Tous les chevaliers de l'ar-
« mée qui sont à votre solde ont jeté leurs armes ces
« jours-ci, et sont devenus hommes de pied, de même
« que beaucoup d'entre les plus nobles. Les uns ne
« peuvent acheter de chevaux, parce qu'ils ont perdu
« ou dépensé tout ce qu'ils possédaient ; les autres,
« s'il leur reste encore quelque chose, ne trouvent
« pas de denrées pour nourrir leurs chevaux. Tous

« ont appris des habitans de cette ville qu'il y a d'ici
« à Antioche, par mer, trois journées de marche,
« courtes même, et que l'on peut faire en allant de
« port en port, par un pays opulent et sans courir
« de risque. Par terre au contraire, il y a quarante
« journées de marche, par un pays que les torrens
« rendent impraticable, couvert d'ennemis, et par-
« tout d'une grande pauvreté : ils veulent donc se
« confier à la mer et partir avec la foule des hommes
« de pied, qui déjà n'ont plus ni courage pour sup-
« porter la fatigue, ni argent pour acheter des vivres,
« et les Grecs leur promettent que toutes les villes
« et les îles des environs nous fourniront des vais-
« seaux en abondance. Quant à nous, nous voulons
« vivre et mourir avec vous, et nous sommes em-
« pressés d'apprendre ce qu'il vous plaira de nous
« dire. »

Le roi leur répondit alors comme il convient à un
roi, comme il lui convenait à lui-même : « Tant que
« je serai riche, nul homme d'honneur ne demeurera
« dans le besoin ; et il ne serait point homme d'hon-
« neur celui qui dans un cas de nécessité ne sau-
« rait supporter la misère avec moi et patiemment.
« Les hommes d'honneur donc ayant été choisis et
« secourus de tous nos moyens, nous ferons monter
« sur les vaisseaux toute la foule qui n'a plus d'ar-
« mes, gens qui nous ont toujours été nuisibles, nous
« ont rendu les vivres plus chers et ont ralenti notre
« marche. Quant à nous, nous suivrons le chemin
« qu'ont suivi nos pères, à qui leur valeur incompa-
« rable a acquis une grande renommée dans le monde
« et la gloire des cieux. »

« Nous ne voulons, ni ne pouvons, répondirent
« les barons, rabaisser en rien la gloire de nos pères;
« mais jusqu'à présent ils ont rencontré plus de faci-
« lités que nous n'en trouvons nous-mêmes. En effet
« lorsqu'ils eurent passé Constantinople et le bras de
« Saint-George, atteignant à l'objet de leurs vœux,
« ils rencontrèrent aussitôt les Turcs et leur terri-
« toire, et rendus plus ardens par les exercices de la
« chevalerie, ils se maintinrent toujours riches, en
« enlevant des villes et des châteaux ; mais nous, au
« lieu des Turcs, nous avons trouvé les Grecs rem-
« plis de fraude, pour notre malheur nous les avons
« ménagés comme des Chrétiens, et nous engour-
« dissant dans l'oisiveté, malades d'ennui et de tra-
« casserie, nous avons dépensé à peu près tout ce
« que nous possédions. Les uns endormis dans une
« folle sécurité, les autres pressés par la cruelle
« misère ont même vendu leurs armes, ou les ont
« abandonnées après avoir perdu leurs chevaux. Ce
« que vous nous ordonnez est honorable sans doute;
« mais il y a peu de sûreté à l'entreprendre par les
« raisons que nous venons de dire. Toutefois ne re-
« doutant point la fatigue et déposant toute crainte,
« nous ferons ce que vous desirez, si nous pou-
« vons trouver des chevaux pour remonter les che-
« valiers. »

On se mit donc à requérir des chevaux ; mais on
n'en trouva qu'un petit nombre et qui même étaient
trop faibles pour qu'on pût s'en servir. Le roi se vit
donc contraint, bon gré mal gré, à tenter la mer et
ses naufrages, afin que Dieu permît que sa patience
s'exerçât, comme celle de saint Paul avait été exer-

cée, dans les périls de la mer, de même que dans les périls de la solitude, dans les périls au milieu des Gentils, dans les périls parmi les faux frères. Enfin on consulta sur cette affaire le commandant de la ville et le député de l'empereur, et tous deux répondirent selon nos desirs, promettant qu'ils feraient venir promptement des navires pour transporter toute l'armée.

L'hiver cependant, après avoir différé ses rigueurs, les fit enfin sentir ; nous eûmes alors la pluie, la neige, les tonnerres, les éclairs. Le vent que nous espérions du Seigneur se fit desirer près de cinq semaines, et nous força en outre d'attendre aussi les navires que les Grecs nous avaient promis. Ceux-ci, voyant qu'il ne leur restait plus que peu de temps, déployaient contre nous toute la malice dont ils sont capables, nous dépouillant de nos biens sur les marchés, et, autant qu'ils le pouvaient, travaillant à notre ruine par leurs conseils. L'homme en bonne santé et le malade trouvaient bien tout ce que demandaient leurs diverses situations ; mais la cherté de toutes choses les écrasait. On payait une poule douze sous, un œuf cinq ou six deniers ; un oignon ou une gousse d'ail sept ou huit deniers, en marchandant selon leur grosseur, deux noix un denier ; ceux qui avaient encore conservé un cheval ou une mule, les échangeaient contre du pain, ou les vendaient au marché comme des bœufs. Et telle fut toujours notre condition dans nos rapports avec les Grecs, que nous leur vendions tout à vil prix, et que nous achetions tout excessivement cher. Les Turcs apprirent par les récits des Grecs que nos chevaliers manquaient de chevaux, et s'enhardissant à cette nouvelle, ils se préparèrent d'un commun accord à attaquer notre armée. Le roi en fut informé, et pour se mettre en défense, il fit venir près de lui les hommes les plus riches, qui avaient encore conservé leurs chevaux, quoique ceux-ci fussent exténués de faim, et de plus les frères du Temple. Les ennemis ayant marché sur nous, le roi parut tout à coup devant eux, et leur tuant du monde les força à repasser la rivière sans pont, et à croire désormais que nous avions dans l'armée de très-bons chevaux, et en grand nombre.

Cependant les Grecs préparaient leurs navires, et comme pour tout le reste, les mettaient à des prix inconcevables. Un seul homme payait quatre marcs pour aller à Antioche, où nous devions arriver en trois jours, selon ce que disaient les Grecs. Le commandant de la ville et le député de l'empereur offrirent gratuitement au roi, comme au seigneur de l'armée, quelques navires de petite dimension, et le roi en fit le partage entre les évêques et les barons, car il voulut absolument les prendre; et quoiqu'il fût choqué de l'excessive cherté du prix de transport, il supprima des plaintes inutiles, et demanda pour le reste de l'armée les autres bâtimens qu'on lui avait promis.

Mais lorsque les riches ainsi pourvus n'eurent plus qu'à attendre les pauvres, les Grecs différèrent de jour en jour, et en même temps, par cette espèce de brigandage, ils enlevaient aux uns et aux autres toutes leurs ressources. Aussi je crois que notre repos nous a coûté plus cher dans cette ville, que ne nous ont coûté nos fatigues dans tout le cours du voyage. Ceux qui sont ignorans en de pareilles matières diront sans doute qu'il eût fallu s'emparer de la ville, et tirer vengeance des artifices de ses habitans. Que ceux-là cependant considèrent que nous étions sans vivres, assiégés de droite et de gauche par des ennemis intérieurs et étrangers, et qu'il nous était impossible de renverser sans machines des tours élevées, ou de miner promptement des murailles doubles. On eût pu sans doute se saisir de la personne du commandant et du député de l'empereur lorsqu'ils venaient auprès du roi ; mais les eussions-nous même pendus, les citoyens ne nous auraient pas pour cela livré leur ville ; d'ailleurs le roi eût eu en horreur de s'emparer ainsi d'une ville par trahison, contre toutes ses habitudes, ou d'exposer son armée à un péril général, sans aucune chance de succès. Dieu veuille épargner l'empereur allemand, dont nous avions évité la mauvaise fortune, et dont les conseils ignorans nous poussèrent cependant à tous ces maux ! Mais comment ce Dieu, juge équitable, ou même un homme pourrait-il excuser l'empereur Grec, qui par sa cruelle perfidie a fait périr tant de Chrétiens de l'une et de l'autre armée ?

Le peuple cependant, réduit à la dernière pauvreté, ennuyé, n'ayant plus d'argent, infecté de maladies, apprenant les mensonges des Grecs au sujet des vaisseaux, se présente devant le roi, et lui expose à peu près dans les termes suivans ses intentions et l'excès de sa misère : « Seigneur roi, nous voici en présence
« de votre Majesté, couverts de confusion, non sans
« de justes motifs, et notre confiance en votre bonté
« nous enhardit à paraître devant vous. Lorsque nous
« étant confiés aux Grecs, nous avons refusé de par-

« tir avec vous par le chemin de terre, nous étions
« à la fois lâches et trompés. Maintenant que la pau-
« vreté nous y contraint, nous voulons partir ainsi,
« même sans chef; nous marchons vers la mort;
« mais si Dieu le permet, nous trouverons peut-être
« quelque avantage à éviter par là celle qui nous me-
« nace en ces lieux. Peut-être le glaive des Turcs
« sera-t-il moins dangereux pour nous qu'il ne le
« serait de demeurer, après votre départ, au milieu
« de ces perfides citoyens. »

A ces paroles le roi s'affligeant avec sa bonté ordinaire, les secourut dans leur détresse avec une si
grande générosité, que vous eussiez pu croire qu'il
n'avait fait encore aucune dépense, ou qu'il ne prenait plus aucun soin de sa propre maison. Ensuite
voulant pourvoir à la sûreté de ces hommes pendant
leur marche, il traita avec le commandant de la ville
et le député de l'empereur pour leur donner cinq
cents marcs, à condition qu'ils feraient accompagner
tous les siens avec une forte troupe au delà de deux
fleuves situés dans le voisinage; qu'ils leur donne-
raient une escorte suffisante pour les conduire de là
et en toute sécurité jusqu'à Tarsé; qu'enfin les hommes faibles et les malades seraient reçus dans la ville
jusqu'à ce qu'ils fussent rétablis, et qu'on pût les
embarquer pour aller rejoindre les autres.

Avides d'argent, mais redoutant les Turcs, le député et le commandant eurent d'abord une conférence
avec ceux-ci : nous eûmes tout lieu de croire alors
qu'ils leur avaient offert la moitié des sommes promises ; puis ils revinrent, et conduisant avec eux les
citoyens les plus riches de la ville, ils jurèrent d'exé-

cuter le traité tel que je viens de le rapporter. On leur livra l'argent, et ils ordonnèrent aux malades d'entrer dans la ville, aux autres de se préparer à partir le lendemain. Le roi s'occupa encore des siens avec sollicitude, rassembla tous les chevaux qu'il put trouver, et les donna à des chevaliers d'un mérite reconnu. En outre, redoutant les perfidies qu'il avait tant de fois éprouvées, il laissa le comte de Flandre et Archambaud de Bourbon pour assister au départ de l'armée, et ensuite il monta sur son navire, au milieu des bénédictions de tous les siens.

Le lendemain les hommes de pied attendaient ceux qui devaient les guider dans leur marche, lorsque les Turcs, instruits par les Grecs du départ du roi, marchèrent contre eux, comme assurés déjà d'une proie facile. Mais le comte de Flandre et Achambaud de Bourbon disposèrent aussitôt en bataille leurs hommes remplis de courage, mais peu entreprenans, car ils n'avaient qu'un petit nombre de chevaux exténués de fatigue. Ils marchèrent cependant à la rencontre de l'ennemi, le battirent, et firent tourner le dos à ceux qui venaient enlever des dépouilles. Mais comme il ne se trouva personne parmi les nôtres qui pût les poursuivre vivement, ils ne tuèrent aux Turcs que quelques hommes. Après cela les deux seigneurs requirent le commandant, le député de l'empereur et les citoyens d'accomplir le traité qu'ils avaient juré avec le roi; mais alors et pour la première fois ceux-ci montrant les Turcs dans le voisinage, et alléguant les rigueurs de l'hiver, s'excusèrent d'obtempérer à ces demandes, sous prétexte que c'était impossible. On perdit quelques jours et beaucoup de paroles à disputer sur ce point; et ni la justice, ni la raison, ni la voix de l'honneur ne purent rien obtenir des Grecs. On renonça enfin à quereller sur l'escorte qui devait être fournie, et l'on n'obtint même qu'avec peine que les nôtres seraient logés en dessous des murailles de la place, et qu'ils y auraient des marchés ouverts, jusqu'à ce qu'ils pussent s'embarquer. Les choses ainsi réglées, les hommes du roi montèrent sur leur navire et partirent, s'affligeant de n'avoir pu se venger des affronts qu'ils avaient reçus.

Bientôt les Turcs se rapprochèrent de la ville, y entrèrent, en sortirent, et communiquèrent ouvertement avec les Grecs. Ils voyaient leurs ennemis étroitement serrés entre deux ennemis et les murailles, enfermés comme des moutons dans une bergerie, n'osant ni sortir ni entrer, et exposés ainsi à leurs flèches. Le mur était bas et tournant, les nôtres ne pouvaient à cause de leur nombre demeurer tous sous la protection du rempart, et ceux qui en étaient plus éloignés se trouvaient par là plus exposés aux traits des ennemis. Les Turcs choisissant donc des positions favorables lançaient sur eux leurs flèches, et tuaient ou blessaient quelques hommes. Alors quelques jeunes gens vigoureux commencèrent à abandonner la muraille, et prirent leurs arcs pour défendre leur vie et celle de leurs compagnons, pour vendre du moins leur mort; et cherchant à se procurer la paix de vive force, ils contraignirent les ennemis à se reporter en arrière. Ils eussent même par ce moyen obtenu la paix; mais les Grecs les faisaient mourir sans même les blesser, car ils avaient enfermé les hommes en bonne santé et les malades dans un espace étroit et mal sain ; manquant d'argent les uns mouraient de faim, d'autres succombaient aux exhalaisons empoisonnées des cadavres qui les entouraient, et ainsi il mourait beaucoup de monde, et les Grecs les faisaient périr sans leur donner la mort, et seulement en attendant qu'elle les frappât.

Dans cette extrémité, deux corps de trois et de quatre mille hommes, composés des plus vigoureux, allèrent chercher la mort pour l'éviter, jugeant qu'il valait autant mourir hors de leur camp, que de vivre dans son enceinte. Ils prirent donc leurs armes et sortirent pour aller traverser les deux fleuves situés dans le voisinage, mais de grandeur fort différente. Ils franchirent le premier fort aisément ; mais devant le second un double obstacle se présenta. On ne pouvait le traverser qu'à la nage ; de plus, il fallait forcer le passage, en livrant bataille à l'ennemi qui s'était rassemblé sur ses bords : mais comme on ne pouvait entreprendre à la fois et de passer le fleuve et de combattre, les Croisés revinrent sur leurs pas, et furent mis en fuite, pris ou tués.

Leur sang apaisa la fureur des Turcs ; mais en même temps la perfidie des Grecs se changea en violence. Les premiers revinrent vers la ville pour voir ceux des nôtres qui y étaient demeurés, et dès ce moment ils firent de grandes aumônes à nos pauvres et à nos malades. Les Grecs au contraire contraignirent ceux qui avaient plus de force à entrer à leur service, et pour prix de leurs travaux ils les accablaient de coups. Quelques Turcs achetaient à leurs compagnons les monnaies de notre pays et les distribuaient ensuite à nos pauvres, à pleines mains. Dans le même temps les Grecs enlevaient tout à ceux des nôtres qui avaient conservé quelque chose. Évitant les compagnons de leur foi, trop cruels pour eux, les nôtres allaient donc avec confiance auprès des Infidèles, qui se montraient compatissans ; et d'après ce que nous avons appris, plus de trois mille jeunes gens se rallièrent aux Turcs, lorsque ceux-ci se retirèrent. O compassion plus cruelle que toute trahison ! Leur donnant du pain, les Turcs leur enlevaient leur foi ; et cependant il est certain qu'ils se contentaient du service des nôtres, et ne contraignaient personne à renier sa croyance.

Or Dieu ayant pris la ville de Satalie en exécration, frappa ses habitans d'une mort inattendue, et si rudement que beaucoup de maisons demeurèrent entièrement vides, et que ceux qui survécurent, saisis à la fois de stupeur et de crainte, songèrent à l'abandonner tout-à-fait. L'empereur de son côté, jugeant autrement que Dieu n'avait jugé, dépouilla la même ville de presque tout l'or et l'argent qu'elle possédait, parce qu'elle avait ouvert ses marchés et fourni des navires au roi. Ainsi Dieu et l'empereur jugèrent tout différemment, et cependant l'un et l'autre punit également cette ville.

Après y avoir passé cinq semaines, le roi s'étant embarqué, quelques-uns de ses vaisseaux furent brisés en mer ou mis hors de service : aucun cependant, grâces à Dieu, ne périt complétement ; et au bout de trois semaines de navigation, le roi arriva enfin à Antioche. O mon père Suger, il n'y parvint qu'à travers d'immenses périls et après de grandes pertes : mais vous devez vous consoler, en pensant que du moins il est sauvé. Et même il sera utile pour lui d'avoir éprouvé tant de fatigues ; car on a appris maintenant qu'il sait se défendre au milieu des périls, demeurer joyeux après de si grandes pertes, supporter tant de maux avec autant de fermeté que de sagesse. Les malheurs de ses sujets lui étaient seuls un lourd fardeau, et il les a toujours soulagés autant qu'il a pu, pensant qu'un roi n'est point né pour lui seul, mais pour l'utilité des autres, et que de même qu'il convient à un roi d'être compatissant, de même il est de son devoir de ne point redouter la pauvreté. Il mettait donc sa valeur au dessus des soins de sa personne royale, et veillant alternativement à l'avant et à l'arrière-garde, ainsi que pendant les nuits, il supportait couvert de sa cuirasse et le froid de la nuit et la chaleur du jour. Au milieu de tant de fatigues, il s'est conservé sain et sauf, sans avoir besoin d'aucun remède, et a pu continuer ses pratiques de sainteté ; car il n'est jamais allé à la rencontre des ennemis sans avoir reçu les saints sacremens, et à son retour il demandait toujours vêpres et complies, faisant toujours de Dieu l'*alpha* et l'*oméga* de toutes ses œuvres. Ainsi généreux comme un roi, courageux comme un chef, terrible comme un chevalier, ardent comme un jeune homme, ayant toute la maturité d'un vieillard, il a toujours su se plier aux lieux, aux temps et aux nécessités, et gagner l'estime des hommes par sa valeur, la faveur divine par sa piété.

FIN D'ODON DE DEUIL.

TABLE DES MATIÈRES

CONTENUES

DANS CE VOLUME.

Notice sur Foulcher de Chartres et Odon de Deuil... Pag. j

FOULCHER DE CHARTRES.

Préface.	ix
Histoire des Croisades, par Foulcher de Chartres.	1
Chapitre premier.	ibid.
Chap. II.	15
Chap. III.	20
Chap. IV.	23
Chap. V.	28
Chap. VI.	33
Chap. VII.	37
Chap. VIII.	41
Chap. IX.	44
Chap. X.	46
Chap. XI.	48
Chap. XII.	49
Chap. XIII.	50
Chap. XIV.	ibid.
Chap. XV.	56
Chap. XVI.	62
Chap. XVII.	63

TABLE DES MATIÈRES.

Chap. XVIII.	Pag. 66
Chap. XIX.	78
Chap. XX.	82
Chap. XXI.	88
Chap. XXII.	91
Chap. XXIII.	99
Chap. XXIV.	104
Chap. XXV.	117
Chap. XXVI.	120
Chap. XXVII.	130
Chap. XXVIII.	140
Chap. XXIX.	143
Chap. XXX.	144
Chap. XXXI.	146
Chap. XXXII.	147
Chap. XXXIII.	155
Chap. XXXIV.	157
Chap. XXXV.	159
Chap. XXXVI.	160
Chap. XXXVII.	163
Chap. XXXVIII.	167
Chap. XXXIX.	171
Chap. XL.	ibid.
Chap. XLI.	172
Chap. XLII.	177
Chap. XLIII.	178
Chap. XLIV.	183
Chap. XLV.	186
Chap. XLVI.	190
Chap. XLVII.	193
Chap. XLVIII.	194

TABLE DES MATIÈRES.

Chap. XLIX.	Pag. 199
Chap. L.	201
Chap. LI.	203
Chap. LII.	205
Chap. LIII.	215
Chap. LIV.	225
Chap. LV.	231
Chap. LVI.	235
Chap. LVII.	241
Chap. LVIII.	243
Chap. LIX.	ibid.
Chap. LX.	246
Chap. LXI.	ibid.
Chap. LXII.	248
Chap. LXIII.	250
Chap. LXIV.	251
Chap. LXV.	252
Chap. LXVI.	253
Chap. LXVII.	254
Chap. LXVIII.	255
Chap. LXIX.	ibid.
Chap. LXX.	259
Chap. LXXI.	263
Chap. LXXII.	264
Chap. LXXIII.	265
Chap. LXXIV.	ibid.
Chap. LXXV.	ibid.
Chap. LXXVI.	267
Chap. LXXVII.	268
Chap. LXXVIII.	269
Chap. LXXIX.	270

Chap. LXXX.	Pag. 272
Chap. LXXXI.	274
Chap. LXXXII.	275

ODON DE DEUIL.

Histoire de la Croisade de Louis VII, par Odon de Deuil.	277
Lettre d'Odon de Deuil, au vénérable Suger, son abbé.	279
Livre premier.	283
Livre II.	291
Livre III.	306
Livre IV.	321
Livre V.	338
Livre VI.	350
Livre VII.	366

FIN DE LA TABLE.

www.ingramcontent.com/pod-product-compliance
Lightning Source LLC
Chambersburg PA
CBHW071913230426
43671CB00010B/1586